활동가들

〈예스24〉 그래제본소 북펀딩에 참여해주신 모든 분들께 감사드립니다.

강경아 강명효 강슬기 강정석 강주리 강진석 강혜인 고가희 고민경 고은지 권기현 권남표 권도연 권오성 김경빈 김대현 김대훈 김동윤 김미정 김보균 김성옥 김성우 김소담 김수현 김신엽 김애경 김연수 김영글 김용석 김원 김원국 김윤기 김인정 김재우 김종명 김주연 김지혜 김지호 김진경 김찬유 김필수 김해정 김혜령 김화범 김휘연 김희주 나성은 나수연 남나경 남우석 남욱 노헬레나 노호태 라순현 박강민 박누리 박성길 박장준 박재현 박재현 박찬재 박찬희 박혜정 반지수 배종령 백민하 서장수 손민정 손세림 손윤경 손인숙 송수민 신영미 신지영 신혜림 신혜진 심상진 안민영 양승은 여수진 오수빈 오창록 우정민 원영희 유이분 윤덕중 윤상혁 윤승민 이경희 이광욱 이광호 이남훈 이도영 이문석 이상미 이상수 이상우 이석원 이선미 이소영 이승미 이승환 이옥란 이정화 이주한 이준석 이하나 이해솔 이혜나 이혜민 이호영 이희배 임경훈 임민경 임솜이 임자운 임지우 임지이 임현정 장소정 장재용 장종수 전우재 전혜승 정민지 정보라 정소희 정슬기 정은균 정은주 정준화 정찬욱 정현옥 정현철 조영애 조혜진 조희정 주윤영 지형 진세영 채소 채푸름 천용길 최병현 최예원 최우식 최재인 최정연 최종희 최혁규 최혜경 한민경 한상원 한정혜 허영관 허은미 홍명교 황경재 황승환 황재민

활동가들

1판 1쇄 발행 2023년 5월 15일

엮음 보리 현빈 현창 | **기획** 플랫폼씨

펴낸이 임중혁 | **책임편집** 장지혜 | **펴낸곳** 빨간소금 | **등록** 2016년 11월 21일(제2016-000036호)

주소 (01021) 서울시 강북구 삼각산로 47, 나동 402호 | **전화** 02-916-4038

팩스 0505-320-4038 | **전자우편** redsaltbooks@gmail.com

ISBN 979-11-91383-32-4 (03300)

• 책값은 뒤표지에 있습니다.

위 기 와 비 관 에 맞 선 사 람 들

책을 펴내며

기후 위기, 성차별, 빈부격차, 전쟁….

어지러운 세상이다. 언제는 안 어지러운 적이 있었냐고 묻는다면 할 말 없지만, 어느 때보다 불안정하다는 것에는 다들 동의하는 눈치다. 그래서 "세상은 바뀌어야 한다"라는 말에 고개를 끄덕인다. 그러나 "우리가 함께 세상을 바꾸어야 한다"라는 말에는 고개를 갸우뚱한다.

사람마다 사회에서 겪는 불만이 있다. 위험을 회피하든, 문제 상황에 개입하든 여러 방식으로 그 불만을 해소하려 애쓴다. 어떤 노력은 다른 세계를 향한 상상으로 나아가기도 한다. 나는 내가 성소수자라는 것을 숨기지 않아도 되고, 서로를 '윗사람'과 '아랫사람'으로 보지 않는 세상을 원했다. 나 자신을 온전히 드러낼 수 없고, 경쟁으로 서열을 정해 차별하는 세상에 대한 불만으로 가득 차 있었다. 하지만 어떻게 해소해야 할지 몰랐다. 막연하게 '높은 사람이 되어 강한 영향력으로 세상을 바꿔야겠다'라고 생각했다. 그러나 변화를 핑계로 투사한 권력욕이 헛된 꿈임을 깨닫기까지 오래 걸리지 않았다.

대학교를 졸업하고 어디로 가야 할지 몰라 방황했다. 소위 말하는 '운동권' 동아리에서 나온 후, 으레 남들이 일상으로 돌아가는 것처럼 취업 준비하고 사회에 편입하는 경로를 찾아야 했다. 사회 변화에 개입하고 싶다는 욕구와 번듯한 사회적 지위를 절충한 직업을 가지려 했지만 쉽지 않았다. 여전히 사회적 욕망을 내려놓지 못했다는 사실을 외면하고 싶었으나 뭔가 이상했다. '번듯한' 사람이 되어야지만 사회에 개입할 수 있다면, 이 사회는 어딘가 단단히 잘못된 것이 아닌가? 어떻게 하면 나처럼 평범한 사람이 사회에 비판적으로, 적극적으로 개입할 수 있을까?

우연히 플랫폼씨라는 사회단체에서 발행하는 뉴스레터를 접하고 책 읽기 모임에 참여하면서 비슷한 고민을 하는 이들을 만났다. 사회운동을 뜻하는 '활동'이라는 단어를 처음 들었고, '활동가'라는 직업을 알게 되었다. 사람들을 모아서 설득하고, 강자를 날카롭게 비판하며, 단체 행동으로 세상을 흔드는 걸 보고 용기를 얻었다. 각자의 현장에서 사회운동을 만들어 나가는 사람들의 이야기를 듣고 활동을 같이 기획하고 실천하면서 그간 느꼈던 막막함을 차차 해소해 갔다. 사회를 변화시키는 것은 위대한 개인의 일방적인 영향력이 아니라, 한 명 한 명의 열정이 빚은 집단적 힘이라는 사실을 깨달았다. 함께하는 사회운동을 통해 우리는 사회를 변화시키고 권력을 가진 자들의 위협에 맞설 수 있다. '활동'은 통념을 깨는 무한도전이자 새로운 세계를 향한 상상력이다. 활동한 지 2년이 된 지금, 이제야 세상에 발을 담그기 시작한 것만 같다.

연대와 상호 부조를 쉽게 끊어버리고 '유연한' 각자도생이 바람직하게 여겨지는 경쟁 사회에서, 사람들은 더 나은 공동체를 상상하지 못한 채 고군분투한다. 차별과 불의를 겪고 사회운동에 관심이 생긴 사람들은 마음 터놓을 타인과 공간을 찾지 못한다. 학생운동은 과거의 역사적 산물로만 여겨지고, 노동조합이나 시민단체 등의 활동가도 새로운 사람들과 연결되기 힘든 상황이다. 이 책은 이러한 단절을 깨고 사회운동 안에서 암묵적으로 공유했던 지식과 고민을 나누며, 활동에 새로 혹은 다시 참여하고픈 사람들과 소통하려는 시도다. 사회운동이 무엇인지, 활동가란 뭐 하는 사람인지를 활동가의 삶을 통해 보여주고 싶다. 답답함을 느끼는 사람들에게 작은 보탬이 되었으면 한다.

노동조합, 여성단체, 반빈곤단체, 시민사회단체 활동가를 만났다. 특정 조직에 고정되지 않는 활동가, 인터뷰 당시와 현재 활동 무대가 바뀐 활동가도 있다(인터뷰 시기는 인터뷰 시작 페이지의 왼쪽 위에 표기되어 있다. 출간 과정에서 최근 상황에 맞게 수정된 부분이 있지만, 당시의 인터뷰 맥락을 최대한 살리려고 노력했다). 윤영이 인터뷰에서 말했듯 활동은 "매우 창조적인" 작업이자 종합예술이기에 수많은 다양한 활동가가 존재한다. 하나의 '바람직한 활동가'란 있지 않으며, 누구나 활동가가 될 수 있다. 이 책에 위기와 비관의 시대, 정정당당하게 불의에 맞서는 11명이 있다. 윤영, 밍갱, 효성, 성식, 재연, 상은, 장준, 예찬, 빼갈, 지영, 명교의 이야기는 통쾌하면서 때로는 슬프다. 그런데도 계속하는, 마성의 매력을 가진 '활동'이라는 게 도대체 무엇인지 한 번 들여다보자.

같이 인터뷰를 준비하느라 고생한 인영 님, 많은 피드백을 준 플랫폼씨 기획팀, 그리고 인터뷰에 응해주신 분들께 감사의 말을 드린다. 정말로, 뭘 좋아할지 몰라서 다 준비해봤으니 마음 편히 책에 뛰어들어주시길. 인터뷰가 조금 서툴 수 있지만, 지루할 틈은 없다. 확신한다.

엮은이 보리와 현창을 대표해서 현빈 씀

차례

"기초생활수급자의 수급비가 높아져야 한다"라든지, "최저생계비 인상하자", "부양의무자 기준 폐지하자"와 같은 주장은 항상 있었어요. 하지만 어디선가 빈곤층의 죽음이 발생하면 "사각지대에서 이런 일이 발생했다"라면서 그제야 사람들이 관심을 기울여요. 그나마도 잠깐이라 금방 사라지기 일쑤죠. 그런데 광화문 한복판에 중증장애인들과 홈리스들이 모여서 농성장을 차려버리니까 이 사람들이 계속 보이는 존재가 됐잖아요. 반빈곤운동이 하는 주장에 대해서 사람들이 한번 생각해보는 계기가 되지 않았나 싶어요.

금방 사라지는 죽음을 계속 고민하다

☺ 김윤영

2010년부터 '빈곤 철폐를 위한 사회연대'에서 국민기초생활보장제도 개정을 비롯한 빈곤정책과 주거권, 강제퇴거 반대 등을 이슈로 활동하고 있다.

2021년 7월

프레임에서 벗어나면 악마화하니까

반빈곤연대활동을 줄여서 '빈활'이라고 부른다. 빈곤을 유발하는 사회적 구조를 파악하고 현장을 돌아보며 빈곤 철폐를 위해 고민하고 실천하는 활동이다. 소외된 사람이나 빈민이 발생하는 재개발, 철거 지역에 연대한다. 12년 차 반빈곤 활동가 김윤영을 만나 빈활에 참여하면서 생긴 고민을 풀어놓았다.

플씨 저는 빈활에 참여하면서 해소되지 않은 고민이 있었어요. 어떤 혐오, 즉 빈민은 '게으르다', '더럽다', '위험하다' 이런 부정적 편견이 있잖아요. 이런 편견에 대응하는 방법의 하나가 빈민을 불쌍한 대상으로, 시혜의 시선으로 보는 것이겠죠. 그러면 소위 '벤츠 노점상'이라든가 '자영업자 철거민' 식으로 시혜의 시선에 안 맞는 이야기가 나오고요. '이런 시선들에 어떻게 대응할 수 있을까?'라는 질문이 생겨요. 빈활에 함께 참여했던 사람들도 비슷한 고민을 하는 것 같고요. 처음 반빈곤운동을 접할 때의 딜레마, 고민이라고 생각해요. 이런 질문에 어떤 말씀을 하고 싶으신가요?

윤영 부정적 편견, 예를 들어 '스스로 일하지 않는, 더럽고 냄새나는, 폭력적인'과 같이 몇몇 사람이 가진 특징을 전체의 이름으로 덮어씌울 수 있는 것 자체가 그들이 차별받는 집단임을 보여준다고 생각해요. 노숙인을 보고 다들 "저렇게 맨날 술을 먹는데 나아질 리가 있냐"라고 얘기하잖아요. 그런데 노숙인 모두가 술을 먹는 건 아니에요. 마시는 분들이 오랜 시간 거기서 머물다 보니까 눈에 띄는 거죠. 사람들은 쉽게 그걸 전체의 특징으로 치환하죠. 실제로 그런 모습이 있을 수 있어요. 하지만 그건 그 사람이 겪어온, 겪고 있는 빈곤의 결과이지, 그 사람이 가진 '본래 특징'이라고 보긴 힘들어요. 사람들은 '그래서 가난해졌다'라고 하지만 그건 선후관계가 바뀐 얘기죠. 예를 들어 빈곤층에 대해서 무력하다든지, 진취적이지 않다든지, 좀 더 장기적인 시선으로 계획하지 못한다든지 하는 식의 비판이 특히 많고, 이런 점을 교정하는 정책이 탈빈곤을 위한 길이라고 생각해요.

그러다 보니 '무력함을 극복하도록 돕는다'라고 얘기하는데, 그 무력함이 왜 만들어지는지 생각해보면 저는 너무너무 이해되거든요. 자신의 시도를 정당하게 보상받은 경험이 없는 사람들이 어떻게 힘을 낼 수 있을까요? 하다못해 돈을 모으는 일도 월급이 500만 원인 사람은 100만 원씩 떼서 모으고 400만 원을 쓰고 살면, 그래도 1년이 지나면 1,200만 원이 모일 거 아니에요. 그에 비해 월급이 100만 원인 사람은 20만 원씩 모으려고 해도 일상에 엄청 스트레스가 오거든요. 그러다가 치과 한 번 갔다 오니까 100만 원 나갔어, 그러면 진짜 더 이상 돈 모으기 싫죠.

사람들을 다양하게 총체적으로 실패하게 만드는 것이 자본주의 사회에서의 빈곤이라고 생각해요. 그래서 그 결과인 현재 상태를 바라보는 구조적인 시선, 이 사람의 경험이 어땠는지 조금 더 상상할 수 있는 통시적인 관점이 필요하고요. 구조적인 시선, 통시적인 관점이 당장 이 사람과 어떻게 관계 맺을까를 알려주진 않겠죠. 그래도 일단 그 위에서 서로를 인정하는 게 필요해요. 빈민이 유일하게 인정받는 고유성은 불쌍한 사람이라는 프레임에 딱 부합할 때잖아요. 그걸 벗어나면 악마화되기 쉬운 것 같아요. 꼭 노점상 철거민이 아니더라도. 노동자도 마찬가지 아니에요? 열심히 연대했는데 "저 사람들 연봉 5,000만 원인데" 하면 갑자기 다들 띠용 하잖아요. "생산직 노동자 연봉이 5,000만 원이야?"라면서. 그래서 질문 주신 부분은 노점상 철거민에만 한정된 문제는 아니고 차별받는 집단 모두에 해당한다고 생각해요.

금방 사라지는 죽음을 계속 고민하다

윤영이 활동하는 단체는 '빈곤 철폐를 위한 사회연대'이다. 2001년 최옥란 열사가 '민중 생존권 쟁취와 최저생계비 현실화'를 요구하며 명동성당 앞에서 진행한 농성을 계기로 결성했다. '민중의 기본생활권 쟁취'를 목표로 하는 연대체로, 생활소득 쟁취, 불안정주거민의 주거권·생활권 쟁취, 공공서비스의 시장화 저지를 비롯해서 사회 전체적인 빈곤 문제, 빈곤에 따른 차별 문제, 빈곤 정책이나 복지 정책의 보수화 문제에 대응하고 발언한다. 매년 10월 17일 빈곤철폐의날 행사, 홈리스 추모제, 반빈곤영화제, 반빈곤연대활동 등을 주관한다.

플씨 어떤 계기로 '빈곤 철폐를 위한 사회연대'(이하 빈곤사회연대) 활동을 시작했나요?

윤영 학생운동 마치고 사회운동으로 진출을 앞두고 있을 때 빈곤사회연대가 사람을 구하고 있었어요. 마침 제가 빈곤 문제에 관심이 많아서 오게 되었죠. 대학생 때 빈활에 매년 참가했고, 용산 참사와 같은 사건이 활동하는 데 중요한 구심이었어요. 거리홈리스 상담 활동도 계속했고요. 학생운동을 함께한 동기들이 제게 추천한 점도 작용했어요. 처음에는 '반빈곤운동에 뼈를 묻겠다'라는 생각으로 오지 않았어요. 그냥 '내가 할 수 있는 활동들 가운데서 좋아하는 단체잖아, 그러면 한 번 해볼까? 짧으면 3년 길면 5년, 일단 한 번 도전해 보는 거야' 하는 마음으로 시작했어요. '10년은 해야지, 뼈를 묻겠어'라는 생각은 하나도 안 하고 얼레벌레 왔어요. 그렇게 일하다 보니까 10년이 넘었네요.

플씨 빈곤사회연대는 반빈곤운동을 하는 것으로 알고 있어요. 빈곤 퇴치나 빈민운동이 아니라 '반빈곤'인 이유가 무엇인지, 어떤 걸 목표로 하는 운동인지 알려주실 수 있을까요?

윤영 보통 빈곤운동이라고 하면, 밀레니엄 개발 목표(Millennium Development Goals, 유엔에서 2000년에 채택된 의제로 2015년까지 세계의 빈곤을 반으로 줄인다는 내용)나 절대빈곤 퇴치운동 같은 것들이 있죠. 그런데 우리 단체는 신자유주의 사회 아래 강화되는 경쟁과 착취로 빈곤이 심화한다고 생각해요. '개인의 게으름'으로 빈곤의 원인을 돌리는 것에 반대하고 사회구조에서 발생한 문제로 인식하죠. 그런 맥락에서 반빈곤운동을, 빈곤이 자본주의의 구조적 결과임을 인지하되 어쩔 수 없다고 체념하지 않는 태도라고 이야기합니다. 계속 현재의 조건을 '지양'하면서, 빈곤이 구조적인 결과라는 점을 환기하는 운동이라고 볼 수 있을 것 같습니다. 그래서 빈곤율을 몇 퍼센트로 낮추자든지, 평균 소득 수준은 얼마까지 하자든지 하는 목표를 정할 수 없는 것 같아요. 현재 빈곤한 상태인 사람들이 어떤 문제를 겪고 있는지 이야기하고 갈등을 조직하는 게 중요하다고 생각하죠. 가난한 이들이 자신의 권리를 쟁취해 나갈 때 빈곤 없는 세상, 차별 없는 세상의 단초가 마련된다고 봅니다. 이 과정에서 빈곤에 맞선 다양한 사람들의 연대를 꾸려나가는 것이 빈곤사회연대의 목표예요.

플씨 주체를 강조해서 빈민운동이라고 부를 수도 있을 것 같은데, 반빈곤운동인 이유가 있을까요?

윤영 IMF 외환위기 이후에 등장한 빈민이 처하는 조건이 철거민, 노점상 등 예전부터 이어져 온 빈민운동의 맥락과 달라졌기 때문이죠. 많은 사람이 저임금 등 불안정한 노동조건 때문에 일상적으로 빈곤을 경험하잖아요. 기존의 빈민운동은 노점상, 철거민과 같이 특정한 이름이 있었지만, '빈민운동'이라는 말로는 이제 새로운 빈곤 문제를 담기 어려워졌죠. 철거민과 노점상도 철거, 노점 문제로만 빈곤을 경험하는 건 아니거든요. 한 사람의 경험 안에도 빈곤의 모습은 다양해요. 장애인 가구원이 있는 노점상이나 파산한 철거민처럼요.

플씨 '노점상 · 철거민 등 전통적 빈민운동을 비롯해 홈리스 · 장애인 등 새로운 빈민운동과 빈곤 문제를 연결하고 지속해서 사회운동을 고민할 수 있는 공간을 창출한다'라는 빈곤사회연대의 방향성이 어떤 의미인지 이해했어요. 지금 말씀하신 것처럼, 빈곤이 어떤 사회적 조건이고 일상적으로 접할 수 있는 다양한 형태를 띠므로 우리가 빈곤 문제랑 무관하다고 얘기할 순 없겠네요.

윤영 그래서 '반빈곤'이라는 관점이 중요한 것 같아요. 빈민운동이랑 반빈곤운동이 대당하는 건 아니에요. 기존에는 '빈민'이라는 호명을 통해 주체화하고 모일 수 있었다면, 이제는 다른 방식으로 빈곤 문제를 다룰 필요성이 생겼죠. 산업화 시기에는 이농을 통해서 만들어진 도시 빈민이라는 집단이 있었어요. 그런데 IMF 이후에 만들어진 새로운 빈곤이나 지금 굉장히 일상적으로 반복되는 빈곤은 그런 식으로 설명할 수 없어요. 그런 새로운 범주들을 통과하기 위해서 반빈곤이라는 관점이 유효하다고 생각해요.

플씨 이전에 《주간경향》[1]과 인터뷰에서 빈곤사회연대의 훌륭한 성과 중 하나로 "단체가 남아있다"라고 꼽은 것을 봤는데요. 지금껏 단체가 유지될 수 있었던 비결이 뭔가요?

윤영 빈곤사회연대가 있어야 하는 일들 때문이었겠죠? 2012년부터 2017년까지 저희가 5년 동안 광화문에서 농성했어요. 부양의무자 기준 폐지와 *장애등급제* 폐지를 걸고 장애인 단체들과 함께 농성했는데, 그때 '빈곤사회연대가 계속해야 하고 할 수 있는 일들이 있구나'라는 걸 확인했어요.

"기초생활수급자의 수급비가 높아져야 한다"라든지, "*최저생계비* 인상하자", "부양의무자 기준 폐지하자"와 같은 주장은 항상 있었어요. 하지만 어디선가 빈곤층의 죽음이 발생하면 "사각지대에서 이런 일이 발생했다"라면서 그제야 사람들이 관심을 기울여요. 그나마도 잠깐이라 금방 사라지기 일쑤죠. 그런데 광화문 한복판에 중증장애인들과 홈리스들이 모여서 농성장을 차려버리니까 이 사람들이 계속 보이는 존재가 됐잖아요. 반빈곤운동이 하는 주장에 대해서 사람들이 한번 생각해보는 계기가 되지 않았나 싶어요. 실제로 대선 후보들의 공약으로 부양의무자 기준 폐지가 채택되기도 했고. 이런 경험을 통해서 '우리의 주장이 이렇게 실체가 될 수 있구나'라고 믿게 되었던 것 같아요.

농성장을 차려놓고 있으니까 농성장에 찾아와서 자기 이야기 하는 시민들이 있었어요. "이런 농성장이 있다고 들어서 와봤다. 나도 지금 부양의무자 기준 때문에 수급자가 못 되고 있는데 그게 너무 한

스럽다. 이런 얘기를 하는 사람들이 있으니까 언젠간 바뀌겠구나 싶은 생각이 들어서 한 번 와봤다"라고 하셨어요. 이런 문제를 아무도 이야기하지 않는다면 나만의 문제가 되는데 누가 함께 이야기하면 우리 사회의 문제가 되잖아요. 그런 일들을 계속해 나가야 하지 않을까 생각해요.

윤영이 말한 '장애등급제'와 '최저생계비'를 살펴보자. 우선 장애등급제는 장애 정도에 따라 1~6급으로 장애인을 나눈 뒤 등급별로 일률적인 서비스를 제공하는 제도로, 장애인 개개인에게 필요한 지원을 제대로 하지 못한다는 지적을 받아왔다. 등급에 따라 장애인의 생활을 돕는 활동보조인의 지원 시간이 정해지는데, 지원 시간이 부족해 장애인이 홀로 지내다가 사고 등으로 목숨을 잃는 일이 잦았다. 정부도 이런 문제를 인식하고 2019년 7월 1일부로 장애등급제를 단계적으로 폐지하기로 했다. 이제 '장애의 정도'가 심한 경우(기존 1~3급)와 심하지 않은 경우(기존 4~6급)로만 분류한다. 정부는 장애인에게 여러 서비스를 지원할 때 장애인의 수요를 반영하기 위해 '서비스 지원 종합조사'를 한다. 하지만 그에 걸맞은 예산이 확보되지 않는 등 불완전한 폐지라고 지적받는다.

그리고 최저생계비는 법적으로 '국민이 건강하고 문화적인 생활을 유지하기 위하여 필요한 최소한의 비용'을 의미한다. 국민기초생활보장제도를 신청하려는 사람은 가구의 소득인정액(소득평가액과 재산의 소득환산액의 합산)이 선정기준 미만이어야하는데, 2015년 7월 이전까지 최저생계비는 수급자가구 선정기준이나 수급자가 되었을 때 받을 수 있는 최대 급여선이었다. 2015년 7월부터 선정기준은 '기준중위소득'으로 변경되었으나 최저생계비는 기초생활수급자 급여 수준의 적정성을 평가하는 기준선으로 여전히 역할을 하고 있다. 기초생활수급자 선정기준은 긴급복지지원, 한부모가구 지원이나 코로나19와 같은 상황에서 지급된 재난지원금 선정기준 등으로 활용되기도 한다. (부양의무자 기준 폐지는 32쪽 참고)

플씨 솔직히 이 질문을 준비했을 때는 '조직적으로 무엇을 했다'와 같은 답변을 기대했는데, 훨씬 더 좋은 대답을 해주신 것 같아요. 이어서 준비한 질문은 '조직을 유지하기 위해 뭐가 필요한지'였는데 대답을 듣고 나니 결이 달라진 것 같네요.

윤영 아니에요. 비슷하죠. 모든 단체의 목표는 해소 아닌가요? 빈곤사회연대도 빈곤이 철폐되면 해소하는 게 목표예요. 해소하기가 쉽진 않을 것 같지만요. 어쨌든 단체가 남아서 활동하기 위해 제일 중요한 건 계속 이 공간에서 활동할 사람들이에요. 상근 활동가만이 아니라 빈곤 문제를 반빈곤이라는 관점으로 말하고자 하는 사람들을 계속 발견하고 연대해 나가는 것이 중요하겠죠.

모두가 덜 위험한 사회로 함께 가야 합리적

풀씨 빈곤 문제 해결과 관련해서 관공서나 NGO에서 일하는 사회복지사와 같은 길도 생각할 수 있을 거 같아요. 어떤 사람들은 세상을 바꾸기 위해 공무원이라는 진로를 선택하기도 하고요. 국가의 일부가 되어야만 국가 정책을 바꿀 수 있다는 논리가 이 선택을 뒷받침할 텐데요. 다른 진로와 비교했을 때 김윤영 활동가가 반빈곤운동의 길을 선택한 이유가 무엇일까를 묻고 싶어요.

윤영 제가 운동을 선택한 이유는 합리적이라고 생각해서입니다. 지금 노인 빈곤율이 43%인데, 그럼 우리는 노인이 됐을 때 절반의 확률로 가난에 빠지는 사회에 사는 셈이에요. 대개는 그 확률에서 탈출하기 위해 건물 사려는 등 여러 가지를 하잖아요? 그렇게 하더라도 결국 43%는 가난해진다면, 그 43%가 가난해지지 않는 사회를 만드는 쪽이 합리적이지 않나 생각했죠. 이 문제를 구조적으로 해결하는 게 내가 잘 살기 위한, 그리고 다른 사람들을 착취하지 않고 살기 위한 유일한 선택이겠구나 싶어서 세상을 바꾸는 쪽이 좋다고 생각했어요.

학교 다닐 때, 군대 갔다 온 선배가 자기는 더 이상 활동 안 한다고 선언하고 도서관으로 갔어요. "선배 왜 도서관 가요? 과방도 안 오고"라고 중앙도서관 앞에서 만나 물어봤더니 선배가 그러더라고요. "너는 세상을 바꾸는 전선이 지금 거리에 있다고 아직도 생각하지만, 나한테는 도서관이야. 내가 지금 학점이 안 좋긴 하지만 어떻게 해서

든 대기업에 들어가면 상위 10% 소득자로 사회생활을 시작하게 되고, 그럼 그 밑으로 내려올 일은 거의 발생하지 않잖아. '거리에 나가서 세상을 바꾸자'라며 활동하는 것보다 중앙도서관 가서 공부하는 게 나한테는 개인적으로 훨씬 맞는 선택인 것 같아." 그 마음 이해하죠. 근데 저는 '그렇게 하면 물론 나의 안전이 보장될 수 있지만, 과연 그럴까? 나중은 또 모르는 거잖아'라는 생각이 들었어요. 그리고 결국에 누군가는 가난해지는 사회를 그냥 놔두고 사는 건데 찝찝해서 어떻게 살아요. 모두가 덜 위험한 사회로 함께 가야 합리적이라는 결론이 나왔죠.

공무원이나 지위가 높은 사람이 아니라 활동가를 한 이유는요. 세상이 바뀌어야 하는, 바뀌어야 살 수 있는 사람들이 권력을 가진 사람들보다 훨씬 중요한 변화를 만들어 왔다고 생각하고 그편에 서는 게 좋다고 생각했기 때문이에요. 요즘 다른 방식으로 주장하는 사람들이 많이 있긴 해요. 심지어 '사회혁신'이니 그런 말을 기업도 많이 하죠. '그런 것과 운동은 어떻게 다를까?'라는 생각을 계속해요. "아니야, 아니야. 그거는 운동이 아니야"라고 얘기하는 것으로는 부족하죠. '저들은 우리를 배신했기 때문에', 혹은 '저 사람들은 계급적으로 어떠하기 때문에'라는 말로는 아무도 설득할 수 없으니까요. 대답을 좀 잘해야겠다는 생각이 들어요. '운동은 무엇이 다른가?' 일단 우리는 당사자 상담에 있어서도 복지 기관과는 달리 권리를 중심에 두고 이야기하니까 당사자도 좀 다르다고 생각하는 것 같아요.

통상적으로 *전문가주의*는, 현대사회는 기술적으로 복잡해 사회적 의사결정 역시도 고도의 전문성을 기반으로 이루어져야 하므로 사회의 중요한 공적 의사결정을 전문가에게 맡겨야 한다는 믿음체계를 말한다. 이것은 전문가에 대한 존중과는 별개로 반민주적인데, '잘 아는' 소수의 사람이 의사 결정권을 가져야 한다는 전문가주의는 모든 사회 구성원이 사회의 운영에 참여할 권리를 가진다는 민주주의의 기본 가치를 부정하기 때문이다. 전문가주의가 팽배한 사회에서는 전문가와 기술관료의 지배력은 커지지만, 일반 시민의 민주적 참여의 여지는 좁아진다. 사회운동에서 전문가주의란 운동 당사자의 목소리보다 소수 운동 '전문가'의 목소리에 힘이 실리는 상황이라고 말할 수 있다.[2] 윤영 활동가는 전문가주의에 어떤 고민이 있을까?

플씨 사회운동의 전문가주의에 대해 반빈곤 문제 전문가로서의 의견을 묻고 싶어요. 활동하면서 반빈곤 문제를 정확하게 파악하는 전문가가 되고, 그러다 보니 활동이 정책 자문 식으로 흐르기도 해서 '이건 아닌 것 같다'라고 생각했다는 얘기를 들었어요.

윤영 연구자, 정책 담당자, 관료 등 소위 말하는 전문가들이 당사자의 목소리를 들으려고 노력하기보다 활동가가 그 목소리를 한 번 걸러주기를 바라는 것 같아요. 우리가 생각하는 운동의 효과와 반대로 간다는 생각이 들죠. 소수의 전문가만 남아서 어떤 입장을 대변하는 방식은 안 돼요. 문제를 A부터 Z까지 다 파악하고 있는 어떤 사람이 '뿅'

하고 나타나 운동하는 방식은 지양해야죠. 모든 사람에게 인권이 확장되는 게 중요한데, 소수의 인권 문제 전문가 양산이 운동의 결과가 되면 안 되잖아요. 반빈곤운동도 마찬가지인 것 같아요.

플씨 의회를 통해 관련 법률이 입법되도록 압박하는 운동 역시 빈곤을 해결하는 한 방법이 될 것 같은데, 그런 정치운동과 반빈곤운동의 관계에 관해서는 어떻게 생각하는지 궁금합니다.

윤영 정치 중요하죠. 플씨의 질문은 사실 정당운동을 얘기하는 거잖아요. 저는 제가 하는 사회운동이 정치적인 활동이라고 생각해요. 사회운동 자체가 굉장히 중요한 정치의 하나잖아요. 다만, 진보정당운동이 제 일이었던 적이 없었던 게 더 맞는 말 같아요. 거칠게 얘기하면 사회운동의 역할과 정당운동의 역할이 다르고 '나는 사회운동 영역에 있다'라고 생각하는 쪽에 가까워요. 진보정당운동에서 무언가를 같이 도모한 경험이 많이 없는 것도 사실이고. '저기에 나의 친구가 있다' 그냥 이렇게 이해하고 있어요. '정당운동이 어떻게 되어야 한다'를 아주 구체적으로 고민할 계기가 많이 없었어요. 오히려 저는 여야의 거대 양당을 만나고, 그들에 대해 입장도 내고, 이야기를 많이 하죠. 기본적으로 정당정치는 빈곤층을 별로 주체로 생각하지 않는 것 같아요. 국민의 영역에 그다지 포괄시키지 않는다는 느낌이 큰데, 어떻게 극복할 수 있을까가 항상 고민이죠.

흑역사부터 노는 기술까지

플씨 활동하면서 첫 경험을 마주할 때가 있잖아요. 첫 집회, 첫 발언, 첫 성명, 첫 활동비 등. 어떤 때가 가장 기억에 남나요?

윤영 처음 집회 사회를 맡았을 때가 아직도 기억나요. 2010년 10월 17일 빈곤철폐의날(노점상, 철거민, 홈리스, 쪽방 주민, 장애인, 노동자, 임차 상인 등이 모여 각자 겪고 있는 문제를 넘어서 구조로부터 발생한 빈곤 문제의 사회적인 해결을 요구하며 연대하는 날) 집회였어요. 너무 긴장해서 민중의례(집회나 행사에서 국민의례를 대신하는 순서) 끝나고 사람들한테 앉으라고 말을 안 해서 다 계속 서서 집회했지 뭐예요. 집회가 진행되면서 사람들이 슬금슬금 앉긴 했지만 정말 너무 떨렸어요. 그래서 데뷔부터 너무 큰 집회 사회를 보게 한 것이 우리 언니들의 실책이 아니었는가, 이런 생각을 해요. 다 흑역사가 있죠.☺

상근 활동 시작하고 첫 성명서를 쓸 때였어요. 같이 활동하던 선배가 쓰라고 하길래 '잘 모르겠는데 어떻게 쓰지?' 하면서 막 열심히 써서 드렸더니 보고 다 고쳐서 거의 새로 써 돌려주시더라고요. "이렇게 쓸 거면 처음부터 언니가 써줄 것이지"라며 따졌어요. 나중에 생각해보니까 '다 가르쳐주려고 한 건데 내가 그런 마음을 몰랐었다' 싶어요.

첫 활동비는 당시 월 60만 원이었던 것 같아요. 주 몇 시간 일한다, 이런 것도 딱히 없었죠. 주말에는 알바를 했어요. 처음에는 과외하다가 도저히 시간을 맞출 수가 없어서 그만두고 설문조사나 녹취 푸는 알바를 많이 했던 것 같아요. 완전히 짠 내 나는 이야기네요. '나중에 80만 원 받으면 알바 안 하고 활동할 수 있겠다' 생각했던 것 같고요. 실제로 80만 원 딱 받는 순간 알바를 안 했어요. 그때 너무 좋았어요. 학생운동 할 때는 활동비 받으면서 활동해 본 적이 없잖아요. 그래서 활동비를 받았을 때 돈이 적다고 생각하기보다 '우와, 활동하는데 돈을 주네?'라는 느낌이었어요. '활동하는데 돈도 준다. 대박! 주말에 쉴 수도 있대!'

첫 휴가도 기억에 남아요. 첫 번째 여름휴가 때 진짜 어른이 된 것 같았거든요. 휴가 정해서 쓰라니까, 날짜를 정해서 그냥 갔어요. 제주도에 텐트를 짊어지고 캠핑하러 갔는데 너무 더웠어요. 그런데 그 더운 여름에 선배들이 서울역에서 농성에 들어가기 시작한 거예요. 괴로워하면서 놀았죠. '서울에 올라가서 죽었다, 어떡하지' 이러고서 돌아갔더니 다들 땡볕에 농성하고 있더라고요.

플씨 활동을 만들어나가는 다양한 유형의 사람들이 있을 것 같아요. 활동가는 무엇을 할 줄 알아야 한다, 이런 게 있다고 생각하시나요?

윤영 다른 단체 사람들도 빈곤사회연대 활동가들은 왜 이렇게 다 할 줄 아느냐고 되게 놀라는데, 다들 실무를 진짜 잘하는 것은 맞아요. 저는 그렇게 잘하는 편이 아니고 다른 동지들이 실무 더 잘해요. 같이 활동하면서 보면 서로 잘하는 것이 다르고 성격도 진짜 달라요. 우리가 학교 같은 곳에서 만났으면 서로 안 친해졌을 거라고 맨날 이야기해요. 그런데 이렇게 다른 사람들끼리 모여서 뭔가를 도모하려고 하니까 신기하게 합이 맞아요. 저는 사람들 쓰임이 다 다르다고 생각해요. 활동가가 되기 위해서 어떤 특정한 능력이 필요하다고 생각하지 않아요. 그래도 활동가는 기본적으로 세상에 관심이 있는 사람이어야겠죠.

'조직화'가 저의 활동에서 중요한 키워드예요. 대개 다른 사람을 내 입장으로 설득하는 것을 조직화라고 생각하잖아요. 그런데 나를 조직하는 것도 중요해요. 지금 해야 하는 고민을 앞에 놓고, 계속 넓혀내고, 깊게 만들고, 판단을 잘하기 위해서 계속 훈련하고, 이런 게 필요해요. 너무 나를 막 몰아붙이거나, 활동 외에 다른 것들을 관리 못 해서 무너지거나 하지 않는, 활동을 잘할 수 있는 상태로 자신을 조직하는 것이죠. 더불어 자기가 활동하는 공간을 조직하는 것도 되게 중요해요. 같이 활동하는 친구들이 내가 지금 무슨 생각을 하는지 전혀 모르면 같이 뭔가를 해 나가기가 점점 어려워질 수 있어요. 그래서 내가 고민이 있을 때, 아니면 이런저런 의구심이나 새로운 주장이 있을 때 함께 활동하는 사람들과 계속 조율하고 맞춰나가는 것이 중요해요.

활동가의 실제 일상은 강철의 활동가 같은 이미지와 거리가 있어요. 활동이 너무 재미있다고 미쳐서 폭주하는 사람이 있으면, "너 안 된다, 쉬어야 한다, 건강 챙겨라"라고 서로 얘기해줄 때가 더 많죠. 그런 측면에서 활동가에게 필요한 것은 어떤 특정한 자질보다는 자세가 맞겠네요. 다른 사람한테든, 현실에든, 자기 상황에 대해서든, 계속 개입하려는 자세가 중요한 것 같아요.

플씨 활동가는 어떤 자질을 갖춰야 하는지 질문드렸는데, 개개인의 자질보다는 서로를, 자신을 어떻게 챙길지로 이야기가 이어졌네요. 활동가에게도 자기 삶이 있잖아요. 평범한 직장에서 기대되는 적당한 주거와 노동조건, 워라밸(일과 삶의 균형) 등을 활동가는 갖지 못할 거라는 통념이 있어요. 그래서 활동가는 영웅적 의지를 가진 사람만이 하는 일이라는 통념이 만들어지는 것 같고요. 다른 한편으로 평범한 직장에서 제공해주지 못하는, 직업으로서 활동가가 갖는 효능감이나 이점이 있을 것 같은데 무엇일까요?

윤영 활동가들이 좀 돈이 없죠. 그건 사실인데, 소득 수준으로 가난이 결정되는 것 같지는 않아요. 활동가들은 일상과 일 모두에서 시간을 설정하고 운영할 수 있는 통제력이 강해요. 그래서 소득 수준으로 빈곤 여부를 딱 말하기는 어려워요. 물론 우리가 회피하기 어려운 몇 가지 순간들이 있죠. 소득의 상실이라든지, 질병이라든지, 장애라든지. 자산 없는 상황이 훨씬 폭발적으로 드러날 수 있는 순간이 있지만, 이건 한국 사회를 사는 대부분 사람이 어차피 대처 못 하잖아요.

제가 활동 처음에 시작할 때 친구들이 직장에 많이 들어갔어요. 몇 년 동안 그 친구들이 "지금 내가 돈을 받으면서 일하긴 하는데, 무슨 일 하는지 잘 모르겠다"라는 얘기를 많이 했어요. 반면 저는 처음 들어왔을 때부터 지금까지 내가 무엇을 하는지 정확하게 알고 왜 이걸 해야 하는지 대부분 이해하며 해왔다고 생각해요. 자아실현, 효능감 같은 거창한 단어보다는, '내가 지금 땅에 발이 닿았는지 안 닿았는지' 헷갈리는 상황을 겪지 않은 것 같다고 말하고 싶어요.

물론 우리가 통제 못하는 일이 많아요. 예를 들어 빈곤사회연대 활동 중에서 30% 정도가 정해진 일이면 70%는 안 정해진 일이거든요. 우리는 가만히 있는데 정부에서 갑자기 이상한 정책을 발표하면 대책 세우고 대응해야죠. 그런데도 일상에서 내가 별로 소외당하지 않는다는 점은 활동가가 느낄 수 있는 의외의 안정감 같은 게 아닐까 하는 생각이 드네요.

활동을 처음 시작하는 친구들한테 항상 노는 기술을 가르쳐 주려고 해요. 규칙적으로 노는 시간을 만들면 일도 규칙적으로 할 수 있는 거 같아요. 그렇지 않으면 일에 계속 떠밀리거든요. 개인적인 시간, 노는 시간을 의식적으로 만들어야죠. 물론 동료를 생각하면서 호흡을 맞춰야죠. 예를 들어서 *2016년에 촛불 집회*가 있었죠. 20주 넘게 촛불 집회를 하는데 저 혼자 휴가 갈 수는 없잖아요. 그럴 때는 몇 주 몇 달 동안 계속 주말마다 집회 나가죠.

나만의 스트레스 해소법이라면, 조금 이상해 보일 수 있는데 너무 바쁘고 머리가 복잡하면 남이 개최한 집회에 가요. 원래 집회를 개최하는 처지이다 보니까 집회 때 늘 바쁘잖아요. 다른 단체에서 개최한 집회에 가면 발언 듣고, 앉아서 구호 외치고, 땀 흘려 행진하면서 상념을 털어내면 세상이 아름다워지고 그래요. 다른 분들이 보면 일의 연장선으로 생각할 수 있을 것 같은데, 제게는 그게 새로운 경험이에요. 활동가는 사실 되게 창조적인 작업이거든요. 구호를 계속 만들고, 피켓을 만들고, 웹자보(온라인 포스터)도 만들어요. 종합예술인처럼 계속 무언가를 만들어내야 하는데 자리에 앉아서 생각만 하고 있으면 진짜 소진돼요. 그래서 새로운 경험을 하는 게 중요하다고 생각해요. 다른 사람 집회도 가보고, 멍때리면서 쉬기도 하고, 그런 시간이 많아야 창의적인 작업도 가능해요.

윤영의 이야기를 들으며 20주가 넘게 계속되었던 2016년 촛불 집회의 기억을 잠시 떠올려보았다. 2016년 촛불 집회는 박근혜 대통령 퇴진 운동으로도 불린다. 세월호 참사 진상규명 부재, 민중총궐기 대회에서 농민운동가 백남기의 사망, 문화예술계 블랙리스트 등 박근혜 정부와 관련한 여러 문제에 사회적 불만이 축적되다가 박근혜-최순실 국정농단 사건을 결정적 계기로 폭발했다. 전국에서 190만 명(경찰 추산 33만 명)이 참여한 대한민국 헌정사 최대의 시위로, 박근혜 전 대통령은 헌정사상 최초로 탄핵되었다.

플씨 활동과 삶의 균형을 지키기 위한 어떤 루틴이 있나요? "쉬는 시간을 잘 확보한다"라는 대답을 주셨는데 좀 더 구체적인 사례가 있다면 듣고 싶어요. 사실 사전 조사하면서 익명의 제보가 들어왔어요. 한때 클럽에 운동복만 입고 밤새 춤만 추러 가신 적 있다고 하던데, 여전히 춤에 대한 열정이 크신가요?☺

윤영 지금은 코로나로 갈 수 없는 데다가, 입구에서 막히죠. 진짜 노는 거 좋아해요. 처음 빈곤사회연대 왔을 때는 오히려 학생운동 할 때보다 시간이 더 많았어요. 그래서 원한 풀듯이 한 3년 동안은 맨날 도장 찍고 다녔던 것 같아요.

요즘에는 코로나 때문에 그런 식으로 쉴 순 없지만 그래도 틈나면 쉬어요. 이번 주 일요일에도 웨이크보드 타러 가기로 했어요! 여행도 많이 다녀요. 안식월에 남미 갔었고. 같이 사는 사람이 저렴한 비행기표 구매에 대단한 재능을 가지고 있어요. 사실 안식월이 퇴직금 대신이에요. 활동 1년마다 1개월이 발생하고 3년 이상 활동했을 때 3년에 한 번 주기로 사용할 것인지를 얘기할 수 있어요. 퇴직금까지 적립할 재정적인 여력이 없어서 그렇게 하고 있습니다. 안식월도 전에는 없었는데 제가 도입했어요.

가장 수고롭고 정성스럽게

플씨 반빈곤운동 특성상, 열악한 환경에서 운동하는 순간이 많을 것 같습니다. 말해도 듣지 않는 정부와 공무원, 폭력적인 경찰이 떠오르네요. 좌절이 종종 찾아올 거 같습니다. 좌절의 순간을 운동의 에너지로 바꾸는 비결이 있을까요?

윤영 활동가는 항상 주장해야 하잖아요. '내 말이 맞을까, 틀리면 어떡하지, 혹시 저 말이 맞지 않을까?' 이렇게 의심하면서 동시에 주장하는데, 그 주장이 이상한 소리 취급을 많이 당해요. 예를 들어 우리가 부양의무자 기준을 폐지하자고 주장했을 때도 불과 5년 전에는 '언젠가 되면 좋지만 꿈같은 소리'라는 평가가 보통이었거든요. 부양의무자 기준이란, 본인 재산이나 소득이 기초생활보장 수급자 선정 기준에 부합해도 일정 수준 이상의 재산이나 소득이 있는 자녀 등의 부양가족(직계 혈족 또는 배우자)이 있으면 각종 급여를 받을 수 없도록 규정한 제도예요. 그러다 보니 가족이 모두 도울 형편이 안 되거나 연락이 끊겨 도움을 받을 수 없는 상황에서도 지원금을 받지 못하는 사각지대가 발생하죠.

기초생활보장제도는 생계급여, 의료급여, 주거급여, 교육급여 등 '맞춤형 개별급여'로 구분해 각각 기준선을 정해 운영하고 있어요. 그중 교육급여와 주거급여 부양의무자 기준은 폐지됐지만, 생계급여(2021년 10월 1일부터 생계급여에 한해 부양의무자 기준 완화. 부양의무자의 소득이 월 834만 원(연 소득 1억 원) 초과 또는 재산 9억 원 초과 시 생계급여 보장 불가)와 의료급여는 여전히 남아있어요. 특히 복지부 정책 담당자는 "말같지 않은 소리 하지 마시고, 대안이 실제로 될 만한 얘기를 해라"라고 해요. 그럴 때마다 '내가 진짜 이상한 소리를 하나? 사람들한테 혹시 사기를 치고 있나?'라는 생각이 들어요. 그래도 사람들이 사는 모습과 지금 필요한 것을 생각해보면 물러설 수 없죠.

우리의 주장을 말도 안 된다고 여기는 무수한 편견과 관성, 특히 권력 있는 사람들과 계속 싸워야 하는 일이 제일 답답하고 어려워요.

좌절을 운동으로 전환하는 기본적인 연료는 현실에 대한 분노예요. 그런데 맨날 인상 쓰고 있다고 무언가가 바뀌지 않잖아요.

플씨 분노가 동력일 수 있지만, 운동이 마냥 무겁게 지속될 수는 없을 거 같아요. 무거움을 좀 놓을 수 있는 어떤 순간들이 있을까요? 윤영 님은 유쾌한 활동가 'TOP3' 안에 드는 거 같아요.

윤영 운동한다고 해서 세상이 바뀌지 않는다는 것을 느꼈을 때, 오히려 활동을 계속해야겠다고 결심했어요. 내가 어떻게 하느냐에 따라서 세상은 이렇게도 갈 수 있고 저렇게도 갈 수 있다고 생각하면 사는 게 어려워져요. 슈퍼맨도 아닌데 세상사가 다 내 책임처럼 느껴지잖아요. 사실이 아닐뿐더러, 그렇게 계속 생각하면 너무 무거워서 도저히 해 나갈 수 없을 것 같아요. 우리는 '변화의 언젠가를 대비하고 준비하는 사람으로서, 현재 새로운 것을 계속 창조해 보려고 노력하는 사람들'이라고 생각해요. 어떠한 기획을 통해서라기보다는 알 수 없는 어떤 순간들이 겹치면서 역사적인 반역의 순간이 만들어져요. 단 한 명이 일을 잘한다고 해서 그 순간이 오거나 못한다고 해서 안 오는 건 아니라는 결론에 이르죠. 저는 지금도 '할 수 있는 만큼 하자'가 항상 목표지, '죽어도, 될 때까지 하자' 같은 생각은 별로 하지 않아요.

무거운 생각이 들 때도 있어요. 바로 고립되어 있다고 느낄 때죠. 활동을 혼자 할 때는 아무리 평가해도 바로잡을 수 있는 사람이 나밖에 없잖아요. 자신에 대한 평가가 진짜 가혹해지고, 실패가 있을 때 나를 들볶게 되는 것 같거든요. 그런 적이 많았기 때문에 그러지 않으려고 의식적으로 노력해요. 빈곤사회연대 상근 활동을 시작하고 2년이 지났을 때 1년 정도 혼자 활동하던 기간이 있었어요. 맨날 '언제 문 닫지, 언제 문을 닫아야 욕을 덜 먹을까?'라는 생각만 하면서 버텼는데, 그때는 진짜 스스로 마음 조절이 잘 안 됐죠. '아무리 생각해도 다른 사람이 하면 잘했을 것 같은데 내가 해서 이렇게 되지 않았나' 같은 자책을 끊어낼 수가 없더라고요. 빈곤사회연대에 다른 상근 활동가들이 생기고 나서부터는 자책을 안 할 수 있게 되었고, 그것이 저에게 중요한 원동력이 되었어요. 같이하는 사람들이 진짜 중요해요.

혼자 활동한 기간에 너무 힘들었지만 그래도 이런저런 훈련이 빨리 된 것 같아요. 토론회를 해도 기획부터 보도자료와 토론문 쓰기까지 혼자 해야 하니까. 집회하면 선전물에 취재 요청서와 보도자료 쓰기, 사회 보기까지 내가 다 해야 하잖아요.

플씨 본인에게 '운동'이 무엇인지 한 단어로 요약하자면?

윤영 그것까지는 솔직히 잘 모르겠어요. 왜냐하면, 내 생각이 어떻게 될지 어떻게 알아요. 일단 '지금의 생각을 실천할 방법을 찾아보자'라고 생각하며 살아요. 그렇게 생각해보니까 그냥 지금 알고 있는 것과 지금 할 수 있는 일 중에서 가장 수고롭고 정성스러운 것을 하려고 노력해요. 맨날 진심을 다하려고 하면 너무 녹초가 되니까 적어도 정성을 다하면서 언젠가 그게 진심에 닿길 바라죠.

인터뷰팀은 아랫마을 사무실에서 윤영과 반빈곤운동에 관한 이야기를 나눴다. '아랫마을'은 빈곤사회연대, 홈리스행동, 금융피해자연대 해오름, 용산참사진상규명위원회, 노숙인인권공동실천단 등 5개 단체가 모여 합력을 발휘하고자 함께 구한 공간이다. 사람들이 언제든지 찾아와 쉴 수 있으며, 식사 등 필요한 물품을 제공한다. 공간을 고른 기준은 홈리스가 가장 많은 서울역에서 걸어서 올 수 있는 정도였다고 한다. 인터뷰 당시 용산구 남영동 작은 골목의 마당이 있는 2층 주택에서 머물렀으나, 용산의 개발 광풍과 함께 계약이 종료되어 2022년 8월 서울역 근처의 용산구 청파로 320-28 1층 건물로 이사했다.

특정한 상황에 놓인 여성 노동자가 일할 때 필수 조건들, 예를 들어 5시에 퇴근한다거나 퇴근 이후 시간에 업무에 쫓기지 않아야 한다거나 하는 것들을 단순히 '사내 복지'라고 이야기하면 안 되겠죠. '일할 수 있느냐'를 결정하는 노동조건을 두고 플러스알파라고 이야기하면 안 된다고 생각합니다. 흔히 말하는 보편적인 노동조건도 실은 특정 조건을 갖춘 사람들에게만 맞춰져 있어요. 꼭 여성 노동자에게만 적용되는 게 아녜요. 저마다 다른 취약한 조건에 놓인 노동자들이 일할 수 있게끔 만드는 보편적인 노동조건이 필요하고 이는 단순한 복지가 아니죠.

보편적 노동조건은 플러스알파가 아니니까

☺ 밍갱

2000년대 후반 학생운동을 시작으로 여러 운동을 경험했다. 2021년부터 '한국여성노동자회'에서 선전홍보를 담당하고 있다.

2021년 11월

2009년, 쌍용자동차 사태가 없었다면?

플씨 안녕하세요, 밍갱 님. 2021년부터 한국여성노동자회 선전홍보 활동가로 계시죠? 한국여성노동자회 소개와 자기소개를 간단하게 부탁드립니다.

밍갱 '한국여성노동자회'(이하 여노)에서 활동하고 있는 밍갱이에요. 여노는 1987년 창립해 한국 사회에서 여성 노동의 취약함을 없애려고 노력하는 단체입니다. 전국여성노동조합과 가까운 관계를 맺고 있어요. 여성노동상담소 '평등의 전화'를 운영하며, 페미노동아카데미, 페미워커클럽 등을 통해 더 많은 여성 노동자에게 다가가고자 합니다. YH노조의 김경숙 열사를 기념하는 여성노동운동상인 '김경숙상'도 매년 시상해요. 그리고 저는 플랫폼씨 회원이기도 합니다.

플씨 밍갱 님은 2000년대 후반 학생운동부터 여러 운동을 거치셨다고 들었어요. 지금까지 활동 과정에서 인상 깊었던 순간은 뭔가요?

밍갱 저한테는 2009년 쌍용차 사태가 중요했어요. 쌍용차 사태는 2009년 4월 8일 쌍용자동차가 총인원의 36%를 정리해고한 사건이에요. 정규직(2,646명)과 비정규직을 포함해 3,000여 명을 해고했어요. 전국금속노동조합 쌍용자동차 지부는 정리해고에 맞서 5월 22일 공장을 점거하고 *파업*에 돌입해 77일 동안 투쟁했습니다. 5월 31일 쌍용자동차는 노동조합이 점거 중인 평택 공장을 직장폐쇄 했고, 공장에 진입하려는 사측과 이들을 저지하는 노조 사이에 충돌이 발생했죠. 경찰은 사전 진입계획을 세우고 8월 5일 경찰특공대와 기동대 등을 공장에 투입해 파업 중이던 노동자들을 강제 진압합니다. 바로 다음 날 노사 합의 후 2,642명이 실직자가 되었죠. 해고된 노동자들은 기업의 *손해배상 청구와 가압류*에 시달렸는데, 67명의 노동자에게 청구된 손해배상 총액은 약 29억 원에 달했어요. 이후 33명의 노동자와 가족이 사망하는 안타까운 일이 발생합니다. 자본과 국가가 합작한 참사죠.

저는 2009년 당시에 대학 총학생회 집행부로 일하고 있었는데요. 여름 내내 평택에 살면서 농성하고 집회에 참가했죠. 평택에서의 기억 때문에 지금까지 활동한다고 생각해요. 쌍용차 투쟁에 연대하면서 평택 쌍용차 공장에서 평택역까지 경찰에게 쫓긴 날이 있었어요. 사람들이 죽도록 뛰어서 도망가는데 경찰이 띄운 헬리콥터가 계속 따라왔어요. 공중에서 최루액을 뿌리고, 저공비행 하면서 흙먼지를 날리더라고요. 헬리콥터에 커다랗게 경찰 마크가 붙어 있었어요. 뒤에서는 구사대가 쇠 파이프를 질질 끌고 오면서 사람들을 폭행했고요. 뒤에서 비명이 들려도 돌아보지 않고 뛰었어요. 그때 국가와 자본의 결탁, 그리고 자본주의를 실감했죠. '국가가 정해놓은 틀 밖으로 빠져나오면 전혀 용납하지 않는다.' 제 또래 활동가나 비슷한 세대의 사람들은 아마도 이 말을 실감하는 공통의 경험이 있을 거예요.

쌍용차 사태에서 그랬듯 국가는 종종 파업하는 노동자를 강제 진압한다. 파업은 노동자가 생산을 멈추고 사용자를 압박해 더 나은 노동조건을 쟁취하는 행위다. 노동삼권(단결권 · 단체교섭권 · 단체행동권)은 헌법으로 보장되며 파업은 단체행동권에 해당한다. 자본주의 사회에서 기업과 노동자 개인이 대등한 관계가 아니므로, 불평등을 집단적 방식으로 바꿔 갈 수 있어야 하며 세계 각국은 이를 헌법으로 인정한다.

그런데 한국의 노동조합 및 노동관계조정법(이하 노동조합법) 제3조는 '합법적' 쟁의행위의 기준을 좁게 잡아서 쟁의행위에 대한 손해배상 청구 범위를 추상적으로 넓히고 있다. 기업은 소위 '손배가압류(손해배상 · 가압류)'를 노동자 탄압의 가장 강력한 무기로 쓰는데, 노동자가 자신의 권익을 보장받기 위해 파업하면 노조나 조합원 개개인에게 막대한 손해배상액을 청구한다. 한국에서 정리해고에 반대하는 파업은 '노동조건 개선' 목적이 아니라며 위법으로 규정되고, 노동법 개악에 맞선 파업은 정치파업으로 여겨져 불법이 된다. 또한 노동조합법 제2조는 근로자와 사용자 범위, 쟁의행위의 개념을 좁게 규정한다. 특수형태근로종사자가 노동조합법상 노동자성을 인정받지 못하거나, 원청 기업이 실질적인 고용주의 책임을 회피하는 등의 문제점이 있다. 그래서 민주노총, 시민사회, 노동자들은 노동조합법 제2·3조 개정을 촉구하는 캠페인을 꾸준히 전개하고 있다.[3] 한편 2023년 2월 21일 국회 환경노동위원회는 노동조합법 일부개정법률안을 상정해 가결했다.

플씨 첫 번째 대학에서는 미술 공부와 학생회 활동을 했고, 두 번째 대학에서는 사회학을 공부하며 여성주의 교지에서 활동하셨어요. 쌍용차 사태의 경험이 두 번째 대학을 다니며 다시 활동하도록 영향을 주었나요?

밍갱 2009년 총학생회 활동이 끝난 후에 정파에서 나오고 학생운동도 때려치웠어요. 학교도 자퇴했고요. 첫 학교에서 시각디자인을 전공했는데, 학교를 때려치운 가장 큰 이유는 당시 대학의 모습이 제가 생각하던 대학이 아니라 직업훈련소 같다고 느껴서예요. '이럴 거면 자격증 학원에 다녀야지 왜 대학에 다니지?'라는 생각이 들어서 그만뒀죠. 2010년에는 수능 공부했어요. 반년 정도 공부하면서 고시원에 틀어박혀서 별의별 생각을 다 했어요. 그중 하나가 '내가 행복해지려면 도대체 뭐가 필요할까?'였죠. 고민하다가 '세상이 바뀌지 않으면 내가 행복할 방법이 없구나'에 이르렀어요. 어떤 과정을 거쳐 나온 결론인지 모르겠는데, 그 생각하고 나서 펑펑 울었던 기억이 나요. 지금 보면 그냥 제가 반골이라는 얘기죠. ☺ 어쨌든 그 뒤로 활동에 관련한 무언가를 하지 않고 살 수 없겠다는 확신이 들더라고요. 쌍용차 사태의 경험이 없었다면 그렇게까지 생각하지 않았을 것 같아요.

댁의 김치는 안녕들 하십니까

플씨 학내 여성주의 교지 편집장으로 일한 적이 있으세요. 자신이 서 있는 공간에서 만들어 나가는 페미니즘적 실천이 본인과 주변에 어떤 의미로 남았다고 생각하세요?

밍갱 제 활동은 시기적으로 여성 교지에 들어가기 전과 후로 나뉘어요. 학생운동, 노동운동에 연대하는 정파 조직운동, 정당운동을 주로 했을 때는 페미니즘을 반(反)성폭력운동으로만 접했죠. *페미니즘 리부트*가 되기 전이니까요. 몇 가지 계기를 겪고 제가 페미니즘이 무엇인지 모르고 있다는 생각이 들었어요. 그래서 사회학을 전공한 두 번째 대학에서 페미니즘 관련 수업을 일부러 찾아서 학부 수업부터 대학원 수업까지 많이 들었어요. 배우다 보니 페미니즘의 스펙트럼이 생각보다 넓고 어렵더라고요. 어려우니까 더 흥미가 생겼던 것 같아요.

페미니즘 관련해서 무엇을 할까 고민하다가 여성주의 교지에 들어갔어요. 그때가 2012년 같은데, 원래 하던 운동을 놓지 않았으니까 페미니즘 활동하면서 당연히 여러 사회운동이나 노동자 투쟁에도 연대했죠. 근데 제가 페미니스트라고 오픈하자마자 '계급 문제에 관심 없는 페미니스트'라는 식으로 공격이 들어오는 거예요. 어떤 투쟁에 연대하든 간에 페미니스트라는 이름이 붙는 순간 다 지워지고, 계급 관점이 없는 사람이 된 셈인데 어이가 없었죠. 그러면서 제가 페미니즘이나 페미니스트 활동가에게 가지고 있던 관점을 돌아보게 됐어요. 학생운동이나 정파 조직운동, 정당운동을 하면서 보았던 페미니즘에 관한 숱한 손쉬운 비평과 편견을 포함해서요.

밍갱이 언급한 '페미니즘 리부트'의 맥락을 살짝 소개한다. 2015년을 전후해 여성혐오에 대한 집단 저항으로 시작된 여성들의 집합적 행동이 그다음 해 강남역 10번 출구 여성 살해 사건으로 새로운 국면을 맞았다. 도시공간에서 여성의 안전과 불법 촬영, N번 방과 데이트폭력, '래디컬' 페미니즘의 등장과 퀴어 및 트랜스 주체의 시민권을 둘러싼 정치적 이슈와 쟁점이 온라인 디지털 공간을 매개로 등장했다. 이는 광장에서의 '검은 시위'와 촛불집회, 피해생존자들의 '미투(me too)'에 대한 연대 실천을 통해 증폭되었다. 불평등한 젠더 구조의 현실을 해석하는 데 있어서, 페미니즘의 언어가 여성들의 자기 경험에 대한 인식론의 틀로써 수용되며 전면에 등장하게 된 페미니즘의 외연 확장 상황을 손희정은 '페미니즘 리부트(feminism reboot)'로 명명했다.[4]

플씨 2013년 12월 고려대학교 후문 게시판에 '안녕들 하십니까'라는 제목의 대자보가 붙었죠. 거기에 '철도 민영화에 반대한다며 수천 명이 직위에서 해제되고, 국가기관이 선거 개입을 하고, 밀양 주민이 음독자살하는 하 수상한 시절에 어찌 모두들 안녕하신지 모르겠다. 안녕들 하십니까?'라는 내용이 있었어요. 사회 의제에 관한 비판적 의식이 대자보 붙이기 운동으로 번졌던 기억이 납니다. 관련해서 밍갱 님이 2013년 말부터 2014년 초까지 활동했던 '댁의 김치는 안녕들 하십니까'의 이야기도 들어보고 싶어요.

밍갱 '안녕들 하십니까' 대자보로 운동이 확산하던 시점이었습니다. 여성혐오 의제를 활용해서 '안녕들 하십니까' 운동을 해보고 싶었어요. 이미 그전부터 중앙대 녹지, 고려대 석순, 성균관대 여학위 등 여러 대학에서 활동하는 페미니스트들과 네트워크를 만들기 위한 고민을 해왔어요. '안녕들 하십니까'가 터지고 본격적으로 제안했죠.

처음 대학에 들어간 2000년대 후반과 5년쯤 지난 2013년의 분위기가 좀 다르다고 느꼈어요. 대학을 두 번 다녔으니 느낄 수 있는 차이였죠. 심한 백래시(backlash)로 인해 학내 페미니즘이 다 사라졌던 2000년대 후반과 달리, 2010년대 초반엔 자생적인 페미니스트들이 생기고 있다는 걸 느꼈죠. 자생적 페미니스트들이 자신이 겪은 여성혐오의 문제의식을 공유하고 있었고요. 그래서 여성혐오를 주제로 사람들을 모을 수 있겠다고 생각했어요. 제목도 '여성들은 안녕들 하십니까'가 아니잖아요. 생물학적 여성으로 포괄되지 않는, '여성으로 이름 지어짐으로써 혐오의 대상이 되는 현상'을 이야기하려고 했죠. 그래서 당시 가장 잘 쓰이던 여성혐오 표현 중 하나인 '김치녀'에서 따와서 '댁의 김치는 안녕들 하십니까'라는 이름으로 활동했어요.

플씨 지금 김치녀라는 용어를 떠올리면, 꽤 오래전이라는 생각이 들어요.

밍갱 그렇죠. 김치녀 같은 단어들이 막 생겨나고 있던 시점이었어요. '더 이상 못 참겠다'라는 여성들이 모이고 있다는 느낌을 받았죠. 그런데 당시만 해도 여성혐오 의제로 뭘 해보자고 얘기했을 때 "여성혐오 그거 일베만 하는 거 아니에요? 얘기할 필요 있어요?"라는 사람들이 많았어요. 하지만 "해야 한다"라고 주장했죠. 그리고 진짜 재밌게 활동했어요. 제가 페미니즘 활동을 본격적으로 시작한 계기 같아요.

플씨 무엇이 그렇게 재미있었나요?

밍갱 몸에 착 붙는 운동을 한다는 느낌을 처음 받았거든요. 그전에는 정말 힘들어도 '이건 옳다'라는 큰 당위나 이념을 추상적으로 좇으면서 운동했어요. 일단 옳다고 하니까 하고, 해야 하니까 하는데, 이게 왜 나의 문제인지 잘 모르는 상태였던 것 같아요.

심지어 당시 제가 속했던 운동들은 대체로 굉장히 남성 중심적이었기 때문에 더더욱 착 달라붙기 힘든 면이 있었죠. 정말 많은 운동이 문화적인 요소는 물론이고 인식의 틀조차 남성 중심적으로 움직이는 경우가 많아요. 보편적인 이야기를 하더라도 남성을 전제로 하고요. 노동자라고 얘기할 때도 보통 사람들이 상상하는, 은연중에 전제된 모습은 '남성 노동자'의 모습이죠. 제가 하는 운동에 스스로 착 달라붙기 어렵게 만드는 요인이었어요. 그런데 페미니즘 활동하면서부터 나의 관점으로 바라보고 운동을 얘기할 수 있게 됐죠. 같이 공부해 나가면서 '무엇이 옳은 방향일까?' 끊임없이 고민했어요. 함께 공부하고 고민해서 만들어낸 의제로 활동하는 건 처음이었죠. 그 느낌을 저는 '착 달라붙었다'라고 표현해요.

사람마다 자신의 중요한 정체성이나 가치를 어디에 두느냐는 다 다르지만, 제게는 페미니즘 운동이 나를 운동에 착 달라붙게 만드는 중요한 전환점이었어요. 이전까지 해왔던 활동들이 싫기만 한 건 아니에요. 페미니즘을 접하기 전에 해왔던 활동들도 저의 뿌리가 되는 가치관이자 아주 소중한 운동적 자산이죠. 지금도 아주 중요하고요. 하지만 어떤 활동을 이후에 할 것이냐고 묻는다면, 이제는 제가 더 하고 싶고, 하는 것이 즐거운 운동에 집중하고 싶다고 답할 겁니다.

여성의 날에 시작한 인연

플씨 한국여성노동자회는 어떻게 처음 알게 됐어요?

밍갱 처음 알게 된 건 2014년 *'3·8 여성의 날'* 집회였을 거예요. 그해엔 여성의날 행사를 두 곳에서 했거든요. 종로 보신각에서 여성노동자대회, 청계광장에서 한국여성대회가 열렸죠. 저는 청계광장에서 부스를 차렸어요. 보신각에 여성노동자대회도 있으니까 깃발 들고 왔다 갔다 했죠. 양쪽에 다 참여하기 어려워서 두 곳 모두에서 공통으로 보이는 단체는 별로 없었는데, 여노 깃발과 전국여성노조 깃발이 두 곳에서 모두 보였어요. 기억해뒀다가 소식을 팔로우하고 있었는데, 여노로부터 페미워커클럽을 함께해보면 어떠냐고 제안받았어요. 그 뒤 실제로 회원 활동하면서 '나한테 잘 맞는다'라는 생각이 들었어요. 자유롭고, 권위적이거나 위계적이지 않은 문화였어요. 페미니즘적인 가치를 지향하고, 꼭 페미니즘으로 포괄되지 않더라도 다양한 의제에 관심을 두는 점도 좋았고요. 페미니즘뿐만 아니라 기후위기나 체제전환 등의 다양한 의제에 사람들이 이미 지닌 관점과 실천이 있어서 자유롭게 이야기를 꺼낼 수 있는 분위기가 있었어요.

'세계 여성의 날'은 1908년 3월 8일 미국에서 1만5,000명의 여성 노동자가 선거권과 노동조합 결성의 자유를 쟁취하기 위해 벌인 대대적인 투쟁을 기원으로 한다. 당시 미국의 2만여 명의 여성 노동자들은 낮은 임금, 긴 노동시간, 위험한 작업장, 성적괴롭힘과 사생활 침해 등에 맞서 파업을 벌였다. 폭력적인 탄압에도 노동자들은 3개월여 동안 대열을 지켜냈다. 이에 독일의 여성 해방운동가 클라라 체트킨이 1910년에 열린 국제 사회주의 회의에서 이들의 투쟁이 벌어진 3월 8일을 세계 여성의 날로 삼아 매년 기념하자고 제안했다. 이후 세계 곳곳에서 여성의 날로 기념한다.

한국에서는 일제강점기였던 1920년, 나혜석·박인덕 등 자유주의 계열 여성운동가들과 허정숙·정칠성 등 사회주의 계열 여성운동가들이 주도해 최초로 세계 여성의 날을 기념했다. 이후 1930년대 말까지 곳곳에서 국제공산부인데이, 국제부인일, 공산부인일 등의 이름으로 이어졌지만, 일제의 탄압으로 중단되었다. 해방 후 1946년과 1947년 여성해방주간이 선포되면서 대회와 기념식이 잠시 부활했지만 이어지지 못했다. 이후 1985년 여성단체가 주최한 한국여성대회, 1988년 여성노동자들이 주관한 여성노동자대회가 시작되었다. 한국여성대회와 여성

노동자대회는 때로는 연대하고 때로는 논쟁하며 지금까지 매년 진행되고 있다.

플씨 여성단체에서는 서로를 '쌤'이나 닉네임으로 부르는 문화가 있고, 밍갱 님이 전에 있던 활동 공간들은 보통 서로를 '동지'라고 부르는 문화가 있다고 하셨죠. 밍갱 님이 일하는 단체를 정할 때 하나의 기준이었던, 서로를 쌤으로 부르는 문화와 동지라고 부르는 문화를 다 이해하는 단체에서 일하고 싶었던 것은 의식적으로 탐색한 기준인가요? 혹시 눈에 갑자기 불이 켜지는, '아! 여노에서 일해야겠다'라는 순간이 있었나요?

밍갱 처음에는 여성운동 단체에 가서 적응해야겠다고만 생각했어요. 학생운동 하다가 진보정당에 들어갔을 때도 사실 제 생각과 다른 부분이 많았지만, 적응하고 익숙해지면서 정당 활동을 시작했거든요. 그래서 여성단체에 들어가 활동하는 것 또한 아무것도 모르는 상태로 들어가서 처음부터 적응해야 한다고 생각했어요. 하지만 페미워커클럽을 하면서 여노가 제가 경험한 두 가지 운동영역을 모두 이해하는 곳이라는 걸 알았어요. 그래서 저에게 맞는 곳이라고 생각했죠.

보편적 노동조건은 플러스알파가 아니니까

플씨 평소에 SNS에서도 그렇고 직접 만났을 때도 항상 여노의 워라밸,

조직문화를 자랑하던데요. 활동가 복지 측면에서 일하기 편한 면도 있겠지만 운동이나 노동에서의 의미도 있을 것 같아요.

밍갱 여노에 들어와서 처음 몇 달간 여성 노동 문제를 가장 많이 생각하게 했던 건 여노의 조직문화와 상근활동가의 노동조건이었어요. 여노는 퇴근 시간이 5시예요. 평소에도 다들 정시 퇴근을 거의 하는 편이고, 휴가도 연간 25일 연차를 줘요. 반려동물 사망 휴가 같은 제도는 최근에 다른 시민단체도 많이 적용하고 있는데 여노에도 있고요. 그 외에도 여러 휴가 제도들이 있죠. 가장 특징적인 걸 이야기하자면 퇴근 이후나 주말과 휴일에 텔레그램 방이 조용해요. 여노 사무처 텔레그램 방 뿐만 아니라 전국의 여성노동자회 활동가 전체 방도 조용해요. 굉장히 급한 일이 있지 않은 이상은 말이죠. '이렇게 하자'고 의식적으로 노력하지 않으면 일반적으로 시민단체가 이렇게 되기가 어렵잖아요. 노력을 들이는 게 보이니까 '그럼 이 노력은 왜 하는 걸까?'를 자연스럽게 생각하죠.

같이 일하고 있는 사람 중 어떤 여성 노동자는 5시에 눈치 보지 않고 퇴근해서 집에 가야 할 수 있잖아요? 말이 '일-가정 양립'이지, 퇴근 이후에도 '집으로 출근'해서 돌봄노동을 해야 하는 사람들이 있어요. 그런데 퇴근 이후 시간에도 업무 대화 방에 새로운 내용이 올라오고 일을 계속 생각해야 하면, 돌봄노동까지 하는 여성 노동자는 일하기가 굉장히 힘들어요. 가령 5시 퇴근을 정해놔도 아무도 지키지 않고 해질 때까지 일하는 게 일상이라면, 5시에 퇴근해야 하는 여성

노동자는 눈치를 보면서 퇴근해야 해요. 그러니까 다 같이 정시 퇴근 문화를 지키려는 노력이 있어야 5시 퇴근이라는 제도를 유지하겠죠. 그런 노동환경이 만들어지면 다른 사람한테도 좋고요. 가장 취약한 조건에 있는 노동자에게 맞춰져 있는 노동조건이 모두한테 좋은 노동조건이에요.

플씨 하루에 똑같이 8시간 노동한다고 할 때 5시 퇴근과 6시 퇴근의 차이가 뭐죠?

밍갱 굉장한 차이가 있죠. 보통 퇴근이 6시에 맞춰져 있어서 사람들이 몰리는 6시에 퇴근하면 통근 시간이 더 길어져요. 육아를 동시에 하는 여성은 아이를 어린이집에서 데리고 나오는 시간에도 문제가 생길 수 있죠. 또 6시에 퇴근하면 저녁을 먹고 들어가는 경우도 많아요. 5시 퇴근은 이런 문제들을 해결해주기 때문에 단순히 한 시간 일찍 퇴근하는 것 이상의 차이를 보여요.

지금의 현실에서 5시 퇴근은 어떤 사람한테는 사내 복지가 아니라, 일할 수 있는 최소한의 조건일 수 있어요. 건설 현장에서 일하는 노동자에게 지급해야 하는 안전모를 사내 복지라고 얘기하지는 않잖아요. 그 일을 하기 위한 필수적인 조건이니까요. 같은 이유에서, 특정한 상황에 놓인 여성 노동자가 일할 때 필수 조건들, 예를 들어 5시에 퇴근한다거나 퇴근 이후 시간에 업무에 쫓기지 않아야 한다거나 하는 것들을 단순히 '사내 복지'라고 이야기하면 안 되겠죠. '일할 수 있느냐'를 결정하는 노동조건을 두고 플러스알파라고 이야기하면 안 된다고 생각합니다. 흔히 말하는 보편적인 노동조건도 실은 특정 조건을 갖춘 사람들에게만 맞춰져 있어요. 꼭 여성 노동자에게만 적용되는 게 아녜요. 저마다 다른 취약한 조건에 놓인 노동자들이 일할 수 있게끔 만드는 보편적인 노동조건이 필요하고 이는 단순한 복지가 아니죠.

콘텐츠 과잉 시대의 선전홍보 담당자

플씨 지금 여노에서는 어떤 역할을 맡고 계세요?

밍갱 제가 맡은 역할은 선전홍보 활동이에요. 어느 단체나 그렇듯 그것만 하지는 않지만요. 기본적으로 홍보물 제작, SNS와 홈페이지 관리, 뉴스레터나 보도자료 발송과 같은 외부 홍보를 주로 맡고, 회원 모임을 담당합니다.

플씨 지금은 온갖 이미지와 영상 콘텐츠가 쏟아져 나오는 시대인데, 종종 '과잉'이라는 생각이 들기도 합니다. 같은 내용이라도 이미지가 더 꾸며져 있어야 선택받고, 영상은 재미가 있어야 하는 등 경쟁이 붙잖아요. 사회운동에서도 가독성을 챙기면서 쉽게 눈에 띄기 위한 센스 있는 디자인, 영상 편집을 해야 하고요.

밍갱 '콘텐츠 과잉 시대'라는 말에 공감해요. 디자인 작업을 편리하게 하는 도구들이 많이 생겨나고 있잖아요. 저도 여노에서 전국의 활동가를 대상으로 디자인 툴 활용 교육을 했어요. 하지만 실제로는 일이 줄지 않았다고 생각해요. 물론 물리적으로 손대야 하는 과정이 줄어들어 편리해지긴 했지만, 오히려 더 많은 생산물을 만들죠. 옛날에는 보도자료만 내면 됐던 걸 이제는 기사도 내고 카드뉴스도 내야 하잖아요?

플씨 가사 기술의 비약적 발전에도 불구하고 20세기 대다수 여성은 가사노동에서 벗어나지 못했다는 내용의 책이 떠오르네요.[5] 1968년 시애틀 주부들의 경우 세탁기와 진공청소기 등 가전제품을 사용하는데도 가사노동 시간은 줄지 않았거나 오히려 증가했대요.

밍갱 맞아요. 기술 발전이 실제 삶에 차이를 만드는 데에는 별로 도움이 안 될 수도 있다는 방증이죠. 이 생각을 최근에 더 많이 했어요. 첫 대학 전공이 시각디자인이거든요. 학생운동을 시작할 때부터 선전 홍보물을 만들었어요. 그때와 비교해 지금은 디자인 프로그램이 정말 많이 발전해서 홍보물 만들기가 훨씬 쉬워요. 그런데 만들어야 할 건 더 늘었죠. 그리고 지금은 영상이나 이미지 중심으로 홍보하니까 반대로 장애 접근성은 점점 안 좋아져요. 콘텐츠 과잉의 시대인데 나이가 들어 작은 글씨를 읽기 힘들거나, 장애가 있어 이미지로 내용을 전달받기 어려운 사람들에게는 오히려 접근이 더 복잡하고 어려워지는 측면이 있어요.

플씨 여노는 SNS나 뉴스레터, 〈오마이뉴스〉 기사 등 채널을 잘 활용하는 것 같아요. 〈을들의 당나귀 귀〉라는 팟캐스트도 운영해서 책으로 출판하셨죠. 이 채널들이 좋은 전달 매체라고 평가하는지, 여성 노동자들에게 호응을 얻고 회원 활동으로 이어지는지 궁금해요.

밍갱 여러 SNS 채널과 뉴스레터를 담당하고 있고, 〈오마이뉴스〉에 실은 기사 중 최근 글들은 제가 최종 송고했어요. 이런 매체들이 좋은 전달 매체라고 평가하는지 묻는다면 효능이 좋은 전달 매개가 되면 좋겠다고 생각하죠.

제가 주로 하는 고민은 '여성노동자회의 회원 특성에 어떻게 맞출 수 있느냐'예요. 여노가 1987년에 설립됐으니 역사가 긴 단체잖아요. 각 지역의 노동 현장에서 일하는 여성 노동자가 회원으로 있는 단체이고요. 그런데 최근에 사용하는 매체들이 주로 온라인 매체이기 때문에, 나이가 좀 있으신 회원들은 오히려 더 접근이 어려울 수 있어요. 최근에는 '한국여노 온라인 후원의 밤' 안내도 종이로 초대장을 만들어 직접 발송했어요. 온라인 안내보다 직접 받아보는 편이 훨씬 편한 회원들이 많아요. 온라인 매체를 중심으로 홍보가 이뤄지다 보면 이런 분들이 소외되기 쉽죠.

플씨 오프라인 행사는 온라인으로 많이 홍보하죠. 그런데 반대로 온라인 행사를 위해 오프라인 홍보물을 사용했다는 점에서 밍갱 님의 고민이 드러나는 것 같네요. 실제로 받아보는 분들한테서 어떤 피드백이 들어오나요?

밍갱 코로나 전에는 지역 출장이 많았어요. 지역에서 다 같이 모여서 행사를 많이 했거든요. 그런데 코로나로 많은 행사가 유튜브로 옮겨갔죠. 지역에 계신, 나이가 있는 회원들로부터 '실시간 채팅창 어떻게 쓰는지 모르겠다' 같은 피드백들이 있었어요. 그러다 보니 위에서 말한 것과 같은 고민이 생겨요. '영상 송출과 이미지 생산이 쉬워졌다고는 하는데 사람들에게 전달하는 것도 그만큼 효과적이었을까?' 싶죠.

플씨 여성노동자회 회원 모임도 담당하고 계시죠. 모임은 어떻게 이뤄지나요? 지역별로 활성화되어 있나요?

밍갱 회원 모임의 내용이나 형식은 지역여노별로 다 달라요. 제가 있는 한국여성노동자회는 전국에 있는 지역여노들의 중앙사무처인데 한국여노도 별도의 회원 모임이 있죠. 한국여노의 회원 모임을 '페미워커클럽'이라고 불러요. 해마다 구성원들이 하고 싶은 걸 중심으로 회원 모임의 활동이 바뀌어요. 올해는 공부하고 싶다는 회원이 많아 책을 주로 읽었고 전에는 타로 모임, 그림 그리기, 클래식 음악 감상 등을 했어요. 지금은 코로나19로 온라인 모임을 주로 하지만, 예전에 오프라인으로는 회원들끼리 행사를 기획하고 함께 진행하는 모임도 했어요. 저도 상근 활동 전 1년 동안 회원 모임 회원이었고요.

강철의 활동가는 아니더라도

플씨 여성노동자회 상근 활동하면서 더 해보고 싶거나, 이루고 싶은 것은 무엇인가요?

밍갱 여노는 기본적으로 현장 의제가 많아요. 지역별 부설기관으로 평등의전화가 있고, 자매조직으로 전국여성노동조합이 있죠. 지역에 따라 여성자활센터, 인력개발센터도 있어요. 정부에 정책을 제안하고, 피해자 지원과 상담을 하는 등 많은 것을 할 수 있는 단체이기 때문에 단체 안에서 할 수 있는 활동을 찾고 싶어요.

저는 직장 내 성폭력을 산업재해로 인식하는 문제에 관심이 많아요. 직장 내 성폭력이나 성희롱은 지금도 산업재해로 인정받는데 알고 있는 사람은 많지 않죠. 보통 사람들은 직장 내 성폭력 사건이 일어나면 '직장 내'가 지워진 채로 그저 성희롱, 성폭력 사건으로만 인식해요. 앞으로는 이를 노동환경 자체의 문제로 이야기하고 노동환경을 더욱 안전하게 변화시킬 수 있는 방향을 고민해야 해요.

뜰씨 밍갱 님 이야기를 듣고 있으면 '나는 배우러 들어왔다', '흡수하러 왔다'라는 자세가 뿜어져 나와요.☺ 활동가 개인으로는 어떤 꿈을 갖고 있으신지요?

밍갱 실무왕이 되고 싶어요.☺ 사무처 식구들도 다 알아요. 눈에 보이지 않지만 꾸준하게 활동의 뿌리를 만들어가는 사람들이 진짜 멋진 활동가라는 생각을 어느 시점부터 했어요. 제가 보는 활동가 상이 예전과 비교하면 많이 바뀌었죠. 이론을 잘 알고, 사람 조직을 열심히 하고, 의제에 나서서 발화하고, 모두가 그런 활동가가 돼야 한다고 생각했던 적이 있어요. 그런데 단체를 운영하려면 정말 많은 실무가 필요하잖아요. 어떤 운동이든 물밑에서 운동을 만드는 사람이 있고, 거기에는 수많은 실무가 필요하죠. 언제부턴가 그 작업하는 사람들이 멋있더라고요. 저도 그런 사람 중 하나가 되고 싶어요. 물론 너무 실무에만 익숙한 나머지 이념과 조직적 지향을 잊은 관료적 활동가가 되는 것은 경계해야겠지만요.

플씨 멋진 꿈이네요. 그렇다면 사회운동의 관점을 잊은 활동, 관료적인 상태에 빠지지 않으려면 어떻게 해야 할까요?

밍갱 관료적 활동가가 되기 쉽죠. 저는 모두가 조직활동가가 되어야 한다는 말에 동의하는데, 이 지점에서 한 번 풀어가 볼게요. 엄밀히 구분해서 말하자면, 저는 예전에 '활동가는 모두 조직가가 되어야지'라고 생각했어요. 지금은 '활동가라면 기층이 있어야 한다'라고 생각하는 것에 가까워요. 사람마다 잘하는 것과 못하는 것이 있으니 거기에 맞게 역할을 줄 수 있는 활동 모델이 좋죠. 하지만 한 가지 전제는, 그런데도 '내가 어떤 사람들을 대상으로 얘기할 건지, 어떤 사람들을 대상으로 설득하고 싶은지, 어떤 사람들과 함께하고 싶은지' 이런 질문에 각자의 대답은 있어야 한다는 거예요. 그게 관료가 되지 않고 운동하는 방법 아닐까요?

플씨 지금껏 만나온 여성 중에 '저렇게 살아야지'라는 영감을 주고 롤모델이 된 사람이 있나요?

밍갱 정말 멋있는 여성이 많고 운동가로 배워야 할 점이 있는 사람도 참 많아요. 매일 뵙는 한국여노 솔키(배진경) 대표님도 멋진 분이고요. 그런데 제가 그런 삶을 살 수 있다고 할 수는 없겠네요. 롤모델은 따라 할 수 있는 사람이어야 한다고 생각하거든요.

플씨 활동가는 누구나 할 수 있을까요? 활동가가 가져야 할 자질이나 서로 다른 자질 간의 조화를 어떻게 이룰 수 있을까요?

밍갱 저도 저를 활동가라고 얘기하고 활동가 자의식이 있죠. 그런데 활동가가 누구나 할 수 있는 일이 아니라고 얘기하는 사람도 있나요?☺

플씨 그런 사람은 없었죠.☺

밍갱 당연히 활동은 누구나 할 수 있어야 하죠. 활동판은 언제나 사람이 없어서 문제잖아요. 대개 '활동가 윤리', '활동가 의식', '조직의 기풍' 이런 용어들을 사용하는데, 저는 그 말들이 조금 싫어요. 개인적으로는 '강철의 활동가'를 훌륭한 활동가의 상으로 가졌던 과거의 저에 대한 반작용이 있고요. 활동가라는 직업에 선민의식을 조장하는 부분도 있죠.

그러다 최근에 '활동가로서의 직업의식'이라는 얘기를 들었는데 마음에 들더라고요. 활동가가 별다른 직업이 아니라, 다른 여느 직업과 같이 하나의 일이고, 다만 거기 수반되는 '직업의식'이 필요하다는 말인 것 같아서요. 물론 임금을 받고 직업으로 활동하지 않지만 훌륭한 활동가인 분들이 많아요. 그래서 '직업의식'이 모두를 포괄할 수 있는 용어가 아니긴 하죠. '활동가 윤리'가 그랬듯 특정 직업에 어떤 이미지를 강요하는 방식으로 직업의식이라는 말을 사용하기도 하니까 완벽한 표현이라고 생각하지는 않아요. 하지만 활동가가 특수한 직업이 아니라는 점을 표현하기에는 적절해요.

3년 정도 활동을 쉰 때가 있어요. 일반 직장에서 일하고 의식적으로 활동 영역 밖을 돌아다니면서 사람들을 만났어요. 왜냐하면, 19살

때부터 활동만 했으니까 20대 내내 만난 사람이 운동에 있는 사람밖에 없었어요. 그런데 밖에 나가서 다녀보니까 활동이라는 작은 우물보다 훨씬 더 윤리적으로, 충분히 고민하면서 자기가 할 수 있는 실천하며 사는 사람이 되게 많은 거예요. 그때 '활동가라는 게 대중 중 1인에 불과하구나'라고 생각했어요. '옳은 일을 고민하고 실천하는 훌륭한 시민으로 사는 것도 무척 어려운 일이구나' 하는 생각이요. 그래서 활동가가 뭔가 굉장히 특수한 일로 인식되지 않았으면 좋겠어요. 사실 활동이 나아가야 할 길인 것 같기도 하고요.

플씨 이 인터뷰의 취지이기도 한 것 같아요. 누구나 활동할 수 있다는 걸 보여주고 싶거든요.

밍갱 각자가 있는 위치에서 할 수 있는 일이 정말 많아요. '좋은 활동가는 뭘까?' 고민하며 살아왔는데 쉬면서 보니 좋은 활동가고 나발이고 좋은 시민이 되기가 너무 힘들더라고요. 좋은 시민이 되고자 노력하는 것은 좋은 활동가가 되는 것과 크게 다르지 않아요. 우리가 활동이라고 할 때 기본적으로 어떤 진보적인 지향을 두잖아요. 앞에서 제가 특정한 활동가 상이란 없다고 말했지만, 진보적인 지향을 가진 사람들이라면 적어도 진보적인 사회가 이미 실현된 상태를 지향하면서 살아야 한다고 생각하거든요. 예를 들어 성소수자 혐오가 없는 세상에서 살고 싶다면 성소수자 혐오가 없는 공동체를 만들기 위한 실천부터 해야죠.

누구나 활동가를 할 수 있어야 해요. 다만 사회운동이 누구나 활동가로 살 수 있는 공간은 아직 아닌 것 같아요. 사실 현실적으로 어려운 면이 있지요. 자원이 한정되어 있으니까요. 사회운동의 공간이 좀 더 다양한 이들에게 자리를 줄 수 있으면 좋겠어요. 성격이나 성향, 잘하고 못하는 것에 구애받지 않고 각자에게 역할이 주어질 수 있는 공간을 만들려고 노력해야죠. 그런 공간을 외부로도 점점 넓혀가야 하고요. 활동가의 자질이 따로 있다기보다는, 어떤 자질을 가진 사람도 활동가가 될 수 있도록 해야 한다는 이야기예요.

'쌤'과 '동지' 사이에서 접점을 찾고 한국여성노동자회에서 활동하는 밍갱 활동가. 두 차례의 운동을 거치면서 '자신의 몸에 착 붙는' 운동이 무엇인지를 경험한 후 페미니즘적 가치를 지향하는 동시에 다른 의제들에 대한 비판적 의식을 견지하며 현장을 어떻게 바꿀 수 있을지 치열하게 고민한다. 그에게 활동은 '강철의 활동가'만 할 수 있는 것이 아닌, 직업으로서 활동가뿐만 아니라 누구나 참여하며 만들어가는 것이다. 실무왕! 밍갱의 꿈을 응원한다.

혐오 세력도 간절해요. 그들도 힘들어하면서 반대하거든요. 우리를 미워한다기보다 안타깝고 불쌍한 사람들로 봐요. 그래서 내가 지치지 않는 것을 넘어서, 저 사람의 간절함에 지지 말아야겠다고 생각해요. 축제는 인식을 바꾸기 위해 정기적으로, 꾸준히, 직접 보여주는 거예요. 변화는 거기서부터 시작된다고 생각해요. 물론 축제를 통해 힘도 받고요.

소양강 퀴어상에 무지개를

☺ 이효성

진보정당운동을 사회운동 전체와 연결해 생각하고 '정의당' 중심으로 활동한다. '제주퀴어문화축제', '춘천퀴어문화축제' 조직위원회에 참여했다.

2022년 7월

레고랜드와 흠뻑쇼

플씨 춘천 시민으로 자신을 소개하셨어요. 춘천에 온 지는 3년 조금 넘으셨죠? 먼저 지역에서 추진 중인 활동을 질문드리고 싶어요. 올해 초에 '춘천 레고랜드 테마파크'(이하 레고랜드) 개발 관련 글을 플랫폼씨 홈페이지에 써 주셨는데, 레고랜드가 결국 개장했죠. 현재 춘천 레고랜드 관련 활동을 하시나요?

효성 우선 사건을 간단하게 설명드리면, 춘천에 자연이 비교적 잘 보존된 중도라는 섬이 있어요. 일자리 창출과 지역경제 활성화라는 취지로 강원도가 중도에 레고랜드를 세우기로 했죠. 2008년 한나라당 소속(현 국민의힘)의 김진선 강원도지사가 멀린 사를 방문해 양해각서(MOU, 각 당사자가 어떤 조처를 하거나, 비즈니스 거래를 하거나, 새로운 협력 관계를 체결할 의도를 명시한 계약서. 법적 구속력은 가지지 않는 것이 일반적)를 체결하면서 사업을 본격화했어요. 2010년에 당선된 민주당 이광재 도지사는 레고랜드 조성사업 추진을 결정했죠. 문제는 멀린 측에 중도를 최대 100년 동안 무상 임대하고 자금과 기반 시설을 제공하는 계약의 불균형성과 중도에 묻혀 있는 문화재 파괴였어요. 그런데 2011년에 당선된 통합민주당 최문순 도지사는 2012년에 공사를 시작해 2014년에 개장하겠다는 계획을 발표하며 멀린과 레고랜드 개발 본협약(UA)을 강행합니다.

이후 중도를 공사하는 과정에서 대규모 유적을 발굴했는데, 규모로는 전 세계 청동기 단일유적 중 최대였어요. 고고학계의 우려에 문화재위원회와 레고랜드 추진단은 문화재 보존을 조건으로 사업 지속을 약속했어요. 그런데 문화재청과 개발사인 엘엘개발(현 강원중도개발공사)이 허위 보고서를 작성해 위험을 감수하면서 사업을 계속하고 문화재 보존 약속도 지키지 않았죠.

강원도는 2,300억 원의 공사비 마련에 실패해서, 레고랜드의 사업권을 시행사인 엘엘개발에서 운영사인 멀린에 넘겨버리는 총괄개발협약을 체결해요. 엘엘개발은 레고랜드 사업을 위해 강원도가 최대주주로 출자한 특수목적법인이라서 엘엘개발이 사업을 주도해야 강원도에 수익이 들어와요. 지역 경제 활성화를 위한 개발이라고 했지만, 사업권을 멀린에 넘겨서 정작 강원도에 한 푼도 돌아오지 않는 거예요.

그리고 레고랜드 사업을 추진할 때, 강원도는 연간 200만 명 이상의 국내외 관광객과 9,800여 명의 일자리 창출, 연간 44억 원의 지방세수 증대 효과를 낼 수 있다고 홍보했어요. 하지만 레고랜드 말고 아무것도 없는 곳에 관광객이 200만 명이나 올지 의문이죠. 2022년

3월 기준 채용은 예정한 인원의 18%도 안 되는 548명이고 대부분이 비정규직이었어요. 그런데도 결국 2022년 5월에 개장했죠. 개장 이후 안전사고 발생, 교통 및 주차, 숙박 문제 등 운영 과정도 미숙해요. 그리고 김진태 레고랜드 사태가 불거졌죠.

보시다시피 제가 어떤 대응을 해야겠다고 결정한 것이 아니라 일이 계속 터져요. 관광객 수도 예상보다 적어서 춘천에 있는 초등학생을 다 동원해요. 그런데 그렇게 적자를 메꾸는 게 얼마나 가겠어요? 큰 테마파크니까 유지되긴 하겠지만 문제점이 많아요.

플씨 지역들이 난개발로 문제를 많이 겪는 것 같아요. 광주는 디즈니월드를 유치하겠다고 했어요. 김해에는 이미 김해가야테마파크를 만들었는데 존재를 아는 사람이 거의 없더라고요. 거액의 사업 예산을 쓰고 환경을 파괴했는데 남는 건 건설회사와 연관된 사람들에게 돌아가는 수익뿐이에요.

효성 경제 활성화한답시고 이뤄지는 개발은 지역의 환경이나 조건을 무시한 개발이 많아요. 대도시의 특징이 지역에도 그대로 적용된다고 생각하는 획일적인 개발이죠. 주로 외부 자본에 의존해 진행해요. 건설업자, 건물주, 일부 관료에게만 이익이고 지역에는 안 좋은 영향을 끼치죠. 테마파크를 만들 수는 있어요. 그런데 세금 들여서 큰 사업을 하고자 한다면, 예상되는 경제적 효과, 환경영향평가와 같은 사전 조사가 충분히 이뤄져야 하고, 주변 지역민과 소통해서 합의를 만들어야 해요. 지역민들 합의도 제대로 이루어지지 않고 절차를 다 무시하면서 진행하니까 문제가 생기죠. 지어놓은 시설을 유지하는 데 혈세를 낭비하고 수익은커녕 계속 적자죠.

플씨 최근에 싸이 흠뻑쇼가 가뭄에도 불구하고 물을 엄청나게 낭비한다는 논쟁이 있었죠. 수자원 낭비 이상의 문제, 수도권과 도심의 편의를 위해서 지방과 교외 지역의 자원을 마음대로 끌어 쓰는 구조적인 문제를 보여줬다고 생각해요. 혹시 춘천의 지역사회에서 비슷한 문제가 이슈된 적이 있을까요?

효성 레고랜드 개장 때 춘천에서 축하 불꽃쇼를 연다고 발표했어요. 레고랜드 축하보다 먼저 예산이 잡혀있던 불꽃 축제였는데, 시민단체가 반대해서 예산을 못 썼어요. 올해 강원도 내에서 산불이 크게 났어요. 논리적으로 따지면 춘천에서 불꽃 축제를 한다고 바로 산불이 일어나진 않겠지만, 산간 지방에 사는 강원도민 정서에는 맞지 않아요. 한쪽은 방금 화마가 휩쓸고 가서 아직 복구하는데, 옆에서는 불꽃으로 놀고 있으면 무슨 생각이 들겠어요? 동료 시민으로서 연대의식이 부재한 거죠. 흠뻑쇼도 비슷한 사례예요. 한쪽에서는 삶에 필수적인 물이 없어서 아껴 쓰는데, 한쪽은 물을 길어다가 펑펑 쓴다면 좋은 반응이 나오지 않죠. 소외된 이들의 정서와 결을 살펴야 해요.

수도권의 막대한 전기 소비를 충족하기 위해 삼척에 지은 석탄화력발전소 때문에 해안 침식과 대기 오염이 발생해요. 물을 싼값에 구할 수 있는 도시에 비해 인구가 적은 농촌은 물을 더 비싸게 사야 하는 '물 양극화'의 문제도 있어요. 도시와 지역의 불평등 해소를 말하지만 '지역 활성화'라는 명분으로 지역은 수도권의 자원 조달자나, 외부 자본의 수익 창출구가 되어버리죠. 지역에 정말 아무것도 없으니까 지푸라기라도 잡는 심정으로 그런 개발이라도 바라는 지역민들이 있긴 해요. 하지만 난개발은 문제점이 많고 근본적인 해결책이 될 수 없어요. 답은 지역 환경의 종합적 고려와 이에 기반한 지역 사람들의 민주적 소통 및 합의에 있습니다. 이 과정이 인구 문제를 포함해 지역과 수도권 간 발생하는 여러 격차를 해결하는 출발점이 될 수 있겠죠.

플씨 효성 님이 생각하는 지역운동의 큰 전망을 듣고 싶어요.

효성 사회운동은 생활 현실에서 어려움이 닥친 곳을 집중 조명한 뒤 이를 사회적으로 가시화하고 확장합니다. 문제해결 과정에서 그 문제와 연결된 다른 문제까지 해결하면서 사회를 진보시키는 과정이에요. 현실에서 벌어지는 여러 문제에 주목하면서 사회운동이 시작되죠. 그리고 그 공간이 지역이라는 것은, 각 지역에서 벌어지는 문제를 확인하고 사회운동을 그만큼 확장하는 거예요. 춘천에 오면 춘천 레고랜드 문제가 보이죠. 춘천뿐만 아니라 다른 지역도 무분별한 개발의 문제가 있을 거예요. 그럼, 춘천 레고랜드 문제를 확장해서 다른 지역의 난개발 문제를 같이 얘기할 수 있죠. 그렇게 운동을 만들어 가는 거예요. 앞으로 할 일, 발견할 일이 정말 많아요. 지역운동을 사회운동의 하부로 분류하기보다는, 지역을 운동의 현장 그 자체로 보아야 해요. 춘천 주민에게는 춘천에서 일어나는 일이 자신의 문제잖아요. 지역운동은 단순히 기초자치 단위에서 이루어지는 어떤 현안을 해결하는 운동이 아니라, 운동의 토대, 운동이 벌어지는 현장, 운동을 발견하는 장소, 운동을 이루어가는 '땅'이죠.

마지막으로 지역운동은 지역 주민과 결합한다는 특성이 있어요. 운동은 혼자서 하는 것이 아니라, 지역에서 벌어지는 문제를 지역 주민과 공감하며 같이 만드는 과정이니까요. 지역 주민을 상대로 싸우면서 뭔가를 할 수는 없잖아요. 지역을 바꿔 나가려면 지역 주민들과 마음을 맞춰가면서 해야죠. 여기에서 주민은 말 그대로 주민 전체를 의미해요. 주거 문제만 해도 세입자인 주민이 있고 건물주인 주민이 있죠. 어려움을 겪은 세입자와 함께 지역의 문제를 풀어나가면서도 그 과정에서 건물주를 설득하고 같이 살아갈 수 있도록 고민해야죠. 아예 배제하고 규탄하는 것이 아니에요. 어차피 같은 동네에서 계속 얼굴 보고 살아갈 사람들이기 때문에, 장기적으로 봤을 때 세입자의 권리가 건물주에게 불리한 일이 아니라고 설득해야죠.

지역에서 기후 정의를 논의할 때 이 지역에 일자리를 만드는 기업의 논의 참여 여부도 쟁점이 될 수 있어요. 지역 주민의 자격을 획득하고 말고의 문제가 아니라, 이 지역을 중심으로 고민하는 사람이 누구나 다 운동에 들어올 수 있느냐의 문제죠. 주거지를 갖건, 사업을 하건, 건물을 갖건 여기에 삶의 터전이 있는 것은 마찬가지예요. 지역 주민과의 결합에서 중요한 점은 '한 지역 안에서 이해관계가 각각 다른 사람들과 어떻게 운동의 호흡을 맞춰갈 것인지 긴밀하게 생각해보자'로 요약할 수 있어요. 주변 사람과 동떨어진 활동은 운동이 되기 어려우니까요.

플씨 지역운동에 관한 좁은 인식의 틀이 깨지는 것 같아요. 좋은 답변 감사합니다.

소양강 퀴어상에 무지개를

*퀴어문화축제*는 스톤월 항쟁에서 기원했다. 스톤월 항쟁은 1969년 6월 28일 맨해튼 그리니치빌리지의 동성애자 술집 '스톤월 인'에 경찰이 들이닥쳐 성소수자들을 체포하고 진압하면서 양쪽이 충돌한 사건이다. 이를 계기로 성소수자 차별에 항의하는 권리 투쟁이 전국으로 확산했다. 이듬해인 1970년 미국 뉴욕시에서 스톤월 항쟁을 기념하는 행사로 퀴어 퍼레이드가 처음 열렸다. 퀴어 퍼레이드는 성소수자의 자긍심을 고취하고 소수자인 자신들을 가시화해 젠더 규범에 저항하는 의미를 지닌다. 여러 무대와 부스 행사를 마련하고, 특히 퀴어문화축제가 열린 장소 주변을 행진하는데 이는 '우리가 여기 존재한다'라는 의미이다. 퀴어문화축제에 항상 나오는 무지개는 다양성을 뜻한다. 한국에서는 2000년에 '퀴어문화축제'라는 이름으로 서울에서 첫 행사를 개최했으며, 이후 매해 열린다. 점차 개최지역을 확대해 2022년 기준 서울, 대구, 부산, 광주, 인천, 경남, 춘천 등에서 진행했다.

플씨 춘천퀴어문화축제 이야기를 나눠보고 싶어요. 이번이 벌써 두 번째 축제라고 들었어요. 2021년 춘천퀴어문화축제의 '소양강 퀴어'라는 문구가 인상 깊게 남았는데, 어떤 의도에서 나온 제목인가요?

효성 춘천에 오면 제일 먼저 소양강하고 소양강 처녀상이 보여요. 소양강 처녀상은 임을 기다리는 수동적인 존재로 묘사되고는 해요. 그런데 직접 가까이에서 소양강 처녀상을 보면 굉장히 당당하고 진취적인 자세예요. 춘천 하면 바로 떠오르는 소양강 처녀상에 붙은 서사가 마음에 안 들어서, 그 이미지를 사용하되 성별 이분법적이고 수동적인 존재가 아닌 다른 의미를 부여했어요. '소양강 퀴어' 타이틀 반응이 좋아서 이번 축제에서도 타이틀을 그대로 가져가면서 다른 문구를 덧붙일까 생각하고 있습니다. 언젠가 성능 좋은 빔프로젝터를 하나 준비해서 소양강 퀴어상에 무지개를 한번 쏴보고 싶어요.☺

플씨 너무 좋은데요.☺ 플랫폼씨도 퀴어문화축제에 방문할 예정입니다. 그런데 춘천뿐만 아니라 제주에서도 두 차례 퀴어문화축제 조직위로 활동하셨다고 들었어요. 성소수자 운동에 결합한 계기가 있나요?

효성 제가 제주에서 활동할 때, 먹거리 관련 지역 활동가 한 분이 성소수자 혐오 발언을 많이 해서 한창 논란이 됐어요. 저는 갈등 상황이 생기거나 설득이 필요한 때 집회에 가거나, 공간이 바뀌는 것 등 외부에서 오는 변화를 체험함으로써 인식이 바뀐다고 생각해요. 그래서 일일이 설명하기보다는 퀴어문화축제를 보여줘서 사람들의 편견을 없애고 싶었어요. 백문이 불여일견이라고 하잖아요. 그래서 제주도에서 퀴어문화축제 조직위원회를 했죠. 개인적으로 성소수자 인권 활동에 관심이 많은 이유가 있어요. 사실 제가 신학교 출신이고 누구보다 교회를 열심히 다녔어요. 기독교인이 성소수자를 혐오하는 모습을 많이 볼 수 있잖아요. 신앙인이 가장 앞서서 차별을 조장하는 모습에 반발심이 있었던 것 같아요.

플씨 확실히 눈으로 보고 몸으로 직접 느끼는 체험이 강력해요. 퀴어문화축제는 직접적인 혐오와 닿는 일이 많아서 마음이 힘들 때가 있을 것 같아요. 그럴 때 괜찮으세요?

효성 힘들죠. 그런데 혐오 세력도 간절해요. 그들도 힘들어하면서 반대하거든요. 우리를 미워한다기보다 안타깝고 불쌍한 사람들로 봐요. 그래서 내가 지치지 않는 것을 넘어서, 저 사람의 간절함에 지지 말아야겠다고 생각해요. 축제는 인식을 바꾸기 위해 정기적으로, 꾸준히, 직접 보여주는 거예요. 변화는 거기서부터 시작된다고 생각해요. 물론 축제를 통해 힘도 받고요.

플씨 서울이 아닌 지역에서 한다는 사실이 굉장히 중요하죠. 성소수자는 자신의 정체성 때문에 차별받는 경우가 많습니다. 사람이 많은 도시에서는 그런 와중에서도 조금 가시화되는 경향이 있지만, 인구가 적은 지역에서는 커밍아웃은 꿈도 못 꾸는 경우가 많아요. 퀴어문화축제가 마치 '여기도 퀴어에게 안전한 공간'이라고 말해주는 것과 같다고 느끼는데요, 지역 퀴어문화축제의 고유한 특징이 궁금합니다.

효성 말씀하신 대로 아웃팅의 위협이 되게 심각해요. 수도권도 위험이 없는 것이 아니지만, 상대적으로 지역보다는 더 많은 군중과 익명성이 있어서 성소수자 당사자가 축제에 참여해도 조금 안전한 느낌을 받아요. 지역에서 축제할 때는 장소를 어디로 잡을지조차 큰 논쟁거리예요. 축제는 소수자들이 자신을 가시화하고 자긍심을 드러내는 공간이지만, 지역의 아웃팅 위협이 워낙 심하니까요. 그래서 성소수자가 눈치 보지 않고 축제를 즐기면서도 퀴어문화축제의 운동적 성격을 잘 살리기 위한 공간을 지역에서 어떻게 만들어야 할지 고민해요.

플씨 지역의 고유성과 수도권의 익명성으로 지역과 수도권이 비교된다면, 춘천과 제주를 비교했을 때 각각의 고유성이 있을까요?

효성 조직위가 어떻게 기획하는지에 따라 다를 것 같아요. 춘천은 29만 명, 제주시, 서귀포시는 50만 명, 20만 명이니까 다들 작은 도시거든요. 춘천과 제주 둘 다 관광지이면서 자연경관이 좋아 축제하기 적절해요. 수도권은 콘서트장같이 큰 무대가 있고 많은 사람과 함께 즐긴다면, 지역은 마을잔치 같은 느낌이에요. 예산도 많지 않고 사람도 적으니까 저희끼리 즐길 수 있는 것을 찾죠. 제주도에서는 '장퀴자랑'이라는 프로그램을 준비해서 참가자가 서로 장기자랑하고 같이 무지개떡을 나눠 먹었어요.[6]

축제의 성격으로 봤을 때 지역의 퀴어문화축제도 충분히 즐길거리를 다양하게 마련할 수 있어요. 우리는 인파가 운집한 수도권의 축제에 익숙하잖아요. 서울퀴어문화축제는 이제 24회가 다가오는데,

지역의 퀴어문화축제는 생긴 지 얼마 안 됐어요. 행진하고 사회운동으로 가시화하는 것도 중요한데 한편으로는 모두가 즐길 수 있는 부분을 다각적으로 시도하려고 해요. 지역에서 새로 기획할 때의 좋은 점이에요.

플씨 제주도와 춘천의 퀴어문화축제 조직위에 참가하면서 느낀 지역사회의 변화가 있다면요? 퀴어 의제를 둘러싼 지형이라든지요.

효성 글쎄요, 지역 내의 변화는 조금 더 두고 봐야 할 것 같아요. 둘이 다른 점은 있네요. 4·3 때 서북청년단이 내려와 제주도를 토벌해서 교회가 별로 없고 절이 더 많아요. 제주도의 기독교 보수 세력도 있지만, 퀴어문화축제를 하면 인천이나 수도권에서 온 혐오 세력이 같이 반대하죠. 반면 춘천은 교회가 진짜 많아요. 춘천 성시화(聖市化)운동이라고 춘천 전체를 기독교의 도시로 만들려는 운동이 50년째 이어지고 있어서, 기독교 내부에서 춘천이 모범이라는 프라이드가 있어요. 크고 유명한 교회도 많고요. 그래서 여기는 혐오 세력이 이미 조직되어 있죠. 작년에 퀴어문화축제 한다는 것을 알고 계속 항의하고 민원 넣다가 축제 때 우리보다 더 많이 모여 반대편에서 큰 집회를 했죠. 혐오 세력의 결을 잘 살피면서 신경을 써야 해요.

플씨 큰 충돌은 없었나요?

효성 퀴어문화축제가 알려지면서 축제가 조금씩 안정화된다는 느낌이 들어서 조금 놀랐어요. 인천퀴어문화축제 이후 혐오 세력의 과도한 폭력, 경찰의 무리한 진압이 사회적 규탄을 많이 받았잖아요. 이후 혐오 세력의 전략이 달라졌어요. 성소수자운동하는 인권 활동가들이 느끼고 있는 지점일 거예요. 예전에는 차 밑에 드러눕고 물리적으로 폭력을 행사하는 사람이 많았어요. 그런데 지금은 기도회를 해요. 자기들이 더 낫다는 것을 웬만하면 법적 테두리 안에서 보여주는 방식으로 전략을 바꾼 것 같아요. 국민 정서에 반하는 부분에 눈치를 보는 것 같아요.

경찰의 대응 양상도 예전과 달라졌다고 느껴요. 우리를 대하는 태도나 소통 방식이 생각보다 강압적이지 않아요. 아마 수도권 지역에서 퀴어문화축제를 경험했던 경찰들이 정보를 지역으로 공유할 거예요. 그리고 축제 앞두면 경찰과 자주 만나서 얘기를 많이 나눠요. 매년 축제할 거고 자주 볼 건데 너무 대립각 세우지 말고 서로 잘해보자고 말하면, 경찰도 분란이 일어나는 상황을 원치 않으니 소통의 여지가 생기죠. 인권위가 출장 조사하러 오면 경찰 측에서 혹시 본인들이 잘못한 건 없냐면서 눈치 보기도 해요.☺ 물론 겉으로는 협조하지만, 언제든지 우리에게 부당한 요구를 할 여지가 있어요. 그래서 편하게 소통하는 걸 기본으로 하되, 우리가 가진 기조나 원칙에서는 절대 물러서지 않고 관철하겠다는 마음가짐을 갖고 있어요.

플씨 이런 세세한 부분은 현장에 있지 않으면 알 수 없는 내용인 것 같아요. 경찰과 소통도 그렇지만 단 하루의 축제를 위해서 정말 할 일이 많네요.

효성 축제는 성소수자를 포함한 지역의 사회적 약자, 사회운동이 필요한 사람들의 인권운동이에요. 성소수자운동을 중심으로 축제라는 형식을 빌려서 사회운동을 하는 거죠. 그래서 민주적이고 평등한 의논 구조를 만들어야 하고, 다른 지역의 연대 단위와 꾸준히 연대하고 소통하는 등의 실무가 중요해요. 끝나면 평가도 잘 남겨야 하고요. 그러면서 우리 각자가 소진되지 않아야 해요. 그래서 축제 끝나면 내년에 쉴지, 실무는 하지 않고 본 축제에만 와서 참여할지, 내년에도 실무를 같이 할지를 고민해요. 각각 가위표(×), 세모(△), 동그라미(○) 이런 식으로 고민해서 각자 자신이 원하는 대로 참여 정도를 정하고, 남는 실무는 새로운 조직위원들이 오시면 다시 분배하죠. 서로에게 좋은 방식인 것 같아요. 새롭게 오시는 분들은 활동 역량을 쌓을 수 있고, 생활에 집중해야 하는 분들은 재충전의 시간을 가지고요.

플씨 좋네요. 효성 님은 작년에도 동그라미 올해도 동그라미인가요?

효성 네 작년, 올해 동그라미예요.

매트릭스의 알약을 먹은 신학생

플씨 이번에는 효성 님이 어떻게 사회운동을 시작했는지 물어보고 싶어요. 먼저 듣고 싶은 것은 '나의 첫 운동 경험'이에요. 집회 사회, 발언, 성명, 활동비, 휴가 등 소소한 이야기를 듣고 싶어요.

효성 제가 신학 대학교를 나왔는데 원래 보수적인 신학관을 가지고 있었어요. 그래서 술과 담배는 악마의 것이라고 생각했어요.☺ 예수

님 안 믿으면 되게 불쌍하게 보고, 신학교니까 연애 하면 안 된다고 생각했죠. 근데 동아리를 잘 만났죠. 도시빈민선교회라는 동아리에 1학년 끝날 때쯤 도서관 한편에 놓인 홍보 책자를 보고 들어갔어요. 책자에 "갈릴리 예수님이 이 땅에 오시면 어디로 향하실까"라는 문구가 있었어요. 갈릴리라는 동네가 빈민촌이거든요. 예수님이 가난하고 어려운 데서 활동하셨다는 거죠. 그럼 "지금 이 땅에 예수님이 오시면 어디로 향하실까"라는 질문이 신학생에게 화두가 될 수 있잖아요. 1990년대에 철거촌 현장을 다니면서 야학하던 동아리였어요. 2002년 월드컵 하면서 노숙인을 주요 거리에서 다 내쫓았을 때는 노숙인 인권 활동을 했고요. 선교라는 이름을 붙이고 도시에 사는 빈민과 함께하는 사회운동 동아리였죠.

동아리 활동을 열심히 하다가 첫 집회에 갔어요. *한-칠레 FTA 반대 농민 집회*였는데, 선배들이 같이 가자고 할 때 가슴이 떨렸죠. 빨갱이들에 물들어서 내가 안 좋게 변하는 거 아닌가 하는?☺ 그런데 농민들이 피해당하는 상황을 외면할 수 없어서 사흘을 고민하다가 결론을 내지 못하고 따라갔어요. 집회 현장에 앉아있는데 옆에 계신 농민이 와줘서 고맙다고 소주를 따라주셨어요. 제가 그때 술은 영혼을 병들게 하는 독이라면서 안 마셨거든요. 그런데 또 안 먹을 수 없게 많이 주시네.☺ 그때 이건 술이 아니고 농민의 마음이라는 생각이 들었어요. '내가 모르던 세상이 이렇게 많은데, 그동안 전혀 보지 못한 세상과 환경 속에 왔는데 여기는 지금껏 금기시한 술을 주시네? 농민분이 나에 대한 마음으로 술을 주시는데 나는 어떤 형식이나 현상에 집착해서 거부하려는 것은 아닐까?'라는 생각이 떠오르더라고요. 그래서 매트릭스의 알약을 먹은 것처럼 그때 처음으로 술을 마셨어요. 그 후부터는 학교에서 술 먹고 담배 피우고 난리가 났죠.☺ 신학교 안에서는 담배가 저항이거든요. 그래서 우리 동아리방 안을 보면 소주병이 장난 아니었어요.

플씨 ☺ 재밌는 저항이네요.

효성 정말이에요. 그때 만난 선배들이 저를 포함한 후배들에게 물어봤어요. '너 예수님이 있다고 생각하냐', '구원이 뭐라고 생각하냐', '하느님이 어디에 계시냐, 하느님이 계시는데 지금 여기의 빈민들은 왜 계속 힘든 거냐', '너는 찬송을 왜 부르냐'와 같이 한 번도 생각하지 못한 질문을 한참 던졌어요. 질문을 받고 세상을 생각하면서 혼란스러웠던 기억이 아직도 나요. 그동안 가져왔던 신학적인 도그마나 허례허식을, 깊이 고민하지 못하고 습관적으로 당연하게 여겨왔던 것들을 진짜로 고민하게 되었죠.

FTA(자유무역협정)란 협정을 체결한 국가 간 관세를 완벽히 철폐하거나 부분적으로 완화해 서로에게 자유로운 무역을 보장해주는 양국 간 또는 지역 간 특혜무역협정을 가리킨다. WTO(세계무역기구)를 통한 다자간 무역협정이 1990년대 말~2000년대 초반 거센 반대에 부딪히자, 각국은 양자 간 협정인 FTA 체결을 통해 시장확장을 꾀했다. FTA는 관세 철폐는 물론, 외국인 직접투자, 지적재산권 등 초국적 자본에 유리한 내용을 포함하고 있었다. 그중 한-칠레FTA와 한-미FTA는 수입 농산물로 인해 농민들의 피해가 막심해질 것이 예상되었다. 농민들은 2000년대 초반에는 한-칠레FTA 반대 투쟁을, 2000년대 후반에는 한-미FTA 반대 투쟁을 격렬하게 진행했다.

플씨 그런 질문을 받고 스스로 답하는 과정이 정말 중요한 것 같아요. 신학교에서의 빈민연대 활동이 어떻게 진보정당 활동으로 이어졌나요?

효성 원래 빈민 목회를 하고 싶었어요. 노숙인 인권 활동할 때 시의회 앞 지하차도에서 활동을 자주 했어요. 그런데 바로 위의 지상에서는, 시의회 지하도를 다니는 정치인들은 우리를 투명인간 취급해요. 너무 열 받았죠. 당시에 쌍용자동차 해고노동자 농성장, *재능교육 농성장* 등 장기 농성장이 있었어요. 그리고 오세훈 서울시장이 노숙인 의료비를 반값으로 삭감하고, 그 예산으로 서울시정 홍보를 했어요. 우리한테 생존권의 문제인 그 돈을 홍보비로 쓰는 걸 보면서 정치가 뭔지 고민했어요. 그때 사회운동을 해야겠다고 생각했어요. 목사 할 사람은 많고, 난 여전히 빈민과 연대하고 싶으니 사회운동에 더 마음이 갔죠. 그래서 진보정당에 들어갔어요. 좀 더 다양한 활동가를 만나보고 싶었어요. 들어가서 활동하다 보니 진보정당 활동이 정말 중요하다고 생각하게 됐고, 진보신당 용산 당원협의회에서 상근을 시작했어요.

플씨 진보정당 활동하면서 기복도 있었을 거고, 중단할까 고민한 시기도 있었을 것 같아요. 지금처럼 계속 활동하기까지 중간에 마음을 다 잡은 계기가 궁금합니다.

효성 아이가 생길 때였어요. 저희는 동거 중에 결혼보다 임신을 먼저 했거든요. 제가 상근자로 일할 때 급여가 아이 키우기에는 적어 조금 막막했죠. 그때 용산에서 같이 일하던 당협 위원장님이 저에게 노동조합 상근 일자리를 소개해줬어요. 꾸준히 활동하는 사람이 둘밖에 없었는데 위원장님은 아끼는 사람을 떠나보낸 거죠. 위원장님도 아이를 키워본 입장에서, 당시 제 벌이로는 아이를 책임질 수 없다고 판단해서 저에게 먼저 일자리를 소개해주셨죠. 그때 고민을 많이 하다가 노동조합 상근을 시작했어요. 주말에 전도사하고 평일에 일하니 벌이가 그래도 생활할 만큼은 되더라고요.

재능교육교사노동조합(현 전국학습지산업노조 재능교육지부)은 1999년 설립되어 특수고용노동자로는 최초로 노동조합 필증을 발급받고, 2007년까지 임금·단체협약을 체결했다. 2007년 5월 미수 회비를 교사 수수료에서 떼어가는 방식으로 임금 체계를 개악하자 노동자들은 투쟁에 나섰는데, 이것이 이후 6년여간 진행된 재능교육 투쟁의 시작이다. 회사가 임금 삭감안을 철회하지 않자 노동조합은 임금 재교섭 및 해고 협박 철회를 요구하며 2007년 12월 21일 농성에 돌입했다. 당시 재능교육이 아닌 다른 회사 학습지 교사는 노조를 만들어도 개인사업자라는 이유로 대다수가 노조로 인정받지 못했으며, 사법부에서도 노동자성을 인정할 수 없다고 판결하고 있었다. 재능교육 역시 노동조합의 파업을 빌미로 "학습지 교사들은 위탁 계약을 맺는 사업자로서 노조를 결성할 수 없다"라며 2008년 11월 일방적으로 단체협약을 파기하고, 2010년에는 조합원 전원을 해고했다. 재능교육지부는 총 2,075일간의 투쟁 끝에 2013년 8월 26일 해고자 12명 복직, 단체협약 원상회복 등의 내용을 담은 합의문을 작성했다.

목표는 100살 당원

플씨 이번에는 진보정당운동과 관련해서 질문을 드리고자 해요. 2020년에 정의당 혁신위원회에서 정의당이 나아가야 할 방향을 제언하셨는데, 지역 활동가의 관점에서 쓰신 것 같더라고요. 정당운동과 지역운동이 어떻게 만나야 하는지 구상을 듣고 싶습니다.

효성 저는 진보정당의 틀 안에서 정의당을 바라보려 하고, 사회운동으로서의 진보정당운동을 생각합니다. 정의당에 처음 들어왔을 때 봤던 가장 부족한 모습은 중앙 중심적인 모습이었어요. 스타 정치인 중심의 이벤트성 사업만 하고, 진보정당의 뿌리를 잘 내리지 못하고 있었죠. 2012년에 통합진보당 부정 경선 이후 정의당이 출범하면서, 운동권 이미지에 대중이 가진 부정적인 인식을 완화하기 위해 정의당이 의도적으로 운동권 이미지, 민주노총과 같은 조직화한 민주노조운동과 거리를 뒀던 것 같아요. 그래서 세력을 모으는 데 집중하고 속도를 내기 위해서 대표한테 권한을 많이 줬죠. 그런데 선거를 몇 번 치르고 나니까 당이 너무 국회 중심이고 지역에 뿌리를 잘 내리지 못했어요. 오히려 지역의 역량이 중앙에 동원되는 방식으로 운영되더군요. 당장 눈에 보이는 양적 확대보다는 시간이 좀 걸리더라도 조직력을 탄탄하게 갖추는 것이 중요했어요. 그런 상황을 보며 정당 활동가로서 저는 정의당에 지역 이야기가 가장 필요하다고 생각했어요. 그래서 의도적으로 지역 이야기를 많이 했죠.

플씨 그렇군요. 지지 기반이 탄탄하지 않으면 무너지기 쉽죠. 당시 정의당 혁신위원회 활동의 다른 한 축은 청소년 당권 보장이었다고 생각해요. 관련해서는 어떤 문제의식이 있었나요?

효성 2022년 지방 선거에서 정의당 소속으로 청소년 후보들이 출마했고, 혁신위 논의를 거쳐 청소년 참정권을 당내에서나마 어느 정도 보장하게 됐어요. 소정의 성과를 거두었죠. 기존 정의당 예비당원 협의체 '허들'이라는 조직이 열심히 활동한 결과예요. 시민 불복종 차원에서 정의당이 정당법을 어겨서라도 청소년한테 참정권을 줘야 한다고 강력하게 주장했어요. 당장 법적인 어려움이 발생할 수 있겠지만, 길게 보면 진보정당으로서 정의당이 시민의 자격을 얻지 못하고 참정권을 갖지 못한 청소년 활동가에게 인정받을 수 있는 길이고, 실제로 청소년의 참정권을 보장하는 길로 나아가는 방법이죠. 혁신위 이전에는 정당법만 따지고 있었는데, 강경하게 밀어붙이니까 참정권 얻을 방법을 찾았어요.

예비당원은 정의당 안의 청소년 당원을 지칭하던 단어인데, 당원이지만 당원으로 인정받지 못했어요. 당의 공식 조직 측면에서 보아도 혁신위 이전에는 청소년 특별위원회가 있었어요. 당 대표나 시도당 위원장이 선거 시기에 잠깐 자리를 만들고, 실질적인 권한은 없는 기구들이었죠. 예비당원 협의체에서 활동하던 청소년 활동가들이 청소년특별위원회에서 열심히 선거운동을 했어요. 하지만 당원의 자격은 없어요. 엄밀히 따지면 당권이 없었죠. 당원으로 인정받지 못하는 당원이 당원의 자격을 갖추게 해야 한다는 아주 단순한 주장을 하는데, 기성세대 활동가들이 현행법상의 가부를 따지는 모습이 너무 안타깝고 속상했어요. 법 이전에 운동의 차원에서 지금 인정받지 못하는 당권을 보장하자는 이야기잖아요. 당권 보장 문제에서 처음에 제가 내세운 것보다 많이 후퇴된 안이 당 대회에 상정됐어요. 그때 청소년 당원 동지들이 낸 수정안이 통과되고, 당내 선거에서 투표할 수 있는 권한이 생겼죠. 청소년위원회가 특별위원회가 아닌, 다른 부문위원회와 동등한 상시적이고 명실상부한 당내 기구로서 자리잡았고요. 그 중심에는 청소년 동지들, 예비당원 동지들의 활동이 있어요. 저는 혁신위원으로 청소년 동지들 이야기 들으면서 같이 움직인 정도의 역할이죠.

플씨 제주도, 혹은 춘천에서 정의당의 이름으로 활동한 경험을 들어볼 수 있을까요?

효성 제주도는 비교적 언론환경이 좋아요. 온라인 1인 미디어를 포함해서 40여 개가 넘는 지역 언론이 있고, 제주도민이 제주도에서 일어나는 일들에 관심이 많아요. 그래서 기자회견을 하면 효능감이 좋아요. 언론이 많고, 제주도 땅에서 일어나는 이슈가 많은 편은 아니니까 저희 이야기를 기사화할 수 있죠. 그리고 제주도 땅이 넓어도 서귀포랑 제주시 시내는 산 넘으면 1시간에 갈 수 있어요.

춘천은 다소 다른 것 같아요. 일단 강원도의 3대 주요 도시인 강릉, 원주, 춘천이 서로 멀고, 언론환경 측면에서도 작은 언론이 거의 없어요. 제주도와 반대로 언론은 많지 않고 땅은 넓어서 취재의 대상이 되기 어렵죠. 강릉, 원주, 춘천이 같은 강원도지만 다 달라요. 강원퀴어문화축제가 가능할까 싶어요. 각 지역이 서로 연대는 할 수 있겠지만, 당장 모이기 쉽지 않고 특색과 정서도 서로 다르죠. 기존의 지역 정서와 특성에 맞추어서 사회운동을 잘 꾸려나가야 하는 과제가 있어요.

플씨 활동가에게는 어떤 자질이 필요하다고 느끼는지, 혹은 본인이 어떻게 갖추었는지 궁금해요.

효성 제가 감히 어떤 자질이 있다고 얘기하기 어려울 것 같아요. 활동할 때 내가 스스로 더 노력해야겠다는 생각은 하죠. 활동하기 위해서 특정한 자질을 갖춰야 하는 것은 아니에요. 다만 생활과 활동 사이에서 균형을 유지하려는 노력이 필요해요. 저는 100살 당원이 목표이기 때문에 긴 호흡을 가지고 가려 합니다. 때에 따라 무게 중심이나 우선순위가 조금씩 달라질 수 있겠죠. 그 사이에서 균형을 잡는 것이 중요해요.

플씨 오늘 들려주신 것처럼 여러 활동을 하시는데, 끝으로 효성 님의 활동을 스스로 어떻게 정의하는지 들어보고 싶어요.

효성 진보정당과 지역 정치 활동가라고 말할 수 있을 것 같아요. 저는 진보정당운동을 사회운동 전체와 연결해 생각합니다. 또한, 정당의 기반은 지역에 있으니 지역사회의 변화도 꾀하고요. 진보정당 활동은 상근자, 당직, 일반 당원 등 다양하죠. 저는 당직을 맡거나 후보로 출마하기도 하고, 정당 활동을 쉬면서 퀴어문화축제 같은 지역의 사회운동에 집중하기도 합니다. 현재로서는 활동을 안정적으로 지속하기 힘든 여건이어서 생계를 유지하기 위한 다른 일을 할 때도 있는데, 정당 활동이 1순위라서 그 일을 꾸준히 하긴 어려워요. 그래서 안정적인 직업이 정해져 있지 않고 유동적입니다.

제 꿈이 100살 당원인 만큼 운동에 애정이 있고 오래 하고 싶어요. 그래서 장기적으로 보려고 노력합니다. 감정 조절이 잘 안될 때도 있고, 생활에 어려움이 찾아올 때도 있어요. 운동에 바짝 집중할 때도 있고 당직을 쉴 때도 있죠. 적절한 수위를 찾아가면서 지속 가능한 활동을 하려고 해요. 2022년 올해 이루고 싶은 활동은 춘천퀴어문화축제를 잘 진행하는 거예요. 이후에 어떤 활동을 할지는 길게 보고 생각해야겠죠.

빨갱이에게 물들면 어쩌나 전전긍긍했던 순진한(?) 신학도에서, 구원이 무엇인지 고민하며 사회운동의 길로 들어선 이효성 활동가. 모든 것이 수도권에 집중된 소위 '서울공화국'에서, 지역이라는 현장에 운동의 뿌리를 탄탄히 함으로써 사회운동의 더 넓은 확장과 연결을 그리고 있다. 적을 따로 두지 않고 현안과 소외된 이들에 집중하며 운동을 일궈가는 그의 활동이 인상적이었다. 그의 '100살 당원의 꿈'을 응원하며 필자도 애정을 담아 오래 운동하는 그 꿈에 함께하길 소망한다.

조합원 내에서 '어려운 시기에 우리도 죽겠는데 비정규직은 포기하자', '어쩔 수 없는 거 아니야?'라고 이야기가 나오면, 그 노동자를 만나서 될 때까지 설득하고 토론했어요. 서울대병원의 기존 정규직 노동자 중에서도 비정규직을 정규직화하면 '내가 좀 불이익을 받지 않을까?' 하는 정서가 왜 없겠어요. 외주화와 비정규직 구조의 문제를 인식하고, 제대로 된 길은 정규직화에 있다고 오랜 기간 조직 내 합의를 만들어 온 것이죠.

공정 담론을 넘어서려면

☺ 공성식

공공·운수·사회서비스 부문 노동자 25만 명이 가입해 있는 '민주노총 전국공공운수사회서비스노조'에서 11년 차 활동가로 일하고 있다. 정책을 담당한다.

2021년 11월

거리에 쏟아진 노동자 대오

*'96~97년 총파업'*에 관해 알아보며 공성식 활동가 인터뷰의 문을 연다. 1996년 12월 26일 김영삼 정부와 여당인 신한국당은 개악된 노동법(근로기준법, 노동조합법, 노동위원회법 등)을 국회에서 새벽에 날치기로 통과시켰다. 개악 노동법에는 회사가 경영상의 이유로 노동자를 해고할 수 있는 정리해고제와 사용자의 필요에 따라 노동시간을 탄력적으로 조정할 수 있는 변형근로제가 도입되었다. 파업 기간 중 대체근로 허용과 쟁의 기간에 임금 지급을 하지 않을 수 있는 내용도 포함되어 노동조합의 쟁의권을 무력화하는 것이라는 비판을 노동계와 시민사회로부터 받았다. 노동법과 함께 국가안전기획부법(현 국가정보원법) 개정안도 통과했는데, 국가보안법 제7조의 찬양고무죄와 불고지죄를 안기부 수사권 적용 범위에 포함하는 내용이었다. 좌파와 노동운동 탄압에 사용됐던 국가보안법 제7조의 안기부 수사권 부활은 노동운동을 적극적으로 탄압하겠다는 선언이었다. 민주노총은 즉각 파업을 선언하고, 첫날 노동자 14만여 명이 파업에 들어갔다. 결국, 1997년 1월 김영삼

정부는 노동법 재개정을 약속했다. 국회에서 통과하고 대통령이 서명한 법률을 노동자의 투쟁으로 폐기한 것은 세계적으로 매우 이례적인 일이었다. 하지만 신자유주의 세계화 기조에 따른 김영삼, 김대중 정권의 장기적인 규제 완화 및 비정규직 양산 정책을 예상하지 못하고 1년 만에 정리해고제를 받아들일 수밖에 없었다는 점이 투쟁의 주요 한계로 평가받는다.[7]

플씨 1996~1997년 총파업을 계기로 학생운동을 본격적으로 시작했죠? '총파업 투쟁 속보' 같은 영상 자료를 보면 혁명전야 같은 분위기가 있었던 것 같은데, 당시 경험이 성식 님을 활동가의 길로 이끄는 데 영향을 줬나요?

성식 대학 입학 당시 저는 운동에 대단히 회의적이었어요. 이미 현실 사회주의가 망한 때였고 북한의 실체도 다 드러난 상태였거든요. 선배들도 제가 활동할 거라고 전혀 생각하지 않았고요.

최근에 노태우가 죽으면서 당시 어떤 분위기였는지 떠올릴 기회가 있었어요. 1995년에 전두환, 노태우가 재판받으면서 그들의 처벌을 요구하는 투쟁이 엄청나게 일어났죠. 1990년대 초반 운동이 가라앉았다가 1995년을 지나면서 분위기가 다시 달아오른 시점이었어요. '사회주의'나 '반자본주의'가 아니라, '민주주의' 투쟁이었죠. 운동의 열기가 뜨거웠고 1996년에 제가 다니는 학교에서 9년 만에 학생총회가 성사됐어요. 통일 관련 집회를 학교에서 한다니까 경찰이 학교와 도서관을 폐쇄하고 전경이 들어왔죠. 민주주의라는 키워드로 총회를 개최하면서 광장에 3,000~4,000명이 모였어요. 그런 분위기에서 1997년 총파업이 빵 터졌죠. 총파업 전에는 회의적으로 '세상이 바뀌겠어?' 혹은 '과연 우리한테 반자본주의적인 전망 같은 것이 있을 수 있어? 다 망했는데' 같은 생각을 했다면, 그 뒤로는 운동이 '완성된 모델을 향해가는 것'이 아니고, '모델이 없어도 현실에서 발생하는 여러 가지 문제를 해결할 수 있고, 해결 과정에서 성장할 수 있다'라고 생각하게 됐어요. 특히 96~97년 총파업이 '운동을 통해서 세상을 바꿀 수 있다'라는 것을 보여주는 중요한 계기였고요.

당시 제가 속한 운동 그룹에서는 '역사적 좌파'라는 말을 많이 썼어요. 1789년 프랑스혁명부터 1917년 러시아혁명, 1968년 68혁명을 역사적 좌파로 호명했어요. 몇몇 급진적인 활동가들이 자임해서 좌파인 것이 아니라 정세에서 중요한 문제를 급진적으로 제기하는 대중운동의 과정에서 좌파가 만들어진다는 의미였죠. 당시 다른 좌파들은 저희를 민중주의, 민주주의적이거나 개량적이라고 봤을 수도 있겠지만요.

96~97년 총파업은 2016년 촛불 시위하고 느낌이 조금 달라요. 촛불 시위는 '우리가 이렇게 많이 모여 불을 밝혔으니 정부가 무언가를 해라' 이런 느낌이었다면, 총파업 당시에는 훨씬 자신감도 있었고 '우리가 대중운동의 힘으로 세상을 바꾸겠다' 하는 느낌이 강했어요. 물론 과거라서 미화하는 것도 있겠지만요. 총파업에서 강렬했던 기억

중 하나는 종로 종묘공원에서 집회할 때였어요. 누군가 "이제 거리로 나갑시다!"라고 외치고 투쟁가가 나오면서 사람들이 하나둘씩 일어섰어요. 그때 갑자기 멀리서 파란 깃발, 그러니까 금속노조 대오가 쫙 거리에 쏟아졌어요. '이게 대중운동의 힘이구나'를 느낀 순간이었죠. 언어화하기 힘들지만 활력이라고 해야 할까요, 자신감이 느껴졌어요.

공정 담론을 넘어서려면

플씨 화물노동자, 집배노동자 등 여러 노동자 운동을 지원하는 정책 활동하다가 공공운수노조에서 일하기 시작하셨죠. 특히 공공운수사회서비스 부문 노동자 운동을 연구하고 활동하는 이유가 있나요?

성식 2000년대 중반부터 화물연대 파업, 대학 청소노동자 운동과 같이 공공사회서비스 비정규직 쪽에서 성장하는 운동들이 있었어요. 공공부문의 사안이다 보니 더욱 정부와 사용자를 압박하는 사회적 연대가 중요했죠. 누구에게나 영향을 주는 노동이니까요. 그 과정에서 자연스럽게 관심을 두게 됐어요. 노조에서 활동해 보고 싶다고 생각할 때쯤 자리가 딱 나서 공공운수노조에서 일하게 됐죠.

플씨 노조 밖에서 노동자 운동에 관련한 정책 연구를 하는 것과 직접 노동조합에서 정책담당자로 활동하는 것에 어떤 차이가 있나요?

성식 장단점이 있어요. 노조에서 활동하면 본인이 맡은 영역이 더 구체화 되지만, 시야는 그만큼 좁아져요. 사회운동단체에서 정세를 크게 보고 사회의 모든 문제를 다루는 것과 차이가 있죠. 노조와 같이 대중조직에 있는 활동가는 자신이 담당하는 문제에 집중해요. 한 문제에 집중하면 목표도 분명하고, 달성할 기준도 명확하고, 달성하면 뿌듯하죠. 반대로 한 가지에만 힘을 쏟으면서 전체 정세나 사회운동의 방향은 아무래도 관심사에서 멀어질 수밖에 없어요. 제가 성격이 우유부단해요. 사회운동단체에 있었으면 이것저것 다 중요해서 갈팡질팡했을 텐데, 노조에서 한 가지 의제를 잡고 죽 달려볼 수 있어서 좋았어요. 특히 현장 조합원 가까이서 활동할 수 있다는 점이 가장 큰 매력이자 장점이에요. 현장의 문제점을 직접 눈으로 보고 귀로 듣고 발로 뛰며 함께 해결해 나가는 경험은 정말 소중합니다.

플씨 더 구체적인 이야기를 나눠볼까 해요. 먼저, 공공운수노조는 2021년 하반기 사업으로 "동네방네 공공성, 구석구석 노동권"을 구호로 걸고 지난 10월 20일 총파업에서 시작해 11월 27일 총궐기까지의 흐름으로 대선에 대응하고 있죠. 공공부문에서 대정부 요구안과 노조-정부 교섭의 필요성이 클 것 같아요. 현재 본인이 맡은 역할이 무엇인지, 어떤 책임감을 느끼는지 듣고 싶어요.

성식 정책기획실장은 이름 그대로 '정책'과 '기획', 두 가지를 다 맡아요. 내부적으로는 조직 안의 여러 요구를 모아 구호를 짜면서 사업 흐름을 모아나가고, 외부적으로는 안에서 모은 요구를 두고 정부나 사용자에 맞선 싸움을 기획하는 역할이죠. 지금은 정권 재편 시기이다 보니까 이미 문재인 정부에서는 힘이 빠졌어요. 현재의 목표 쟁취도 필요하지만, 지금은 다가오는 대선에서 노동조합의 요구를 사회적 의제로 만들어 차기 정부의 정책에 반영될 수 있도록 해야 하는 중요한 시기예요. 11월 27일 총궐기도 이러한 목적이 있죠.

앞으로 나올 노조 이야기의 이해를 돕기 위해 잠깐 노동조합에 관해 살펴보자. 노동조합을 두 가지 기준에 따라 분류할 수 있다. 첫 번째로 조직 대상을 특정 기업으로 한정하는지에 따라 초기업적 노조와 기업별 노조로 구분한다. 초기업적 노조는 조직 대상의 범위가 기업에 한정되지 않은 노동조합을 지칭하며, 동종 산업에 종사하는 노동자들끼리 산업을 중심으로 조직된 산(업)별노조, 같은 직종에 속하는 노동자들끼리 결합한 직종별 노조, 특정 지역에서 근무하는 노동자가 조직된 지역별 노조, 직종·산업·지역과 관계없이 모든 노동자가 결합할 수 있는 일반 노조가 있다. 두 번째로 구성원이 개인인가 단체인가에 따라 구분하는 단위노조와 연합노조(단체)가 있다. 단위노조는 노동자가 개인 자격으로 가입한 노동조합이고, 연합노조는 구성원이 노동조합인 노동조합의 단체이다.

플씨 공공운수노조는 25만 명의 조합원을 두고 있는 최대 산별노조죠. 규모가 크다는 의미도 깊겠지만 고민도 있을 것 같아요.

성식 조합원 숫자가 곧 힘은 아니라고 생각해요. 결국은 공공운수노조가 얼마나 산별노조답게 단결해서 운동할 수 있느냐가 핵심이죠. 공공운수노조는 금속노조(제조업 및 가전제품서비스업 등)와 달리 다양한 업종이 모여 있습니다. 다양한 업종을 하나로 모아내기 위해서는 세밀한 기획과 더 큰 노력이 필요합니다. 또한 최근 가입한 신규 조직이 많고, 오래된 조직에서는 다수 조합원이 퇴직하면서 세대교체가 활발히 이뤄지고 있어요. 조직 구성원의 상당수가 신규 조합원인 셈이죠. 이에 맞춰 조직이 나아갈 공동의 인식, 합의를 새롭게 만들어야 하는 상황이기도 합니다.

공공운수노조는 정규직과 비정규직이 함께하는 산별노조라는 특징이 있어요. 비정규직 조직을 열심히 하는 다른 산별노조는 대부분 비정규직이 중심인데, 공공운수노조는 정규직-비정규직 비율이 6:4 정도죠. 정규직과 비정규직이 모여 하나의 통합적인 운동을 만든다는 점은 정말 큰 강점이죠. 그런데 정규직과 비정규직의 단결이 어렵다는 점에서 그만큼 과제가 많아요. 이 특징은 공공운수노조 내부의 근본적인 긴장 요소이면서 조직을 계속 발전시키는 요소예요.

플씨 문재인 정부 시기 지속해서 쟁점이 된 노동 문제는 역시 비정규직-정규직 갈등 같습니다. 대표적으로 인천공항공사, 건강보험공단, 서울교통공사에서의 갈등이 생각나요. 소위 '공정성'이라는 담론과 함께 등장하는 현상이죠.[8] 도덕주의적 비난이 해답은 아닐 텐데요. 노동조합 일선 활동가로서 생각하는 공정성 담론과 비정규직 정규직화 문제를 풀어갈 방향을 들어보고 싶어요.

성식 개인적으로 2017년부터 지금까지 가장 중요하게 생각하는 일이 바로 비정규직 정규직화 사업이에요. 상시 · 지속적 업무를 하는 노동자를 정규직으로 직접 고용하는 원칙을 세우고 비정규직 비율이 40%가 넘는 기형적 고용구조를 바꾸는 일입니다. 기형적 구조 속에서 차별받아 온 노동자의 권리를 회복하는 일이기도 하고요. 문재인 정부는 정권 초기에 하는 척 시늉하다가 정작 책임 안 지고 있어요. 오늘(11월 5일)도 가스공사 비정규직 노동자들이 정규직 전환이 안 돼서 청와대 앞에서 노숙 농성하고 있어요.

지난 4년을 돌이켜볼 때 가장 모범적인 사례는 서울대병원 정규직화 투쟁입니다. 서울대병원노조(공공운수노조 의료연대본부 서울대병원분회)는 2018년에 기간제 노동자를 전부 정규직화했고, 2019년에는 간접고용 비정규직 노동자를 전원 정규직화했어요. 소위 '중규직'이라고 하는, 차별이 지속되는 무기계약직이 아니라 완전 정규직을 만든 사례죠. 게다가 노동자들이 직접 투쟁으로 달성한 결과라는 점에서 모범적인 사례입니다. 서울대병원을 이례적이라고 보는 경향이 있는데, 저는 이 사례에서 현재의 비정규직 정규직화 문제를 해결할 돌파구를 찾을 수 있다고 생각해요.

서울대병원은 1990년대 말부터 기존 정규직을 조금씩 외주화하고 기간제로 돌리면서 비정규직화를 시작했어요. 이때부터 서울대병원 조합원들이 같이 싸웠죠. 현실에 쉽게 타협하지 않고 그때부터 매년 "외주화된 부문을 인소싱(in-sourcing)하라", "비정규직을 정규직화하라"라고 요구했죠. 노조가 계속 문제를 제기했어요. 조합원 내에서 '어려운 시기에 우리도 죽겠는데 비정규직은 포기하자', '어쩔 수 없는 거 아니야?'라고 이야기가 나오면, 그 노동자를 만나서 될 때까지 설득하고 토론했어요. 서울대병원의 기존 정규직 노동자 중에서도 비정규직을 정규직화하면 '내가 좀 불이익을 받지 않을까?' 하는 정서가 왜 없겠어요. 외주화와 비정규직 구조의 문제를 인식하고, 제대로 된 길은 정규직화에 있다고 오랜 기간 조직 내 합의를 만들어 온 것이죠.

말씀하신 사례들과 같이 갈등이 벌어지는 가장 큰 이유는 그동안 공공운수노조를 포함한 노동운동이 비정규직 문제를 회피하고, 정면으로 맞서지 않아서예요. 구호와는 달리 자기 사업장의 비정규직을 조직하지 않았습니다. 조직이 안 되어도 일단은 사업장 내 비정규직 실태를 조사하거나, 최소한 비정규직 정규직화가 옳은지 아닌지 내부 토론이라도 할 수 있는데 전혀 하지 않았으니 문제가 아닌가 생각해요. 그러다 문재인 정부가 비정규직 정규직화를 추진했어요. 당선 첫날 대통령이 인천공항공사에 갈 줄 아무도 몰랐어요. 물론 정부에서 인기를 끌려고 초기에 드라이브를 걸었던 것도 맞아요. 그렇지만 유리한 상황을 활용해 제대로 정규직화해낼 수 있는 준비를 못 한 채 노조가 그 국면을 맞았다는 점이 가장 안타깝죠.

현 구조에서 누군가는 자기가 피해를 보고 있다고 느낄 수밖에 없어요. 그래서 당장 해결은 안 되겠지요. 결국, 길게 보고 구조를 향한 문제 제기를 중단하지 않아야 해요. 조금씩 조금씩 현실의 모순을 극복해 나가는 운동을 계속 만들어야죠. 그걸 멈추는 순간부터는 다음 진전이 없어요.

플씨 서울대병원분회의 비정규직 정규직화도 20년 가까이 만들어 온 기풍이 있었기에 가능했다는 말씀이시네요. 기풍을 만드는 데 현재 대면해야 할 논리는 공정성 담론인 것 같아요. 어떻게 접근해야 한다고 보시나요?

성식 한국 사회의 지배적인 공정 담론은 비정규직 정규직화 등의 계기를 거치면서 능력주의적 성격이 강화되고 배타적 담론이 됐죠. 게다가 혐오 감성까지 연결돼서 현재의 불평등 구조를 합리화하는 담론으로 발전했다고 생각해요. 그런데 그냥 이렇게 된 것이 아니라, 담론 투쟁의 결과인 겁니다. 취업 비리와 같이 보수언론이나 정당의 근거 없는 공격이 있었고, 정규직 일부 직원들이 기득권을 지키기 위해 공정성 담론을 지속해서 활용한 측면도 있죠. 문재인 정부가 법제화 등을 통한 상시·지속 업무의 비정규직 고용 제한과 정규직화 민간 확산을 포기하면서 비정규직 정규직화 정책이 일부에게만 열린 기회로 여겨진 문제도 있고요.

결국은 공정이라는 개념을 평등, 정의와 같은 가치들과 어떻게 새롭게 연결하는지가 중요해요. 이슈가 생기면 적극적으로 대응하고 담론 비판도 강화해야 합니다. 무엇보다 노동시장의 구조적 문제를 해결하고 안정적 일자리를 가질 권리를 보편화해야 지금의 배타적이고 차별적인 공정 담론을 넘어설 수 있다고 생각합니다.

필수 서비스의 생산과 공급

플씨 노동자 내부의 격차 증가, 분절화된 노동(간접고용, 정규-비정규직, 도급 및 파견, 위탁 등 여러 형태로 노동이 나뉘고 변형된 사회 현상)에서 새롭게 등장한 플랫폼 노동과 같이 노동에도 큰 변화가 일어나고 있습니다. 그중에서 중요하게 조직화해야 하는 곳은 어디라고 생각하시나요?

성식 현재 공공운수노조 전략조직 영역이기도 한 사회서비스노동자 조직화가 중요하다고 생각해요. 공공운수노조에는 사회복지노동자, 어린이집에서 일하는 보육노동자, 요양시설이나 재가시설에서 일하는 요양노동자, 장애인활동지원노동자 등이 조직되어 있고 다른 영역으로 조직을 확대하기 위한 노력도 합니다. 민주노총 안에서 공공운수노조 외에 다른 노조들도 돌봄노동자 조직화에 뛰어들고 있어요.

저출산 · 고령화의 인구구조 변화 속에서 누군가를 돌보는 일, 즉 개인과 사회를 재생산하는 일을 더는 개인의 책임으로 미뤄둘 수 없다는 사실이 사회적으로 분명해졌죠. 돌봄의 사회화는 여성주의적 측면에서 가족의 역할을 최소화하고 사회의 역할을 강화해 나간다는 의미가 있어요. 그리고 코로나19 팬데믹 속에서 돌봄의 중요성, 돌봄노동자 처우에 관심이 크게 높아졌죠.

하지만 이 영역들이 너무 시장화했고, 소규모 민간 업체가 대부분이다 보니 노동자가 노조에 가입하고 활동하기 어려워요. 밖에서 돌봄노동의 중요성을 이야기하는 목소리는 많이 들리는데, 실제 그 주체들의 목소리는 잘 안 나오는 현실입니다. 돌봄노동자의 목소리를 사회에 드러내는 운동이 중요해요. 어떻게 조직할지가 가장 시급한 문제이고요. 이를 기반으로 돌봄노동을 어떤 방식으로 사회화할 것이냐는 쟁점을 만들어야 합니다. 현재와 같은 시장적인 사회화인지, 아니면 훨씬 더 공공부문이 책임지고 노동자가 주체로서 스스로 해방을 만들어가는 사회화인지가 쟁점이에요.

플씨 코로나19 상황에서 가장 혹사당하는 분들이 보건의료, 택배, 물류센터, 콜센터 등 공공·운수·사회서비스 부문의 필수노동자인 것 같습니다. 현재 코로나19 대응에서 공공운수노조가 집중하는 원칙과 투쟁은 무엇인지 궁금합니다.

성식 말씀하신 필수노동자 범위에 우리 노조의 조합원 대부분이 해당해요. 코로나19는 그동안 잘 안 드러났던 필수노동자의 열악한 노동조건이 드러나는 중요한 계기였고요. 또한 재난 시기에도 작동해야만 하는 필수 서비스의 생산과 공급이 지금처럼 시장과 민간 중심으로 이루어져야 하는지, 아니면 공공부문 중심으로 가야 하는지의 쟁점도 나타났습니다.

공공운수노조와 많은 진보 세력이 필수 서비스는 공공부문이 책임져야 한다고 주장하지만, 현실의 벽은 아직 높습니다. 신자유주의를 밀어붙여 온 세력들이 여전히 건재해요. 최근에 LH 사건, 대장동 사태에서 공공의 개발공사가 보여준 모습이 그렇듯 공공부문이 민중과 시민에 봉사하기보다 권력자나 일부의 이익을 위해서 운영되어 온 현실도 있고요. 시민들 사이에서 공공부문을 과연 신뢰할 수 있냐는 의문이 제기되는 것도 당연합니다. 그렇기에 공공부문의 역할 신장과 시민·노동자의 민주적 참여 두 가지를 동시에 요구해야 합니다. 공공부문의 노동자가 적절한 대가를 받으면서 안정적이고 안전하게 노동할 수 있도록 고용안정과 처우개선을 요구하는 것은 당연히 필요하고요.

요즘 공공운수노조는 내년 정부 예산 대응에 집중하고 있습니다. 우리나라 정부 예산은 600조 원으로 한국 사회와 경제에 상당한 비중을 차지하고 있는데 사실 어디에 쓰이는지 우리가 잘 모르잖아요. 예산 대부분은 정부의 담당 공무원이 좌지우지하고 있고 국회나 일반 시민의 참여가 매우 제한됩니다. 예를 들어, 상식적으로는 코로나 상황이니까 내년도 복지 예산이 많이 늘었어야 할 것 같은데 코로나 이전과 비교하면 오히려 증가 폭이 줄었습니다. 신규 공공병원이나 국공립 어린이집, 요양시설 관련 예산도 다 줄었습니다. 반면 한국형 뉴딜 등 기업 지원 예산은 크게 늘었습니다. 예산의 전체 규모도 작년 추경까지 포함하면 오히려 감소했고요. 정부 재정에 민중이 더욱 개입할 수 있으려면 관료의 막강한 권력을 해체해야 합니다. 기획재정부로 상징되는 신자유주의적 경제 재정 정책과 관료 조직의 전면적인 개혁이 필요하죠.

공공운수노조가 이끄는 질적 변화

플씨 앞으로 공공운수노조에서 해보거나 이뤄보고 싶은 것, 혹은 개인적 전망이 있다면 무엇일지 궁금합니다.

성식 공공운수노조에 들어올 때 50살까지는 일하자고 결심했어요. 이제 5년 남은 셈이죠. 공공운수노조가 지난 시기 양적으로 많이 성장했어요. 이제 조금 더 질적인 변화를 끌어내야죠.

앞에서 말했듯 비정규직-정규직이 단결해 끈끈하게 연대하는 운동을 만들어야 하고요. 포스트-코로나 사회로 가는 상황에서 반자본주의 전망 속 공공부문의 역할을 구체적인 정책으로 만들어야 해요. 그런 점에서 민주적으로 통제되는 공공부문이 사회를 변혁하는 운동의 진지가 될 수 있지 않을까 싶어요. 특히 기후 위기가 목전에 온 상황에서 에너지나 교통과 같은 공공부문이 중심을 잡고 제대로 된 *정의로운 전환*을 해야 하는 상황이에요. 전에는 공공부문 노동운동이 민영화를 막고 외주화를 막는 싸움을 했다면, 이제는 대안을 제시하는 투쟁을 해야 하고 그런 역할을 하고 싶어요.

정책을 맡은 입장에서 정책토론회 같은 사업을 하면 같이 토론하고 고민할 연구자를 찾기 어렵다고 느껴요. 문재인 정부를 거치면서 노동운동 주변에 있던 연구자나 교수가 정권 중심으로 흡수됐어요. 저희가 잘 알지 못하는 연구 현장에서 열심히 고민하시는 분도 여전히 많지만 서로 연결이 안 돼 있죠. 한국의 노조들이 그렇게 크지 않은데 운동진영 내에서는 그나마 자원이 집중되어 있죠. 현장 사례도 많고, 정책 연구의 필요도 있어요. 자본이나 국가로부터 독립적이고 대중운동에 친화적으로 연구할 분들을 지원하면서 같이 성장하는 사업을 꼭 해보고 싶습니다.

기후 위기 대응 담론 중 힘을 얻고 있는 '기후 정의'는 기후 불의를 비판하며 대안적인 체제의 전환을 모색하는 비판 담론이자 사회운동이다. 기후 불의와 기후 불평등이란, 화석 연료로 부를 쌓아온 선진국들이 기후 위기를 발생시킨 역사적 책임을 회피하고, 책임이 작은 남반구 국가와 사회적 약자들이 기후 위기의 피해를 가장 크게 입고 있는 상황을 비판적으로 지칭하는 용어다. 정의로운 전환은 기후 위기를 멈추기 위해 에너지 산업을 전환하는 과정에서, 노동자와 기후 난민, 빈민 등의 기후 취약계층을 배제하지 않고 이들이 주도적으로 산업 전환 과정에 참여할 수 있어야 함을 말한다. 재생에너지로 전환을 모색함과 동시에 화석연료산업과 같은 없어지는 산업에 종사하는 노동자들이 어떻게 자기 삶을 유지할 수 있을지, 안전하게 다른 일자리로 재배치될 수 있는지를 고민한다. 정의로운 전환은 공적 지원과 사회적 보호 조치를 통해 노동 정책과 환경 정책, 사회 정책이 동시에 기획되어야 한다고 주장한다.

플씨 얼마 전 공공운수노조가 금속노조, 민주노총과 함께 주최한 '청년 활동가 교육'에 참여한 플랫폼씨 회원들이 있어요. 공공운수노조의 중앙 사무처, 지역지부, 업종본부 등 각 조직에서 일하는 젊은 상근 활동가를 만나면서 젊은 조직이라는 인상을 받았다고 합니다. 실제로 공공운수노조 내부에서 상호존중 문화와 활동가 양성을 위해 어떤 노력을 하고 있는지 궁금해요.

성식 그런 인상을 받으셨다니 의외인데요.☺ 제가 8년 전에 들어갈 때는 거의 막내였어요. 그동안 계속 공공운수노조 조직이 커지다 보니 새로운 사람을 모집하면서 젊은 활동가들이 많이 들어왔지만 아직도 그리 젊은 조직은 아닌 것 같아요. 특히 최근 몇 년간 공공운수노조의 큰 고민 중 하나가 젊은 활동가가 들어온 지 얼마 안 됐을 때 소진되는 문제였어요. 그래서 신입 활동가가 들을 수 있는 체계적인 교육프로그램을 만들고 역량 강화를 지원하고 있지만, 아직 많이 부족합니다. 혼자 소진되어 번아웃이 오는 것이 아닌 같이 일하는 구조를 어떻게 만들지 제일 고민이에요. 또한, 지금처럼 수요가 생겼을 때 충원하기보다는 정기적으로 채용하고 몇 개월간 안정적으로 수습기간을 거치는 구조면 좋겠어요. 민주노총 청년 활동가 교육과 같이 우리 조직을 이해할 수 있는 장을 넓혀나가는 과정도 중요하다고 생각해요.

플씨 혹시 활동가에게 필요한 자질이 따로 있을까요? 저마다 다양한 자질들이 있다면 어떻게 조화시킬 수 있을까요?

성식 사람은 저마다 다르죠. 잘 할 수 있는 일이 있고, 더 좋아하는 일이 있어요. 반대로, 못하는 일이 있고 하기 싫은 일도 있어요. 지금 큰 조직에 있으니까 제가 못 하는 일을 메워줄 수 있는 사람이 많아요. 제가 잘하는 것을 중심으로 더 일할 수도 있고요. 단점을 보완하고 장점을 더 살릴 수 있는 조금 더 큰 조직, 혹은 더 넓은 공간, '규모'도 운동에 있어서 중요한 것 같아요. 그래서 운동이 계속 좁아질수록 서로서로 힘들 수밖에 없지 않나 싶어요.

자질은 잘 모르겠지만, 기질이 있잖아요. 기질은 진짜 안 바뀌는 것 같아요. 활동에서 개인 역량도 중요하지만, 기본적으로 대중 활동가의 자질이라고 하면 대중운동을 향한 신뢰가 제일 중요해요. 대중운동을 향한 믿음이 있다면 지금 당장 잘하거나 못하는 작은 일로 일희일비하지 않고, 너른 대중의 바닷속에서 자신을 그려갈 수 있지 않을까 합니다.

친구 같은 아빠 되기

플씨 이공계를 지향했다가 대학은 문과로 입학하셨다고 들었어요. 활동하면서 또는 생활하면서 수학이 도움이 되는지 궁금합니다.

성식 도움이 되는지 모르겠지만 돈과 숫자를 다루는 일을 많이 맡죠. 임금 분석이나 예산 분석 같은 일은 사실 수학이라기보단 산수지만 친숙하고 좋아해요. 인문학적이고 복잡한 어떤 고차원적인 사고를 하는 것보다는 몇 개의 단순한 논리로 돌아가고 결론 내는 일할 때 행복하더라고요.

플씨 말씀하신 대로 "기질은 안 바뀌니"까요.☺ 취미생활 관련 질문을 드리고 싶은데요. 노래패에서 학생운동을 시작했다는 글을 봤습니다. 지금도 음악에 관심이 있으신지요?

성식 작년에 우쿨렐레를 샀는데 아직 다섯 번도 안 꺼내 본 것 같아요. 아이가 갖고 싶어 한다는 핑계를 댔지만 사실 제가 원했죠. 끈기 있게 연습해야 하는데 잘 안 돼요. 가끔 저희 아이들이 다니는 어린이집에서 부모 공연을 해요. 그때 아주 간단한 반주를 했죠. 잘 못해서 그렇지 공연은 재밌어요.

플씨 평상시 많은 업무에 시달리시잖아요. 가족과 시간을 어떻게 보내시는지 궁금합니다.

성식 완전히 욕먹고 있어요. 쫓겨나기 직전이에요. 그래도 재작년까지는 최대한 반반 나눠서 가사를 부담했는데, 요즘엔 제가 밖에서 보내는 절대적인 시간이 늘어서 진재연 동지와 두 딸에게 다 미안하죠. 노조에서 정책실장을 맡으면서 3년만 좀 봐달라고 하긴 했지만, 아직 1년도 안 지났는데 앞으로 유지가 될 수 있을지 잘 모르겠어요. 현재로서는 정말 힘듭니다.

딸들하고 얘기를 많이 하고 싶어요. 그나마 아침에 첫째 아이와 집을 같이 나서서 매일 학교까지 가는 시간이 거의 유일한 대화 시간이에요. 가끔 저녁에 일찍 들어오면 보기도 하지만 평소엔 아이들이 자고 있을 때 들어가는 경우가 많아요. 학교에서 뭐 하는지 어떤 생각을 하는지 얘기하고 싶어요. 아이가 원하는 대화를 못 한다는 생각이 들어요. 같이 여행도 많이 다녀야 하는데 못 가죠. 집에 있어도 TV 보는 시간만 점점 늘어나네요.

큰 걱정 중 하나는 '우리 아빠는 맨날 밖에 나가서는 세상을 구할 것처럼 그렇게 살고 정작 우리에게는…'이라는 느낌으로 사회운동 자체에 반감이 생길 우려예요. 아빠가 부족해서 시간을 못 내는 탓이 크죠. 한 선배는 자식과 정치적으로 너무 갈라졌다고 이야기하는데 그렇게 되고 싶진 않아요. 그러려면 아이들의 생활도 같이 고민해야 하는데…잘하고 싶어요. 목표는 친구 같은 아빠가 되는 거예요.

플씨 동반자가 모두 활동가일 때 두 분이 함께 참여할 수 있으려면 사회운동은 무엇을 바꿔나가야 할까요?

성식 저희도 그동안 어떻게든 둘이 역할 분담해서 해보려고 했어요. 동네 친구 집에 보내기도 하고, 가끔 돌봐주는 선생님이 오시기도 해요. 조직이나 공동체 안에서 해결책을 찾아보지만 쉽지는 않아요. 플랫폼씨가 총회 같은 중요한 행사에 아이들 놀이방을 준비했잖아요? 애들이 많으면 다양한 방법이 있겠지만 그렇지 않다 보니 아무래도 미안해요. 단체뿐만 아니라 노조에서도 행사할 때 이런 준비를 해야 한다고 생각해요. 여러 해결책을 모색해야겠고, 사회적으로 부담할 수 있다면 제일 좋겠죠. 더 공공적인 체계를 찾아볼 수도 있고요.

공공운수노조의 정책담당자로서 국가와 자본에 맞선 싸움의 큰 전략을 그리는 공성식 활동가. 그는 공공부문, 운송, 사회서비스에 종사하는 폭넓고 다양한 노동자의 요구를 모아내고 '공정성'이라는 능력주의 담론에 맞서 비정규직 노동자가 받는 부당한 차별을 타파하기 위해 힘쓰고 있다. 공공운수노조의 '동네방네 공공성, 구석구석 노동권'이라는 구호처럼, 필수적인 사회서비스와 재화가 공유되고 모두의 노동이 존엄하게 여겨지는 사회가 올 날을 기대한다.

김 피디님한테 들은 인상적인 일화가 있어요. 드라마 현장은 전선과 장비가 되게 많아서 뛰어다니면 잘 넘어진대요. 저희가 실태 조사하면 드라마 현장에서 제일 많이 일어나는 사고가 넘어짐이거든요. 근데 넘어짐이 굉장히 재래적인 사고잖아요. 그냥 조심하면 되는데, 사람들이 현장에서 "빨리 와. 너 이거 빨리 안 갖고 와?" 이렇게 윽박지르는 상황이 비일비재하다는 거죠.

갈등과 간극의 해결

☺ 진재연

학생운동, 노동조합, 시민사회단체 등 여러 운동의 경로를 거쳐 현재는 '방송 비정규직 및 불안정 노동자 운동'에 몸 담고 있다. 어떻게 미디어노동자들의 고립을 타파하고 서로, 나아가 전체 사회운동과 연결될 수 있을지 고민한다.

2023년 3월

활동가의 경력단절

플씨 간단한 자기소개 부탁드립니다.

재연 저는 방송 미디어 비정규직 관련 활동을 하는 진재연입니다. 8살, 10살 아이를 키우고 있고 서울 마포구 성산동에 살아요. 5년 넘게 한빛미디어노동인권센터에서 일하다 얼마 전에 그만두었어요. 앞으로도 방송 미디어 비정규직 및 불안정 노동자의 노동환경 개선을 위한 활동을 계속할 생각입니다.

플씨 일하다 2014년부터 2017년까지 육아를 하신 걸로 알고 있어요. 출산과 육아를 위해서 활동을 쉬기까지 고민이 있으셨을 텐데요. 고민과 결정 과정에서 느끼신 점이 궁금합니다.

재연 육아 때문에 그만뒀다기보다는 상황에 따라 자연스럽게 그만뒀어요. 제가 2012년부터 2013년까지 금속노조 한국지엠지부에서 노동조합 소식지(노보) 만드는 일을 했어요. 2년 임기를 채우고 새로 선출된 집행부와 지향이 달라서 그만두었죠. 그러면서 출산과 육아를 했죠.

사실 이 질문을 받으면서 내 경험을 일반 여성의 경력단절처럼 이야기할 수 있을까 하는 의문이 들었어요. 당시 저는 경력단절을 걱정하지 않았거든요. 다만 활동하지 않으면 내가 뭘 할 수 있을까? 활동단절로 운동에 대한 고민을 이어가지 못하고 육아에만 매몰되면 어쩌지? 그런 생각이었어요. 아이를 키우는 일이 제가 하는 일, 제가 하는 고민과 맞닿으면 좋겠다는 바람이었죠. 내 아이만 바라보며 육아하고 싶지는 않았거든요.

이런 걱정과 고민을 어느 정도 해결해 준 곳이 지금 제 아이가 다니는 공동육아 어린이집이에요. 마포공동육아사회적협동조합이 운영하죠. 어린이집에서 사회적 보육과 사회적 이슈를 고민하는 사람들을 많이 만났어요. 무엇보다 제가 수다 떨고 싶을 때 만날 수 있는 좋은 사람들을 알게 되었죠. 제가 처음 갔을 때 원장 선생님이 공공운수노조 보육분회 분회장을 한 분이었어요. 지금도 좋아하는 분입니다. 그 공간에서 사회적인 문제에 대해서 고민하고 같이 행동하는 경험을 하니까 좋더라고요. 지난번 9·24기후정의행진에 어린이집 이름으로 나가서 노래와 발언하고 그랬거든요. 일과 육아가 반복되는, 어느 때는 조금 답답한 일상에서 색다른 방식으로 운동을 고민하고 이야기 나누는 것이 굉장히 좋았어요.

저에게 경력단절은 직업적인 커리어를 이어가지 못한다는 의미라기보다, 활동가로서 생각한 것들이 끊어져 버린다는 느낌이었거든요. 그런데 공동육아 어린이집의 경험을 통해서 그 끊어짐을 조금 보완할 수 있었죠. 한국 사회는 가족주의가 굉장히 심하잖아요. 그래서 내 아이만 잘 키우면 된다고 생각하기 쉬운데, 저도 그렇게 될까 봐 많이 걱정했어요. 육아가 개인적인 경험에 머물면 내 아이만 잘되기를 바란단 말이죠. '한 아이를 키우려면 온 마을이 필요하다'라는 말처럼 모든 아이가 행복했을 때 내 아이도 행복하다는 기본적 전제에 동의하는 사람들과 함께 육아하는 기쁨이 있었어요. 그런 경험과 감각이 저에게 너무나 소중했어요.

부모가 되고 나서 성소수자부모모임에 관심이 커졌고 팬이 되었는데요. 그분들이 얼마나 훌륭한지 생각해보았어요. 자기 아이가 사회적 소수자라는 것을 인지하고 더 넓은 연대를 고민하는 모습이 되게 멋지더라고요. 여러 다른 가족 형태를 고민하는 모습도 그렇고요. 만약 제 아이가 커밍아웃한다면 저는 성소수자부모모임의 부모들처럼 되어야겠다고 생각했어요.

플씨 다 같이 뭔가를 꾸려나가는 것이 중요하다는 이야기 잘 들었습니다. 육아하면서 '부천원종사회복지관 임신 직원 성차별 인권침해 해결을 위한 대책위원회'에 연대하셨던 걸로 기억해요. 어떻게 소식을 접하고 연대하게 되었는지, 어떤 연대활동을 했는지 궁금합니다. 여전히 문제가 해결되지 않은 것 같던데 최근 상황은 어떤지도 궁금해요.

재연 부천에 있는 원종종합사회복지관 소속의 사회복지사 한 명이 임신 사실을 알렸더니 상사가 "가임기 여성은 다 잘라야 한다"라고 말했고, 당사자와 동료 한 분이 문제를 제기했어요.[9] 그 당사자가 제 남동생의 아내예요. 저희 올케는 온갖 상처 다 받고 아무것도 해결하지 못한 채 복지관을 나왔어요. 동료 한 분은 당사자도 아닌데 올케를 도와주다가 계약해지되었고요. 사회적 약자를 위한다는 복지관이 내부 직원들에게 보여주었던 악랄한 모습에 너무 화가 나고, 당사자들이 상처받고 끝나서 너무 속상해요. 또 그때 함께했던 부천과 인천의 여러 활동가들은 복지관으로부터 명예훼손으로 고소당해 오랜 시간 고통받았어요.

플씨 아이들이 어린데 활동과 육아를 어떻게 병행하는지, 돌봄노동은 어떻게 이뤄지는지, 활동가인 남편과 어떻게 분업하는지 궁금합니다. 아무래도 작년에 남편 성식 님이 비슷한 질문에 대해 "욕을 많이 먹는다"라고 대답해서 이 사안에 대한 발언권은 재연 님에게 있다고 느꼈는데요. 사실 성식 님과 '왓츠 인 마이 백' 할 때 노조 조끼 말고 장바구니도 있었거든요. 굉장히 인상 깊었는데….

재연 원래 가방 안에 있는 물건 중 장바구니를 어필하고 싶었는데 노조 조끼가 선택되어서 좀 실망스러웠다고 얘기하더군요.☺ 육아와 가사 분담이 잘 되는 편이라고 할 수 있죠. 공성식 동지는 집안일을 잘하고, 아이들에게 다정하고 재밌는 아빠예요. 특히 정리를 잘해요. 저는 정리를 못 하거든요. 기본적인 가사노동과 돌봄 분담에 대한 인식이 있는 사람이에요. 당연히 그래야 하고 그럴 수밖에 없는 게 20대부터 페미니즘을 공부한 활동가잖아요. 안 그러면 안 되죠. 하지만 육아와 돌봄에 쓰는 절대적인 시간은 제가 훨씬 많습니다. 그게 화날 때도 있죠.☺ 저희는 육아하면서 다른 가족, 예를 들면 부모님의 도움을 전혀 받지 않았어요. 그러다 보니 정신없이 살았던 거 같아요. 그래도 공동육아 어린이집과 동네의 여러 어른으로부터 많은 도움을 받아서 좋았어요. 아무튼 활동가로서 책임감 있게 활동하는 것과 육아, 가사노동을 병행하는 것은 어려운 일이에요. 계속 고민해야 합니다.

플씨 지금까지 말씀하신 사적 영역에서 말고 공적 영역, 예를 들어 플랫폼씨 같은 단체에서 가사와 돌봄노동과 관련해서 지원할 수 있는 게 있을까요?

재연 그런 고민한다는 게 이미 훌륭하다고 생각해요. 일과 돌봄을 구조적으로 고민하지 않으면 개별 단체가 할 수 있는 활동이 많지 않다는 생각이고요. 작년 상반기 평가 및 하반기 계획 때 플씨에서 돌봄 공간을 마련해서 굉장히 좋았어요. 행사에 참여하고 싶은데 아이들을 데리고 가면 제대로 참여 못하거나 아이들이 행사를 방해하기도 해서 데려가기 힘들었거든요.

플씨 미국에서는 행사 있을 때 돌봄 서비스를 단체 차원에서 지원하더라고요. 행사하는 동안 돌봄 교사가 아이들을 돌보는데, 사실 어느 정도 조직 규모가 되어야 가능하긴 해요. 저는 인상 깊었던 장면이 사회주의 페미니즘 토론회 할 때 아이들이 카메라 앞에서 뛰어놀고 소리 지르는데 아무렇지도 않게 계속 진행하더라고요. 라이브 스트리밍에 애들 소리가 들려도 아무도 문제 삼지 않았어요.

재연 예전에 플랫폼씨에서 세미나 할 때 아이들이 시끄럽게 해도 다들 좋게 얘기해 주시더라고요. 그때 류민희 동지가 한 말이 고마웠어요. “아이들과 함께할 수 있는 공간에서 세미나를 진행하는 것 자체가 굉장히 의미 있는 작업”이라고…. 정확히 기억나지는 않지만 비슷한 말이었던 것 같아요.

플씨 같은 맥락에서 저도 플랫폼씨의 그런 면이 좋았어요. 세미나에서 성식 님이 발제하는데 아이가 와서 놀아달라고 했거든요. 그러니까 아이와 놀다가 다시 와서 발제하고 아이는 여성 휴게실에서 소리 지르면서 열심히 놀고, 이런 풍경이 좋았어요. 행사 때 플랫폼씨에서 논의하고 반영할 수 있는 돌봄 문제가 있을 거 같습니다.

재연 행사 시 돌봄 공간 마련해주시는 것만으로도 좋아요. 플랫폼씨 행사나 세미나에 자주 참여하고 싶거든요. 온라인으로 참여할 때는 아이들이 언제 끝나냐고 옆에서 잔소리해요. 아빠보다는 저를 찾을 때가 많고요. 그래서 항상 아이들에게 엄마를 사랑한다면 자유롭게 해줘야 한다고 얘기하죠. 제가 밤에 동네 친구들이랑 술 먹으러 나가려고 하면 아이들이 붙잡아요. 그러면 “엄마를 사랑한다면 보내줘라”라고 말하죠.☺

갈등과 간극의 해결

플씨 이제 방송 미디어 활동에 관해 이야기해보겠습니다. 방송 미디어 활동하면서 주요하게 고민하는 점과 목표, 활동 계획이 궁금합니다.

재연 방송 미디어 비정규직 관련 이슈가 사회화되고 여러 노동조합과 단체가 설립된 지도 5년이 넘었어요. 그동안 방송 비정규직 노동자의 제보를 받고 상담하는 '신문고', 현장에 커피를 지원하고 기본적인 노동권을 환기하는 '커피차', 미디어 산업의 노동환경에 관한 토론회, 노동조합 조직화 등의 사업을 했는데요. 저는 지금이 이제까지의 운동을 전반적으로 평가하고 다음 단계로 넘어가야 하는 시점이라고 생각해요. 작년에 '방송 비정규직 운동 방향과 과제 도출을 위한 토론회'를 여러 단체, 노동조합과 함께했는데요, 많은 쟁점이 나왔어요. 미디어 노동자의 불안정 노동 문제를 제기하고 활동하면서 어떤 성과를 냈는지 돌아봤을 때 지금까지와 다른 방법을 고민할 필요가 있다고 느꼈어요.

현재, 미디어 비정규직 노동자가 근로기준법을 적용받지 못하는 게 가장 큰 문제입니다. 노동자성을 인정받지 못해서 개별적으로 소송을 통해 노동자임을 인정받는데, 소송을 시작하면 몇 년 걸리고 소송 당사자 개인이 이기는 것으로 끝나니까 집단적인 힘으로 모이지 못하죠. 한 방송사에서 특정 직군이 노동자라고 판결받았으면 다른 방송사에도 적용되어야 하는데, 그렇지 않고요.

미디어 현장에서 가장 중요한 것은 미디어 비정규직 노동자 조직화입니다. 하지만 집단행동을 할 주체 만들기가 너무 어려워요. 미디어 산업 현장에는 소위 '평판'이 중요한데, 부당한 일을 따져 물으면 안 좋은 소문이 돌아서 일을 못 하게 되죠. 그래서 현장에서 문제 제기하기도 어렵고 노동조합으로 조직하기도 어렵습니다. 피디나 정규직 직원의 신뢰를 얻어서 그들이 불러줘야 다음 일이 생기거든요. 이렇게 일자리 구하기가 인맥으로 이루어지니까 노조 활동하는 것이 알려지면 생계가 위험해지는 문제가 있어요. 또한 직장 내 괴롭힘을 당해서 사용자한테 문제를 제기하면, 자르거나 스스로 그만둘 수밖에 없게 만들어요. 가해자가 사용자와 연결된 예도 많아서 피해자만 내부에서 퇴출당하기 쉽죠.

또 다른 문제는, 짧은 기간에 프로젝트를 완수하고 흩어지는 경우가 대다수라서 모이기가 힘듭니다. 이걸 프로젝트성 사업장이라고 불러요. 예를 들어 드라마 하나 시작하면 몇 개월간 모여 있다가 촬영 끝나면 흩어지니까 노동자들이 집단으로 활동을 도모할 수가 없어요. 현장에 가본 적이 있는데, 사측이 약간 협조적이면 모이기는 하지만, 다 모일 수 없고 얘기할 수 있는 시간도 적어요. 잠깐의 설명은 가능하지만, 그것이 노동조합 가입이나 좀 더 적극적인 행동으로 이어지기는 어렵죠. 방송 쪽이 다른 사업장과 달리 흩어져 있는 게 큰 문제입니다.

플씨 방송노동자의 특수성으로 들리네요. 다른 특수성은 또 없나요?

재연 여러 가지 있는데, 첫째로 방송노동자들은 자기 노동에 대한 자부심이나 산업 발전에 대한 기대가 높고 일도 재밌어해서 열악한 노동환경을 버티는 경우가 많아요. 저희가 안전 관련 실태 조사했을 때 "젊지만 건강하지 못한 몸과 마음"이라는 표현을 썼어요. 미디어 산업에서 일하는 청년 노동자들이 자기 업에 대한 애정은 있지만 인생이 갈려 나가는 느낌을 받는다는 의미예요. 노동조건이 워낙 열악하니까 젊은 노동력 유입이 잘 안 되는데, 정규직은 매우 소수만 뽑고 비정규직 · 프리랜서로 그 공백을 채워나가니 악순환이죠. 그 비정규직 · 프리랜서는 언제든 자를 수 있는 사람들이고요.

둘째로 대부분의 정규직이 속해있는 민주노총 언론노조 조합원의 논리가 사측과 다르지 않다는 겁니다. 민주노총 언론노조 조합원이면 사측과 다른 태도를 보여야 하는데 말이죠. 현장에서 일 시키고 업무 지시하는 사람들이 다 정규직인데 이들이 회사의 관리자로 일하면서 점차 사측으로 변해가요. 앞서 말한 '방송 비정규직 운동 방향과 과제 도출을 위한 토론회'에서 여러 현장 노동자분들이 나와서 증언했어요. YTN에서 일하는 분의 얘기를 제가 소개하자면, YTN의 비정규직 노동자, 소위 '프리랜서' 노동자 12명이 작년에 근로자 지위 확인 소송[10]을 해서 1심에서 이겼어요. 회사 측에서 항소한 상태인데, 이분들이 정규직 노동조합, 즉 언론노조 YTN 지부를 찾아가서 도와달라고 했더니 이렇게 말했대요. "당신들이 노동은 하고 있지만 노동자는 아니기 때문에 보호해 드릴 수가 없다. 우리가 여러분을 보호해 드리면 사측에서 여러분을 노동자로 인정하는 것이 되어 회사 측의 소송 리스크가 될 수 있으므로 우리는 해 줄 수 없다."

MBC나 KBS나 YTN이나 유명 방송사의 정규직이 공정방송 투쟁을 열심히 했거든요. 투쟁하다가 해고되기도 했고요. 근데 그분들이 회사 내부에서 같이 일하는 비정규직 동료들에겐 문제의식 없이 대하고, 비정규직이 투쟁하려고 하면 사측과 똑같은 태도를 보이는 게 지금의 현실이에요. 사용자와 인맥으로 이어져 있어서 그런 것 같기도 해요. 방송 비정규직 문제 관련해서 언론노조와 언론노조에 속해 있는 정규직 노동조합의 모습이 마음에 걸려요. 이 문제를 공론화하고 토론해야 해요. 앞으로 나아가려면 정규직 노동조합이 어떤 역할을 해야 하는지 진지하게 같이 고민하고 반성해야죠. 근데 언론노조는 억울해하기만 하니까 늘 대화가 안 돼요.

노동자 간의 이러한 간극과 갈등을 어떻게 해결할지 고민이에요. 방송사 안에 공정방송 투쟁할 때 파업하지 않았던, 민주노총 언론노조가 아닌 다른 기업별 노조가 있어요. 그런데 이 기업별 노조에서 비정규직 노동자를 도와줘요. 지형이 너무 복잡하죠. 또 직군, 계약형태, 프로그램의 장르 등이 너무 다양해서 서로 부대낄 기회가 없고, 직군별로 이해관계가 다른 면도 있어서 방송 비정규직이라는 이름으로 모이기가 어려운 것 같아요. '이렇게 다르고 복잡한 이해관계 속에 있는 방송노동자를 어떻게 모으고 만나게 할 것인가?' 장기적으로 봤을 때, 방송 비정규직 노동자들이 직군의 울타리를 넘어 고용형태와 상관없이 만날 수 있게 해야겠다고 생각합니다.

플씨 방송계 노동자 운동에 대해 재연 님이 가진 전망이 궁금합니다.

재연 저는 미디어 노동자 운동이 전체 노동자 운동 안에서 교류 없이 고립되어 있다는 생각을 많이 해요. 예를 들면 더 많이 연대하고 다른 노동자 운동하는 사람들과 만나는 기회가 있으면 좋겠는데, 일단 주체들도 그런 여력이 없을 뿐만 아니라 현장이 경직되어 있어서 운동 자체가 더 확장되지 못하는 면이 있어요. 전체 운동 안에서 방송사의 비정규직 운동이 자리 잡을 수 있도록 하려면 어떻게 해야 하나에 대한 고민이 있죠.

여성주의적인 실천도 중요한 화두라 생각하는데, 방송 여성 노동자 모임 같은 것을 했었거든요. 하지만 모임 몇 번 한다고 크게 바뀌는 것도 아니고 지속하기도 쉽지 않더라고요. 방송 현장에는 방송 작가처럼 여성이 대부분인 직군이 있고, 조명이나 촬영처럼 여성이 거의 없는 직군이 있어요. 직군 문제도 있지만, 성차별 문제가 직군과 상관없이 다양한 형태로 드러나고 있어서 고민이 커요. 위계와 서열이 중요한 방송 현장에서 여성의 권리를 어떻게 보장해나갈 것인지도 생각해봐야 할 것 같아요.

무엇보다 현장이 변하려면 현장 노동자를 조직해야 하는데, 그 조직화를 어떤 방식으로 할지도 고민이고요. 지금 그런 고민을 함께하는 활동가들과 모임을 하고 있어요. 방송 비정규직 운동의 전망에 대해 함께 토론하는 동지들이죠. 방송 현장에는 정말 할 일이 많아요. 어떤 방식으로, 어떤 그릇에 담으며 해 나갈지 논의하고 있습니다.

미디어 산업은 계약 형태가 중층적이고 복잡해서 민주노총 운동 안에서도 고민하지 못한 새로운 형태의 운동을 하고 있다는 생각이 들었어요. 방송 비정규직 운동은 전체 운동 안에서 우리가 어떤 위치에 있는지, 전체 운동은 방송 비정규직 노동자의 상황과 운동의 현실이 어떤지 함께 고민하고 접점을 만들어 나가면 좋겠어요. 예를 들면, 저는 주말에 집회를 거의 못 나가는데, 그러면 농담으로 "나는 상암동 골짜기에 있느라고 전체 운동이 어떻게 돌아가는지 몰라"라고 말해요. 전체 운동 안에서 장기적 전망을 두고 내가 하는 활동을 고민하는 게 아니라, 그냥 단체 안에만 갇혀 있다는 느낌이 들 때가 있거든요. 저의 운동에 관한 이야기일 수도 있지만, 방송 비정규직 운동의 현실일 수도 있죠.

K-콘텐츠의 저력은

플씨 많이 고민하게 만드는 대답이네요. 방송노동자 조직화가 목표라고 하셨는데요, 구체적인 조직 대상이 궁금합니다. 방송이라고 하면 유튜브와 영화도 떠올리는데, 지금까지 집중하고 있는 분야에는 없는 것 같더라고요. 조직 대상에 제한을 두는 이유가 있나요? 그리고 영화 산업은 근로기준법이 적용되고 있다고 들었는데, 왜 드라마 산업이랑 차이가 나는지도 궁금하고요.

재연 조직화에 제한을 두는 게 아니고 여력이 없어서 그래요. 드라마는 많은 스태프가 한곳에 모여있어서 상대적으로 조직하기 쉽더라고요. 방송 스태프 지부가 만들어질 때도 드라마 스태프들이 적극적이어서 지금 조합원 대다수가 드라마 만드는 분들이에요. 방송 스태프 지부에서도 좀 더 폭넓은 직군으로 확장하고, 현장의 주체를 만들려고 고민하는데 쉽지 않은 거 같더라고요.

영화는 설립된 지 15년이 넘은 영화산업노조가 열심히 활동하고 있어서 여러 도움을 받고 있어요. 영화산업노조의 긴 투쟁으로 현재는 영화 현장에서 근로기준법과 노동 시간을 지키고 있죠. 상황에 따라 다른데, 영화 산업은 근로계약서를 쓸 수 있지만 드라마 산업은 도급 계약을 하므로 노동자가 아닌 프리랜서로 간주하는 때가 많아요.

드라마와 영화의 노동 형태가 비슷해서 두 장르를 넘나들면서 일하는 스태프가 많거든요. 그분들이 하는 말씀은 일은 똑같은데 노동 환경은 확실히 다르다는 거예요. 드라마는 안 되고 영화는 되는 이유는 운동이 있고 없고 차이 같아요. 드라마 〈미남당〉 사례를 보면, 노동자들이 갑작스러운 해고 상황에서 집단으로 문제를 제기했거든요. 그분들이 그렇게 할 수 있는 데는 영화산업노조 조합원이기도 했고 영화판에서 싸워본 경험이 있었기 때문이에요. 당시 〈미남당〉 사례를 해결하는 과정에서 영화산업노조랑 방송 스태프 지부가 함께 투쟁했어요. 〈미남당〉 제작사와 협약서를 쓰는 것도 영화산업노조와 방송 스태프 지부가 함께했고요. 영화판에 계셨던 분들이 드라마 방송운동의 방향에 대해 조언해주는 상황이에요.

플씨 드라마와 영화가 처한 상황이 매우 다르네요. 직군별로도 다른가요? 정서경 작가의 인터뷰에서 영화는 여성 작가 재생산이 힘든데

드라마는 여성 작가 재생산이 잘 된다는 얘기를 들었어요.

재연 사실 이건 잘 모르겠어요. 드라마 쪽에 유명한 여성 작가가 많은데 몇몇은 회당 억대 집필료를 받거든요. 드라마 막내 스태프는 그야말로 최저임금인데 유명 배우나 유명 작가는 억대로 대가를 받는 양극화 문제가 있어요. 스타 배우는 드라마 회당 1~2억 원, 최고 출연료로 기사가 난 한 배우는 회당 5억 원을 받는다고 하더라고요. 그래서 배우의 출연료 상한선을 정하자는 얘기가 나오는데 이견이 있죠. 저는 상한선이 필요하다고 생각하는 편인데 소위 막내 스태프들은 최저임금도 안 되는 돈을 받기 때문이에요. 300~350만 원이니까 월급으로 치면 많이 받는 것처럼 보이지만, 하루에 16~18시간 일하고 받는 거라서 시급으로 계산하면 최저임금이 안 돼요. 아직도 근로기준법 적용이 안 되는 드라마 현장이 많으니까 시급으로 계산하지 않는 거죠. 방송 현장에서 노동착취가 심각해요.

드라마 작가와 구성작가의 상황이 다르기도 하고요. 메인작가-서브작가-막내작가, 이런 식으로 나눠져 있어요. 서울과 지역의 차이도 있고. 막내작가는 드러나지 않는 온갖 노동을 하고 저작권이 없어요. 이런 다양한 문제가 있어서 직군별로 얼마나 어떻게 다른지는 다 말씀드리기가 어렵습니다.

플씨 그런 사정이 있군요. 미디어 콘텐츠가 요즘에는 매우 다양해서 정확히 어떤 분야에 집중하는지를 알고 싶었습니다. 또 한 가지는 개인 콘텐츠 시장이나 유튜브 등의 노동조건에 대해서 문의가 들어오는지 궁금합니다. 요즘 유튜브도 전문화돼서 혼자 찍고 올리는 게 아니라 작가, 피디, 편집자가 있더라고요.

재연 유튜브 쪽의 노동조건과 관련해서 문의받아 본 적은 없어요. 제가 아는 드라마 스태프가 드라마 끝나고 잠깐 쉴 때 유튜트 편집 일한다고 듣기는 했어요.

작년에 〈자뻡TV〉의 노동착취 관련한 기사를 보았는데, 시급 1천원 받고 장시간 노동으로 지친 스태프들이 소송했더라고요. 민변 변호사들이 담당하고 있는데 스태프의 '노동자성' 문제가 쟁점이더군요. 유튜브 관련해서 전체적인 실태조차 파악되지 않고 있고, 저 또한 활동하면서 고민하지 못했던 분야이고요. 대부분의 방송 현장이 열악하지만, 유튜브는 법의 바깥에 있으니 더 열악하겠죠. 제가 한빛센터에서 처음 활동할 때 밤늦게 "지금 20시간 넘게 촬영하고 있는데 좀 살려주세요"라는 전화를 받았거든요. 그런 것부터 시작해서 계약서 안 쓸 게 뻔하고, 계약서를 쓰지 않으니까 급여도 마음대로 정할 것이고, 임금체불 등의 열악한 노동조건이 기본적일 것 같아요. 〈자뻡TV〉 사건을 보니, 그렇게 큰 규모의 수익을 내면서도 한 짓들이 너무 괘씸하더라고요. 유튜브가 전문화되고 작가, 피디, 편집자가 있어서 규모가 커진다고 노동조건에 대한 고민이 자연스럽게 생기지는 않을 거예요. 노동환경에 대한 지속적인 환기와 문제 제기가 있어야 해요.

플씨 요즘에는 사람들이 공중파 방송보다 유튜브나 넷플릭스 등의 미디어 플랫폼을 정말 많이 보잖아요. OTT 관련해서 초국적 자본이 들어오고 책임성이 좀 다르게 작동하는 부분은 없는지 궁금합니다. 한국에서는 규제가 덜하니까 더 노동착취를 한다거나 그런 것들이요.

재연 OTT와 관련해서 처음에는 'OTT가 생겨서 일자리가 많아졌다', '그래도 한국 방송사보다 낫다' 정도 이야기했던 거 같은데, 이제는 '크게 변한 것이 없다'라고 평가하죠. 넷플릭스가 제작비를 안정적으로 지원한다지만, 그 돈이 스태프의 노동환경 개선으로 이어지지는 않습니다. 앞서 말했듯이 스타 배우 캐스팅 비용으로 대부분 지출하고, 남는 돈으로 제작하니 스태프의 노동조건에까지 생각이 미칠 수가 없어요. 그러면서 계속 돈 없다는 소리만 하고…. 넷플릭스가 한국보다 낫다고 생각한 사례는 성소수자 친화적인 가이드라인을 가지고 있다는 점이었어요. 해외 OTT라 국제적인 기준을 가지고 있다고 봐야 할까요. 방송 현장에서 일하는 성소수자가 차별과 혐오 없이 일할 수 있는 환경에 대한 활동을 고민하면서 알게 된 사실이죠. 한빛센터에서 활동할 때 성적소수문화인권연대 연분홍치마와 함께 무언가를 해보자 고민했죠. 한국 OTT 중 한 곳에서 일하는 분이 내부 인권 가이드라인을 만든다고 해서 같이 이야기한 적도 있고요.

OTT 산업은 계속 성장하고, 이를 중심으로 K-콘텐츠가 넓어지고 있잖아요. 한국 사회의 부조리하고 불평등한 얘기들이 콘텐츠의 소재로 많이 쓰이고요. K-콘텐츠의 저력은 한국 사회의 불평등과 불평등한 구조가 아닐까 하는 생각이 들 정도죠. 〈서울신문〉에 함께 인터뷰[11]한 분이 "K-콘텐츠의 저력은 가성비"라고 말씀하셨거든요. 사람들을 갈아서 그런 콘텐츠를 만든다는 뜻이에요. 미국에서 한두 달 걸리는 것을 한국에서는 1주일 만에 만든다고 말씀하시더라고요. 저는 현업에서 뛰는 사람이 아니니까 잘 모르는데, 그분은 현장에서 오래 계셨거든요. 방송 현장이 열악하다는 건 알았지만 그렇게 말씀하시니 정신이 확 들었죠.

상생 커피차와 〈상암의 담소〉

플씨 잘 들었습니다. 다음 질문으로 넘어가죠. 드라마 현장에 커피차 사업을 많이 하신 것으로 아는데 간단한 소개와 어떤 효과가 있었는지 들어보고 싶어요.

재연 '커피차'는 드라마 촬영 현장에 커피차와 함께 찾아가 스태프를 만나고 지원하는 사업이에요. 쉬는 시간에 커피를 무료로 나눠주고, 노동권을 환기하는 팸플릿 등을 나눠주면서 현장 노동자와 소통하는 활동이었죠. 커피차를 하면서 현장에서 여러 사람을 만나고 얘기했지만, 아직 부족하다고 느껴요.

커피차 캠페인을 가면 관심을 보이는 유명 배우들이 있어요. 이연희 배우님은 먼저 와서 인사하고, 자기도 이런 사업이 매우 중요하다고 생각한다면서 인증샷을 찍어주더라고요. 무척 고마웠죠. 그리고 고경표 배우님과 함께 찍은 인증샷을 한빛센터 인스타그램에 해시태그 고경표를 넣어서 올렸는데, 많은 해외 팬이 '좋아요'를 누르기도 했어요.☺ 많은 유명 배우와 스태프가 관심 가져주었는데 드러나길 원하지 않는 분들도 계셨어요.

플씨 한빛센터 활동할 때 유튜브 촬영하셨는데요. 특히 〈상암의 담소〉라는 콘텐츠를 인상 깊게 봤어요. 출연하신 분들도 인상 깊었고요. 방송 현장이 평판이 중요한데 그분들에게 이후 불이익은 없었을까 하는 생각도 들었고요.

재연 구독자 없는 채널이죠.☺ 〈상암의 담소〉는 공공상생연대기금에서 지원금을 받아서 만들었어요. 유튜브는 정기적으로 콘텐츠를 업로드해야 하는데 신경을 많이 못 썼어요. 그리고 출연자들은 저희가 아는 노동자들이에요. 제보를 받은 것처럼 콘셉트를 잡았고요. 자신의 정체를 드러내도 되는 분들이었어요. 여러 방면으로 활동을 도와주셨고, 자기들 문제를 사람들에게 이야기해서 현장이 바뀌기를 바라셨죠.

출연자 중 김하나 피디님은 한빛센터에 일이 있을 때마다 함께하고 현장을 바꾸기 위해 발언하는 분이에요. 김 피디님한테 들은 인상적인 일화가 있어요. 드라마 현장은 전선과 장비가 되게 많아서 뛰어다니면 잘 넘어진대요. 저희가 실태 조사하면 드라마 현장에서 제일 많이 일어나는 사고가 넘어짐이거든요. 근데 넘어짐이 굉장히 재래적인 사고잖아요. 그냥 조심하면 되는데, 사람들이 현장에서 "빨리 와. 너 이거 빨리 안 갖고 와?" 이렇게 윽박지르는 상황이 비일비재하다는 거죠. 이런 상황을 보면서 너무 심각하다는 생각이 들어서, 현장 사람들을 모아놓고 안전 지침을 얘기하고 뛰지 않아도 된다고 이야기했다고 하더라고요. 그런 문제의식과 소중한 실천이 현장에 많았으면 좋겠어요.

커다란 용기로 자기 얼굴이나 이름을 공개하고 출연하는 분들도 계셨지만, 방송판을 완전히 떠났기에 가능한 분도 계셨어요. 1화에 출연한 강윤희 님은 YTN에서 프리랜서 계약하고 일하다가 괴롭힘을 당해 결국 해고된 분이에요. 〈상암의 담소〉 1화 찍은 후 방송일을 접으셨어요. 〈상암의 담소〉는 그런 배경이 있습니다.

플씨 영상이 나오고 어떤 효과가 있었나요? 유튜브에는 댓글이나 조회수가 많지 않더라고요. 콘텐츠가 괜찮았는데 안타까워요.

재연 일단 저희는 드라마 현장에 계신 분들이 유튜브를 볼 시간이 없다며 합리화했죠.☺ 출연자 중에 영상을 현장에서 공유해서 다 같이 봤다는 피드백은 있었어요. 〈상암의 담소〉는 도움이 될 수 있는 부분이 많고 방송 현장에서 일하지 않는 분들도 이해할 수 있는 점이 많은 기획이었다고 생각해요.

대추리에서

플씨 활동가로서 신념이나 걸어온 길, 그리고 생활인으로 사는 삶에 관해 물어볼게요. 첫 질문은 운동과 관련한 나의 첫 경험이에요. 첫 집회 사회, 첫 발언, 첫 성명, 첫 휴가 등 키워드 하나를 뽑아서 얘기 부탁드려요.

재연 집회에서의 첫 노래, 춤이 생각납니다. 제가 노동조합과 사회진보연대에서 상근자로 일하다가 2006년에 평택 대추리로 들어가 1년 반 동안 지킴이로 마을에서 살았어요. *평택미군기지반대투쟁*에서 평화바람이 주최하는 축제를 접하고 감동해서 대추리로 들어갔어요. 평택미군기지반대투쟁을 온몸으로 경험하고 싶다는 생각이 들기도 했고요. 당시 빈집을 청소하고 들어가 사는 사람들이 많았어요. 저는 어떤 집의 옥탑방을 청소해서 살았고, 대추초등학교 안의 솔부엉이도서관을 운영했어요.

마을에서 매일 저녁 8시에 촛불집회가 열렸는데, 그 시간이 되면 동네 할머니 할아버지가 다 촛불 들고 나오세요. 마을지킴이들이 주민들과 매일 촛불집회에서 노래 부르고 춤췄는데 그런 경험이 너무 좋았어요. 안타깝게도 대추리는 지켜지지 못했고, 2007년 4월에 주민들은 모두 쫓겨났죠. 군인 몇천 명이 들어와서 논을 짓밟고, 굴착기로 학교와 집을 다 허물었어요. 군인들과 몸싸움하다 많은 사람이 연행되는 투쟁의 과정이 있었지만, 공권력의 폭력을 막아내지는 못했어요. 마지막 촛불집회 하던 날이 기억나네요. 이 마을을 나가야 한다는 걸 모두 알고 촛불집회를 했고 모두가 대성통곡했어요. 이런 아픈 기억들이 있지만 제 삶에서 대추리에 살았던 시간은 매우 소중해요. 평택미군기지반대투쟁 자체가 큰 대중 투쟁이자 운동이었고, 그 안에 마을을 지키기 위한 일상적 투쟁과 새로운 마을 점거 운동이 있었죠. 제가 큰 도움은 안 되었겠지만, 힘든 시간에 주민들 곁에 있을 수 있었기에 감사했어요.

그때 매일 할머니 할아버지랑 같이 불렀던 노래들이 생각나네요. 〈사랑의 밧줄〉이라는 노래가 있어요. 그걸 개사해서 자주 불렀어요. "밧줄로 꽁꽁 밧줄로 꽁꽁 단단히 묶어라 미군기지 꼼짝 못하게~". 그리고 "사랑해 사랑해 당신을 사랑해" 이런 노골적인 사랑 고백의 노래를 주민들 앞에 나가서 많이 불렀죠. 정태춘 씨가 만든 〈대추리 도두리 지킴이〉라는 노래도 많이 불렀어요. 정태춘 씨가 고향이 도두리여서 자주 와서 같이 싸우고 그러셨거든요. 〈평화가 무엇이냐〉라는 노래 또한 많이 불렀어요. 문정현 신부님의 발언으로 노래를 만들었는데, "공장에서 쫓겨난 노동자가 원직 복직하는 것이 평화"라는 가사로 시작해요. 이런 노래들에 맞춰서 춤을 췄죠. 촛불집회 할 때마다 뭔가를 하기 위해서 준비했어요. 마을에 같이 살던 지킴이들이 오늘은 뭘 할지 고민하면서 살았어요. 그래서 재밌었어요. 그때 불렀던 노래들이 많이 기억나네요.

여기서 잠깐 평택미군기지반대투쟁을 살펴보고 넘어가자. 2003년 한미동맹 재조정 논의 과정에서 미2사단과 용산 미군 기지 재배치를 위해 대추리와 도두리 일대 285만 평 등 평택 지역 349만 평의 땅을 미군에게 제공하기로 협정이 체결됐다. 주민들은 대책위원회를 구성해 국방부장관과 국회의원 면담, 항의 방문 등을 추진했다. 주민들은

2004년 협정 체결 이후 의견 수렴 없이 일방적으로 추진된 토지매수에 저항하며 싸움을 시작했다. 2005년 3월에는 주한미군의 신속기동군 및 지역군으로의 변화를 촉진할 평택 전쟁 기지 건설을 막기 위해 각계 단체들이 모여 '평택미군기지 확장 저지 범국민대책위원회'를 결성했다. 이를 기반으로 2005년 7월 10일, 1만2,000여 명의 평택지킴이가 대추리에 모여 '평화대행진'을 벌였다. 그러나 국방부는 2006년 5월 4일 농지 일대에 군부대를 투입하고 철조망을 쳐 군사시설보호구역으로 설정했고 1만5,000명의 경찰과 용역 등을 동원해 대추분교를 파괴했다.[12]

플씨 첫 노래 잘 들었습니다. 듣다 보니 어떻게 운동에 발을 들이셨는지 궁금해지네요.

재연 학교 다닐 때 자연스럽게 학생운동을 하게 되었고, 졸업하고 나서도 당연히 사회운동을 해야겠다고 생각했어요. 졸업하고 나서 지하철에서 청소노동자를 조직하는 일을 했어요. 여성 노동에 관심이 많아서 들어간 노동조합이었는데, 여성 조합원 숫자만 많을 뿐 여성주의적인 내용이나 조직 운영에 대해서 전혀 고민할 수 없었어요. 물론 그게 어려운 일이고 좀 더 장기적인 고민과 노력이 필요했겠지만요. 저보다 앞서 오랜 시간 그곳에서 활동한 언니들도 너무 지쳐있었고 조직의 미래를 함께 고민하기 어려운 구조였어요. 1년 만에 나왔는데, 그때 활동이란 게 만만한 일이 아님을 새삼 느꼈어요. 나에 대해

반성도 많이 했고요.

그 이후 사회진보연대, 평택미군기지반대투쟁, 이랜드투쟁, 한국지엠지부에서 활동했고, 출산과 육아로 4년을 쉬다가 2018년 한빛센터가 만들어질 때 사무국장으로 들어갔어요. 특별한 이유가 있어서 한빛센터에 간 건 아니고, 활동가를 구한다고 이야기를 들었어요. 다시 활동해 볼까 고민하던 때라 시기가 맞았고요. 개인적인 얘기를 하자면, 저희 아버지가 KBS에서 기술직으로 30년 넘게 일하다 정년퇴직하셨거든요. 1975년 KBS에 입사한 아버지가 일하던 시절은 '평생직장' 개념이 있을 때였고, 방송사에 비정규직, 프리랜서가 거의 없이 대부분 정규직이었죠. 왜 지금은 이렇게 복잡한 계약 형태가 섞여 있고 불안정한 노동이 대부분인 현장이 되었을까를 생각하면서 흥미가 생겼던 거 같아요. 방송 비정규직 문제는 앞으로도 계속 고민하고 활동하고 싶은 영역입니다.

플씨 마지막 질문입니다. 활동은 누구나 할 수 있나요? 활동가에게 필요한 자질이 있을까요? 서로 다른 자질을 어떻게 조화시킬 수 있나요?

재연 단체마다 활동가가 너무 적고, 소수가 모든 일을 해야 하는 시스템이다 보니 경험이 없으면 어렵다는 생각이 들더라고요. 활동가는 훈련되는 수밖에 없는 것 같아요. 저도 20대 때 학생운동, 단체활동하면서 훈련되어왔던 거 같아요.

사회운동은 누구나 같이 할 수 있다고 생각하고, 사람들이 활동가로서의 미래를 그릴 수 있는 계기가 많았으면 좋겠어요. 드라마 현장에서 꽤 오랫동안 일한 분이 한빛센터에 채용되었는데 너무 생소하다고, 일하기 어렵겠다며 하루 만에 그만둔 일이 있어요. 보통 직장과 많이 다른 영역이라고 생각하는 것 같았어요. 해당 분야에서 숙련도를 쌓아가는 일반적인 직장인과 활동가는 많이 다르긴 해요. 직장인이 자기 분야의 일에 집중해서 파고드는 전문가적 느낌이라면, 활동가는 한 분야의 전문가라기보다는 다양한 일을 할 줄 아는 제너럴리스트에 가깝거든요. 다른 직장에서 수행하는 일들과 활동가가 수행하는 일들이 다르기도 하고요.

활동가가 하나의 직업으로 자리 잡았으면 좋겠다는 생각이 있어요. 저희 아이들의 학교에서 나눠준 가정통신문에 부모 직업 쓰는 칸이 있는데 뭘 써야 할지 애매하더라고요. 저는 사회단체 활동가라고 쓰긴 하는데 아이도 엄마가 정확히 뭘 하는지 모르지 않을까 싶더라고요. 활동가가 사회적으로 인정받고 자부심을 느낄 수 있는 직업이 되면 좋겠어요. 사람들이 '저 사람은 활동가라는 직업, 삶을 선택해서 사는구나'라고 생각하게요. 그러려면 좋은 일자리가 많아야겠죠. 대다수 사회단체의 급여가 많지 않고, 내부 민주주의 문제가 있는 곳도 많아서 안타까워요. 사회운동을 고민하는 사람들이 건강하고 안정적으로 일할 수 있는 공간이 많아지면 좋겠어요.

열악한 노동환경을 감내하고 좋은 평판을 얻어야 일거리를 받을 수 있는 미디어노동자의 특수성 속에서, 어떻게 모두를 위한 보편적 노동 조건을 쟁취할 수 있을지 끊임없이 고민하는 진재연 활동가. 그는 동시에 '사적'인 것으로 취급되는 가정 내의 가사노동 및 육아와 '공적'인 일로 취급되는 활동의 경계, 그리고 활동이란 무엇인가에 대해 깊이 있게 성찰한다. 미디어 노동자 운동의 길이 다른 운동의 길과 만날 수 있길 소망한다.

저에게 운동이란 '연결'이에요. 한국 사회의 사람들이 함께 살아간다고 하지만 자세히 보면 다 갈라져 있어요. 그래서 울산에 사는 현대차 정규직 노동자가 플랫폼노동하는 젊은이의 삶을 잘 모르고, 화이트칼라 사무직 노동자가 공장에서 일하는 노동자의 삶을 잘 모르며, 한국인 노동자는 이주 노동자의 삶을 잘 몰라요. 조금만 주변을 돌아보면 다 가까이에 있는데, 이렇게 서로 모를 수가 있냐는 질문을 던지게 돼요. 이 틈을 메우고 계속 연결을 만들어야 해요.

운동을 횡단하는 연대

☺ 박상은

'플랫폼씨'에서 반상근하며 조직운영과 책 읽기 모임 등을 담당한다. 동시에 대학원에서 세월호 참사, 가습기 살균제 참사 등 재난 관련 연구를 한다.

2022년 3월

조직이 아니라 운동 전체를 살리는 방식으로

플씨 오늘은 플랫폼씨에서 반(半)상근(일정한 시간에 주기적으로 근무하지만, 상근처럼 매일 혹은 풀타임으로 근무하지 않음)하는 상은 님을 만났습니다. 플랫폼씨에서 기획한 인터뷰이지만, 많은 분이 플랫폼씨가 생소할 수 있을 것 같아요. 어떤 단체인지 소개 부탁드릴게요.

상은 플랫폼씨는 지금도 정체성을 찾아가고 있는 단체입니다. 그래서 간단히 소개하기 어려운 것 같아요. 짧게 말하면, 사회운동 활동가 재생산 구조를 고민하면서 사회운동의 새로운 길을 모색해요. 명함에는 비영리 사회운동 교육단체라고 소개하고요. 기후 위기, 불안정 노동 등 사회 문제를 해결하는 사회운동의 연대를 주된 목표로 삼고, 더 크게는 동아시아 사회운동의 국제연대를 꿈꾸고 있어요.

2020년 5월 플랫폼씨를 공식적으로 설립하면서 매달 사회운동 정세를 토론하는 월례 포럼을 갖기 시작했어요. 코로나19, 기후 위기, 노동, 페미니즘, 우크라이나 전쟁 등 정세에 맞는 사안을 다루며, 비회원도 참여할 수 있어요. 지난 2년 동안 플랫폼씨에는 250명의 다양한 회원들이 모였는데요. 사회운동에 관심은 있지만 어디서 어떻게 해야 할지 몰라서, 즉 사회운동 재생산 메커니즘의 부재로 플랫폼씨를 찾은 사람들이 많아요. 플랫폼씨가 적(籍) 없는 좌파, 활동가, 비판적 시민의 둥지가 될 수 있지 않을까 싶어요.

그리고 이름의 뜻을 궁금해하시는 분들이 많은데, 플랫폼씨(C)에서 'C'는 여러 가지 의미예요. 먼저, 비판(critic), 공산주의(communism), 교차하다(cross), 변화(change) 등 우리가 지향하는 가치의 첫머리 글자로 볼 수 있고요. 개인적으로 좋아하는 의미는 늘 우리에게 주어지는 A와 B, 최악과 차악을 선택하는 진영론적 이분법 구도에서 벗어나 C의 길을 가자는 의미예요.

플씨 사회운동 재생산 메커니즘의 부재로 플랫폼씨를 찾은 사람이 많다고 하셨어요. 부재한 상태로 지나온 시간이 아쉽지만, 플랫폼씨가 대안이 된다면 다행이라고 생각해요. 그렇다면 사회운동 활동가의 재생산 구조란 무엇인가요?

상은 활동가를 하려는 사람들이 함께 학습하고, 정파에 갇히지 않는 대중운동을 할 수 있도록 길을 만들자는 취지에서 사회운동 활동가의 재생산 구조를 고민하고 있어요. 다른 직업도 그렇지만, 조직에 들어가 일원이 되면 각 단체의 성향에 맞는 교육을 받은 후에 그 교육 내용을 기반으로 일하잖아요. 하지만 어느 곳의 활동가가 되건, 함께 공유할 수 있는 운동의 관점을 형성할 필요가 있어요. 예컨대 한국 사회운동의 역사, 노동운동의 역사, 노동운동을 보는 전반적인 관점,

국제주의 관점, 페미니즘 관점 등이요. 기본 소양을 종합적으로 훈련해서 어느 곳에서 활동해도 함께 사회운동의 큰 방향을 계속 논의하고 교류할 수 있는 바탕을 만들고자 해요. 특정 시야에 갇히지 않고 사회운동의 보편적 의제에 함께할 수 있는 활동가를 배출하자는 거죠.

처음에 플랫폼씨를 만들 때 창립 멤버들과 공유한 문제의식이 있어요. 활동가들이 각자의 단체로 흩어져 있으면 시야가 좁아지고 자신이 하는 운동만 보게 될 거라는 거였죠. 우리가 어떤 단체가 되어야 할지 논의하면서 개인 활동가들의 느슨한 네트워크를 꾸릴지, 아니면 공통의 대안적 가치를 지향하는 하나의 정치 조직 혹은 공동체로 향할지의 갈림길에 섰죠. 저희는 후자를 택했어요. 공통된 지향점을 갖되, 기존 정파 조직의 틀에서 조금 벗어난 열린 조직이 되고 싶었어요.

플씨 지향점을 갖되 정파에 갇히지 않고 열린 조직이라니, 상당히 어려운 미션 같아요. '정파에 갇히지 않는 대중운동'은 구체적으로 어떤 의미인가요?

상은 쉽게 말해 정치적 당파에 매몰되지 않는다는 의미입니다. 운동을 잘 만들어 가고 싶은 사람들이 공통의 지향을 찾으면서 형성되는 흐름이 정파예요. 정파의 존재 자체가 문제인 것은 아니지만, 정치적 입장을 정할 때 사회운동의 큰 지향보다 자기 조직이나 자기 정파의 성장을 우선시하면 운동보다 조직이 앞서게 돼요. 단순히 그 조직만을 위한 운동으로 방향이 바뀌어버리죠. 무엇이 조직을 우선시하는 방식이고 무엇이 운동 전체를 우선시하는 방식인지 명확히 구별할 수 있을 것 같지만, 실제로는 굉장히 복잡하고 미묘한 지점입니다. 운동 전체를 살리는 방식의 결정을 하려면 회원 간 토론을 조직하고 서로의 의견을 들어야 해요. 의견을 조정하는 과정에서 모두가 공동으로 결정했다는 생각을 가질 수 있도록 운영해야 정파에 갇히지 않는 조직이 되죠.

플씨 사실 보편적 대안을 지향한다는 정치 조직들이 조직 활동이나 구체적 내용에서 정파 이익을 따라가는 사례를 많이 봤어요. 조직의 구성원이 모두 합의할 수 있는 지향점을 만들면서도 '우리'에만 매몰되면 안 된다고 말씀하셨는데요. 어떻게 열린 방식으로 전체 운동을 고려하는 공통의 지향을 만들어 갈 수 있을까요?

상은 맞아요. '공통의 지향점을 가지면서도 열린 모임'이라는 말이 멋있지만, 저희도 사실 아직 길을 찾아가는 중이에요. 공통의 지향이 무엇인지 정답을 제시할 수는 없어도 최소한 지켜야 하는 선은 있죠. 예를 들어서 페미니즘 공부 모임을 진행할 때 소수자를 배제하고 능력주의로 나아가는 흐름은 수용할 수 없어요. 또 한국의 양당 구도에만 사회운동의 대안을 가두려는 흐름과도 함께하기 어렵겠죠. 이런 가이드를 두고 정세 속의 쟁점을 토론하면 공통의 원칙을 쌓아가는 과정에서 공통의 지향이 만들어진다고 생각해요. 하나의 입장을 확고히 선택한다기보단, 입장을 만들기 위해 토론하는 과정에서 모두가 합의할 수 있는 중요한 원칙을 함께 확인하죠. 예를 들어 *우크라이나 전쟁*을 이야기한다면, '지정학적 논리가 아닌 민중의 연대와 평화를 중심으로 판단한다', '그렇기에 우크라이나 민중을 지지하면서 러시아의 민중도 배제되지 않아야 한다'라는 등의 원칙을 세우게 될 거예요.

회원이 함께 결정한다는 감각도 이 과정에서 만들 수 있어야 해요. 공동으로 결정해서 도출한 원칙을 회원이 자기 견해로 받아들일 수 있어야 하지요. 운영진 몇몇이 토론해서 정해버리면 회원들이 자기 입장으로 여기기 어려워요. 열린 조직인지 아닌지는 다 함께 합의한 원칙을 바탕으로 한 평소의 실천으로만 담보할 수 있을 것 같아요. 그렇지 않으면 조직 내 몇몇 사람의 생각이 조직의 지향으로 평가될 거예요. 플랫폼씨가 운동 전체의 이익을 고려하는 실천을 구체적으로 쌓아가야지만 다른 이들에게도 공통의 지향점을 가지는 열린 모임이라는 진정성을 증명할 수 있을 테지요. 결국 전체 운동을 살리는 방향으로 실천을 쌓아가야 증명된다고 생각해요.

상은이 언급한 우크라이나 전쟁은 2022년 2월 24일 러시아가 우크라이나 영토를 침공한 사건으로, 러시아-우크라이나 분쟁의 일부이다. 러시아는 도네츠크인민공화국과 루간스크인민공화국을 독립국으로 승인한 뒤, 2022년 2월 21일 동부 우크라이나의 돈바스 지역에 군대를 진주시켰다. 3일 뒤인 2월 24일 러시아는 전면적인 우크라이나 침공을 개시했고, 이후 우크라이나의 수도 키이우를 비롯한 우크라이나 전역에 미사일을 발사했다.[13] 우크라이나 전쟁을 둘러싼 여러 지정학적 · 역사적 맥락이 혼재한 가운데 좌파는 냉소적인 지정학자의 논리나 전쟁의 비극을 부추기는 '애국주의자'의 주장을 거부하고 민중의 반전 평화를 지지해왔다.

플씨 상은 님은 현재 플랫폼씨에서 어떤 역할을 맡고 계시나요?

상은 조직 내부 운영으로는 재정 관리와 규율위원회 등을 담당해요. 회원 사업 중에서는 책 읽기 모임, 노동운동 활동가 모임을 맡고 있고요. 외부 연대체 관련해서는 2021년에 출범한 '다른 세계로 길을 내는 활동가 모임'의 플랫폼씨 담당자이기도 해요. 반상근자치고는 다양한 사업을 담당하네요. ☺

플씨 플랫폼씨에서 상근자로서 가장 이루고 싶은 목표는 무엇일까요?

상은 플랫폼씨가 2020년 출범한 이래로 회원이 정말 빨리 늘어난 편이거든요. 공통된 지향점을 갖되 열린 조직이 되고 싶다고 말씀드렸잖아요. 그래서 조직의 방향을 회원과 함께 결정할 수 있도록 조직을 운영해야 한다는 책임감이 있어요. 유연하면서도 체계가 필요해요. 명확한 체계가 유연성과 거리 있다는 생각이 들 수 있지만, 오히려 조직이 커질수록 체계가 있어야 회원들이 의사결정에 참여할 수 있거든요. 예를 들어 체계가 좀 덜 갖춰지면 자유롭게 의견을 모을 때 도움이 될 수 있어요. 하지만 회원과 상근자 간 개인적 친분, 활동 기간 등에 따라 의견 수용의 경중이 달라질 수 있죠. 현재는 이 부분을 잘 조율하는 체계를 만들자는 목표가 있어요.

플씨 커진 몸집에 맞는 체계를 구축하는 것이네요. 공통의 지향을 가진 열린 조직을 만들어 가는 과정 자체가 고민의 연속이겠어요. 최근에 가장 고민하는 점은 무엇인가요?

상은 이제 활동을 시작한 회원, 활동하기 힘든 환경에 있지만 사회운동을 지속하고 싶어 하는 회원이 많이 계세요. 비수도권에 홀로 있는 회원이라던가, 학교에 홀로 있는 학생 같은 분들이죠. 이분들과 어떻게 함께 공통의 경험을 만들어 갈지가 고민이에요. 활동이 원활해지려면 각자의 일터, 지역, 주변 사람들과 만나야 하는데 서로 멀리 떨어져 있으면 힘든 점이 있죠. 아무리 줌(Zoom)으로 만나고 논의를 같이한다고 해도 결국 긴밀한 논의와 실천은 물리적인 조건이 중요하니까요. 다들 답답해서 플랫폼씨에 가입하셨을 텐데, 플랫폼씨가 잠깐의 피난처를 넘어서 새로운 활동을 도모하는 장소로 기능했으면 해요. 활동이 단순히 한 번의 좋은 경험으로 남기보다는, 이후에도 삶과 운동의 밀접한 연결을 유지하고 나아가 전업 활동가까지 꿈꾸는 기회가 되었으면 하는 마음이에요.

플씨 이 인터뷰도 활동의 고민과 열망이 있지만 '무엇을 어디서 누구와' 해야 할지 모르는 분들에게 사회운동 단체와 활동가를 소개하자는 취지가 있죠. 그래서 더욱 공감해요.

상은 플랫폼씨 내부에 이 문제의식을 공유하는 사람이 여럿이어서 초년생 활동가 모임, 플랫폼씨 내 20대 청년 모임 등을 고민하기도 해요. 그 과정에서 다소 일방적일 수 있는 월례 포럼과 같은 형식을 넘어서 일반 회원이 스스로 모이고 기획할 수 있는 영역을 좀 더 넓힐 필요가 있는 거 같아요.

활동의 순간들

플씨 활동가로서 상은 님의 길이 궁금한데요, 몇 가지 질문을 준비했습니다. 첫 번째는 '나의 첫 ○○'이에요. 활동과 관련한 첫 경험을 얘기해주세요.

상은 대학 때는 학생운동을 5년간 했고, 그 후 2년 동안은 학생운동 중앙조직 스태프를 했어요. 사회단체에서 상근 활동한 초기에는 G20대응 민중행동 같은 연대체 담당을 많이 했고, 그 뒤에는 단체의 기관지를 기획하고 발간했어요. 2015~2016년에는 세월호 특조위 조사관으로 일했어요. 특조위가 종료된 후에 다시 원래 단체로 돌아가서 《오늘보다》라는 잡지를 함께 만들다가, 2018년에 그 단체에서 탈퇴했습니다. 그 후에는 활동 전망을 찾으며 대학원에서 사회학을 공부하고 석사논문을 썼고, 지금은 플랫폼씨에서 반상근해요.

처음으로 집회 사회를 본 기억이 나네요. 대학교 4학년에 올라갔을 때 '겨울 민중연대 투쟁단(이하 겨민투)'이라는 대학생 실천단의 단장이었어요. 겨민투는 여러 대학의 학생들이 모여 서울에 있는 투쟁 사업장을 돌면서 연대하는 기획이었어요. 추운 날씨에 학생회관에서 함께 자면서 활동했죠. 투쟁 사업장마다 집회 또는 선전전을 하니까 단장으로서 발언과 사회를 하루에도 몇 번씩 해야 했는데, 그때 순발력이 좋지 않아서 사회 보기가 너무 무서웠어요. 첫 사회는 기륭 공장 앞 집회였어요. '내가 잘못하면 어떡하지!' 하면서 엄청나게 긴장했어요. 단장이다 보니 이것저것 챙겨야 했고, 사회를 준비할 시간이 없었거든요. 발언은 3~5분 정도만 준비하면 되는데, 사회자는 1시간 내내 집중해야 하고 예기치 못한 돌발 상황을 주시해야 하니 무서웠죠. 그런데 앞 순서에서 민중가수 한 분이 민중가요를 부르는데 솔직히 너무 못 부르시더라고요.☺ '저분은 가수인데도 노래를 못 부르잖아. 난 학생인데 집회 사회 좀 못 보면 어때?'라는 생각이 들어 긴장이 확 풀렸어요.

플씨 ☺ 노래로 긴장을 풀어주셨네요.

상은 첫 활동비를 받았을 때도 기억이 나네요. 학생운동 때는 당연히 활동비를 받는 일이 없었죠. 그래서 상근활동 전에는 계속 신용카드를 당겨쓰는 삶을 살았어요. 2010년에 첫 활동비를 받자마자 밀린 카드값을 다 냈어요. 그렇게 첫 달 월급을 통째로 카드사에 바치고 두 번째 활동비부터 정말 내 돈이 됐다고 생각했죠.

학생운동을 졸업하고 생긴 또 다른 변화는 휴가가 생겼다는 거예요. 처음에 휴가를 5일 연달아 쓸 수 있다고 해서 놀랐어요. 주말까지 붙이면 9일을 쉴 수 있다고 생각하면서 정말 선배들한테 실망했어요. '이렇게 놀 생각만 하면서 어떻게 세상을 바꾸려는지 모르겠다'라고 생각한 어린 시절이 있었습니다. 첫 2년 정도는 그런 태도로 일했어요.

플씨 굉장히 기합이 들어가 있었네요.☺ 지금은 휴식을 어떻게 생각하시나요? 생각이 바뀌었을까요?

상은 강하게 들어갔죠. 지금은 그렇게 생각하지 않습니다. 많이 쉬어야죠. 주말, 공휴일에 일하면 안 된다고 생각하는데 정작 제가 못 지키네요. 그래도 최소한 여름휴가, 겨울휴가는 가야죠.

플씨 10년 넘는 세월 동안 계속 활동하고 싶었던 것은 아닐 수 있잖아요. 활동가의 삶을 중단할까 고민했을 수도 있고요. 관련해서 어떤 고민을 했는지, 활동을 이어가는 계기가 있었는지 들려주실 수 있을까요?

상은 아예 활동을 중단하는 정도의 고민은 없었던 것 같아요. 활동하면서 되게 힘든 일이 있었을 때, '몇 달 전 그때가 진짜 활동을 관두기 좋은 때였는데 그 시기를 놓쳤구나'라고 후회한 적은 있어요.

세월호 특조위 조사관 임기가 2016년 9월에 끝나고 원래 활동하던 단체로 돌아가기 전에 넉 달 정도 공백기가 있었거든요. 활동을 시작한 뒤로 처음으로 길게 쉬었어요. 은근슬쩍 활동을 관두려면 관둘 수도 있었죠. 그때 혼자 여행 가고 밀린 책 읽는 시간을 가졌는데 《대중봉기의 민주주의》, 《혁명가, 역사의 전복자들》과 같은 책을 읽었어요. 게다가 2016년 10월 말에 박근혜 퇴진 촛불집회가 시작되었잖아요. 직접 일선에 있지는 않았지만, 집에서는 혁명가들 책을 읽고 뉴스에서는 대중집회가 퍼져나가니까 운동의 역사를 이어가지 않을 수 없다고 자연스레 생각했어요. 책에서 읽은 내용 중 2차 세계대전 시기 이탈리아 공산주의자들이 파시즘으로 모이지 못했을 때의 밀린 당비를 나중에 담배로 정산했다는 에피소드가 기억나요. 읽으면서 '이렇게까지 사람들이 절실하게 갈망했던 다른 사회라는 것은 과연 무엇일까?'라는 생각을 했죠. 그래서 '운동으로 돌아가서 무엇을 해야 할지'가 고민이었지, '운동을 그만둘까'를 고민하지는 않았어요.

활동하던 단체로 2017년 초에 복귀했는데, 다음 해에 단체에서 나오게 될 일이 있었어요.[14] 저는 운동을 관둘 생각이 전혀 없는데 본의 아니게 활동이 중단되니까 아주 힘들었어요. 계속 활동하고 싶은데 어디서 뭘 해야 할지 모르겠더라고요. 하지만 '내가 활동하고 있다'라고 느끼기 위해 무작정 다른 단체에 바로 들어가고 싶지는 않았어요. 새로운 조직을 만들고 싶었지만, 당장 곁에 사람이 많지 않았죠. 지금 플랫폼씨에서 함께하는 활동가 중 한 명은 당시 제주도에 있었고, 또 다른 활동가는 중국에 있었어요. 멀리 있는 두 사람을 제외하고 주로 만나던 사람이 저 포함 셋이었는데 도저히 엄두가 안 나더라고요. '조직을 만들 수 있을까?', '그냥 알음알음 만나면 되잖아' 정도의 고민을 했죠. 그래서 대학원에 갔어요. 당장 하고 싶은 일이 많은데 주변 사람들은 각자의 기존 활동이 있으니까 저만큼 한가하진 못했죠. 그래서 먼저 나의 일상을 만들어야겠다고 생각했고, 새로운 시도와 병행할 수 있는 일상이 뭘까 하다가 대학원 진학을 선택했죠.

활동가의 3가지 요소: 조직, 조정, 돌봄

플씨 이야기를 듣고 있으면 사회운동을 향한 열정과 강력한 의지가 느껴져요. 그렇다면 활동가는 누구나 할 수 있다고 생각하시나요? 활동가에게 필요한 자질이 있다면 무엇일까요?

상은 '누구나 할 수 있다, 없다'라고 답하는 것이 의미 있는지 모르겠어요. 다만 사회운동에는 다양한 재능이 모두 필요하다고 생각합니다. 한 사람이 여러 재능을 가져야 한다는 말이 아니고, 여러 사람의 제각각 다른 재능이 다 필요하다고 봐요. 활동하는 공간의 문화마다 다를 수 있는데, 어떤 곳에서는 특정한 재능이 높게 평가돼요. 제가 학생운동 하던 조직의 중앙본부 성원은 글을 아주 잘 써야 했어요. 그래서 오히려 사람을 만나서 잘 조직하는 재능을 가지면 다소 묻히는 감이 있었죠. 되돌아보면 한 가지 능력만이 평가의 기준이 되는 조직문화는 그리 좋지 않은 것 같아요.

다양한 재능이 필요하다는 주장을 '잘하는 것만 잘하면 된다'로 자칫 잘못 인식할 수 있어요. 각자 특기가 있는 분야가 있고 각자 할 수 있는 자기 재능을 최대한 발휘하면 된다는 방향성은 문제가 있죠. 왜냐하면 누군가의 활동에 기대서, 혹은 더욱 심각하게는 누군가를 착취해서 활동할 수 있기 때문이에요.

그래서 각자 가지고 있는 특출한 재능과는 별개로 활동가 누구나 훈련해야 하는 자질이 있다고 이야기하고 싶어요. 조직, 조정, 돌봄 이렇게 세 가지예요. 가장 기본적인 첫 번째 자질은 조직이에요. '조직가 아닌 활동가는 없다'라는 말이 저의 중요한 원칙이에요. 운동은 사람을 모으고 요구를 모아내는 것에서 시작하니까요. 두 번째로 조정은 나이 들면서 조금 더 중요성을 알게 됐어요. 사람들에게는 다양한 의견이 있고, 성향 차이로 인한 갈등도 있기 마련이죠. 갈등의 상황에서 일이 성사되게 만드는 사람은 조정하는 사람이에요. 세월호 특조위를 하면서 특히 많이 느꼈어요. 안 보이는 곳에서 계속 단체와 단체를 만나게 하고, 일과 일을 만나게 하고, 사람과 사람을 만나게 하는 조정이 진짜 중요하죠. 세 번째로 돌봄은 비교적 최근에 생각했는데요. 사실 이 돌봄이 무엇인지 정확히는 모르겠지만, 조직과 조정 두 단어만으로는 포괄할 수 없는 어떤 측면이 있는 것 같아요. 특정 사람을 챙기는 것을 넘어서 공통의 공간을 돌보고 조직의 일 전체를 돌보는 것이 포함돼요.

물론 앞서 말한 세 가지 자질에 있어서 누구는 원래 더 잘하고 누구는 원래 잘 못하는 부분이 있어요. 하지만 저는 모두가 훈련해야 하는 자질이 조직, 조정, 돌봄이라고 생각해요. 요즘 유행하는 MBTI로 따지자면, 저는 훈련된 E라고 사람들이 얘기해요. 정말 날 때부터 E인 친구들이 저를 보면 I라고 생각하지만, 사실 이 정도까지 온 건 훈련의 결과예요.

사회운동에 필요하지 않은 성향과 재능은 없어요. 활동가는 정말 다양한 사람이 다 필요한 굉장히 특이한 직업군이죠. 누구는 "르네

상스적 인재"라고 표현하더라고요. 활동가적 자질은 굳이 구분한다면 '스페셜리스트-되기'보다는 '제너럴리스트-되기'가 어울리죠.

플씨 활동가는 종합 예술가라고 들은 적이 있어요. 실제로 진짜 자주 느껴요. 재정 업무하다가 갑자기 포스터 만들고, 사업 시작하면 사람도 모아야 하는 직업이에요. 조직, 조정, 돌봄을 누구나 훈련해야 한다는 말에 정말 공감해요. 활동가 스스로 계속 자기 자신부터 바꿔 나가고, 모르는 것을 배우며 훈련해야만 다른 사람을 바꿀 수 있다는 생각이 드네요.

활동가와 연구자 사이에서

플씨 연구자로서 정체성에 관련한 질문을 드리고자 해요. 연구자를 겸하는 활동가를 '연구활동가'로 일치시켜서 정체화하기 어렵다고 생각하신다고 들었어요. 연구자와 활동가의 역할을 어디까지 조율할 수 있는지 궁금하고, 아니라면 어떤 지점에서 조율이 힘들다고 생각하시는지 듣고 싶어요.

상은 앞서 언급한 활동가의 자질 이야기와 이어져요. 활동가는 조직, 조정, 돌봄을 해야 하는데 연구하면서 이 세 가지를 하기가 어려워요. 활동가는 끊임없이 새로운 사람을 만나야 하는데, 연구자는 연구를 잘하려면 자신을 고립시켜야 하는 면이 있어요. 사람 만나는 일에 시간을 쓸수록 글을 읽고 정리하는 시간이 줄기 때문에 연구활동가는 연구만 하는 사람보다 훌륭한 연구를 하기는 힘들다고 생각해요. 사실 연구자로서 가져야 할 연구 질문과 활동가로서 필요한 고민이 다르기도 해요. 활동가로 내가 팔로우해야 하는 의제는 항상 바뀌지만, 연구자는 전문가로서 자신의 분야에 남들이 관심이 없더라도 계속 동향을 따라잡아야 할 의무가 있거든요. 그래서 조화를 찾기가 쉽지만은 않아요.

어쩌다 보니 활동가와 연구자 사이의 경계인이 됐는데, 그래서 스스로 양쪽의 한계를 인지해야 한다는 생각이 있어요. 예를 들면, 연구자로서 다루는 재난이나 안전 사회 문제를 제가 플랫폼씨의 중심 의제로 가져올 수 있어야지만 활동을 잘하는 것은 아닐 거예요. 활동가로서는 활동 조직에 필요한 일을 해야죠. 활동과 연구가 일치하지 않을 때는 제 시간을 조정하면 되고요.

플씨 활동가와 연구자의 역할이 달라서 완전히 융합은 안 된다는 얘기네요. 그렇다면 경계인이 할 수 있는 역할은 어떤 것인가요?

상은 특조위 조사관으로 일하고 난 후 세월호 진상규명에서 사회운동이 중대한 역할을 했지만, 한계도 있었다는 걸 느꼈어요. 그 한계는 세월호 진상규명 운동만이 아니라 한국 사회운동 전체가 가진 한계이기도 하죠. 예컨대 구조적 문제를 다루려고 했지만 의도치 않게 *법적 책임을 묻는 운동으로 축소*되었죠. 세월호 참사 관련해서 사회운동이 많은 역할을 할 수 있는 국면이 있었지만, 지금은 상황이 어느 정도 달라졌어요.

연구가 현재의 운동과 즉각 연결되지는 않을 수 있어요. 그래도 운동의 역할과 한계를 잘 평가하는 것이 중요하고, 제가 경계에 있으면서 뭔가 할 수 있는 일이 있다면 이런 거겠죠. 왜냐하면 제가 쓴 관점에서 세월호 참사 운동을 비판하는 논문은 학계에서 절대 쓸 수 없었을 거예요. 학자들은 운동을 평가하기 힘들어하고, 실제로 알기가 어렵죠. 저는 활동가로서 참여했고 자기 평가의 측면도 있었기 때문에 가능한 연구였다고 생각해요.

박상은 활동가는 석사논문 〈재난 인식론과 재난조사의 정치: 세월호 참사 조사위원회를 중심으로〉에서 세월호 참사 조사 및 진상규명 요구가 제대로 받아들여지지 않으면서 사법주의와 진영론이 강화되기 시작했다고 주장했다. 특히 세월호 참사를 바라보는 인식이 '책임자를 찾아내 법적으로 처벌해야 한다'라는 사법주의로 흐르면서 세월호 선체조사위원회도 침몰 원인에 대해 합의된 결론을 내지 못했다고 지적했다.

사회운동은 운동에 대한 명확한 적대 대상의 지정과 구조적 근본 원인의 규명 두 가지를 모두 해내는 과정이다. 운동의 적이 명확하다는 것은 무엇이 부정의한가를 잘 이야기할 수 있는 방식이다. 동시에 개인 혹은 집단에 머물지 않고 체제 전체의 근본 원인을 짚고 해결책을 제시하는 것이 사회운동의 목표이기도 하다. 사법주의는 후자가 약화되면서 근본적인 해결책이 아닌 '누가 잘못했는가?'의 법적 책임을 묻는 것에만 운동이 귀결되는 경향을 일컫는다. 그렇게 되면 사회운동의 상상

도 계속 사법적인 영역으로 축소되는 악순환에 빠질 가능성이 높다.[15]

운동을 횡단하는 연대

플씨 여러 모임을 진행, 담당하시죠. 먼저 플랫폼씨에서 담당하는 '노동운동 잘하자 모임'은 어떤 모임인가요?

상은 활동가들이 정말 일이 많고 바빠요. 시야를 넓게 가지고 일해야 하는데 너무 바빠서 자기 담당 업무에만 갇힐 위험이 있어요. 노조 활동가들도 그렇고요. 본인이 맡은 사업, 본인이 소속된 사업장, 본인이 속한 산별노조 같은 테두리 안에 갇혀버릴 수 있죠. 그래서 의식적인 시야 확장이 필요하고, 시야를 넓히면 자기 일이 더 잘 보이기도 해요. 두 번째로 자기 일만 계속하다 보면 소진되는 것도 있어요. 물론 바빠서 소진되는 측면이 크지만, 자기가 맡은 일만 하다 보면 길이 찾아지지 않을 때가 있어요. 긴 호흡을 가질 필요가 있죠. 그래서 우선은 2021년에 노동세미나 모임을 만들었어요. 노동운동, 노동시장, 노사관계 관련해서 최근 발간된 연구서를 읽고 시야를 넓혀보려는 시도였죠. 그런데 노조활동가들이 다들 바쁘고 참석이 힘들어서, 점점 비노조활동가들 중심으로 세미나가 돌아가게 된 거예요. 그래서 2021년 말에 세미나 모임은 중단하고, '노동운동 잘하자 모임'으로 좀 더 가볍게 재편하려고 하고 있습니다.

플씨 '책 읽기 모임'도 플씨에서 지속하는 모임 중 하나예요.

상은 지금 플랫폼씨의 책 읽기 모임은 사람들이 가장 쉽게 진입할 수 있는 경로로 자리 잡은 것 같아요. 처음엔 마르크스주의 책 읽기 모임으로 시작해서, 어려운 책을 읽은 적도 있었는데, 진입장벽이 높다는 생각이 들어서 쉬운 책으로 넓혔어요. 분야를 넓히면서 지금은 매달 다른 책을 읽어요. 관심사가 다양한 분들이 올 수 있게 되었죠. 그만큼 다양한 토론을 할 수 있고, 지속해서 참여하면 평소에 접하지 못한 책을 읽을 수 있어요. 책 읽기 모임만 나오다가 신규 회원 가입하는 분들도 많아요. 2021년 초《커밍 업 쇼트》를 읽었을 때는 평소 10명 남짓 들어오던 모임에 19명이 참여했어요. 모두 책 읽고 의견 나누는 공간이 필요했던 것 같아요.

플씨 '다른 세계로 길을 내는 활동가 모임'(이하 길내는모임)에 많은 역량을 투여하고 계시죠. 길내는모임은 플랫폼씨를 포함해 많은 사회운동단체가 참여하고 있는 연대체인데, 어떤 문제의식으로 꾸려졌는지 궁금합니다.

상은 길내는모임은 인권운동사랑방이 2021년 봄에 초기 제안을 해서 모였어요. 단체들이 개별 사안에 열심히 대응하는데, 사회운동 진영 전체의 전망이나 큰 그림은 잘 안 보이는 거예요. 사안별 연대체는 한국의 독특한 운동 양식이자 장점이죠. 그런데 사안별 연대만 하다 보니 사회운동 전체의 전망을 공유하고 공통의 거시적 정세 인식을 토론하는 시도가 많이 줄었어요. 그래서 한국 사회운동이 지금 어떤 상황에 부닥쳐 있는지 다 같이 얘기해보자는 제안이 왔어요. 문재인 정부 시기는 이명박, 박근혜 정권 당시와 비교해서 사회운동을 노골적으로 탄압하지는 않았죠. 중요한 문제의식은 '체제내화' 였어요. 정권의 사회운동 흡수 혹은 사회운동의 민주당 의존이 심해졌다는 진단이었어요. 물론 체제 내부에 포섭되는 현상이 문재인 정권 시기에만 존재하지는 않았죠. 하지만 개별 제도 개선을 넘어 한국 자본주의 체제 자체의 변화라는 큰 전망 속에서 여러 부문의 운동단체가 함께 움직이려면 이 경향부터 극복해야 한다는 고민이 모였던 것이죠.

플씨 다양한 단체와 고민이 모여있는 길내는모임에서 추진하는 사업이 궁금합니다.

상은 2021년 11월에 길내는모임 출범을 앞두고 공개 토론회를 했어요. 21세기에 맞는 새로운 체제 전환을 위해 운동의 키워드 세 가지를 정리했는데, 그 키워드가 기후 위기, 노동, 페미니즘입니다. 기후정의운동, 노동운동, 페미니즘운동을 단순히 부문 운동으로만 보지 말고, 이 키워드를 통해 변혁운동의 방향을 재편해야 한다는 뜻입니다. 2022년에는 세 주제의 포럼을 진행하는 것을 목표로 포럼팀을 구성해서 활동하고 있습니다.

첫 번째, 기후정의운동은 기후정의동맹[16]이라는 연대체와 협업해요. 일단 가장 중요하게 다루고자 하는 것은 소위 기후 취약계층이라고 여겨지는 사람들이 스스로 정치적 주체로 등장하지 못하고 단순히 기후 위기에 취약한 사람들로만 호명되고 있다는 점이에요. 앞으로 어떤 방식으로 이 문제를 인식해야 하는지, 해결할 수 있는지 논의하고자 해요.

두 번째, 제가 참여하는 노동운동 부문은 세 가지 문제의식을 주제로 공개 포럼을 기획하고 있어요. 첫째는 노동시장 이중구조 속의 비정규직 노동자나 변화하는 노동 형태에서 증가하는 플랫폼 노동자와 같이 기존 노동조합 형태로 단결하기가 어려운 사람들과 함께 변화를 이끌 방법을 모색하는 것입니다. 당사자들이 노조를 만들기 위해 상담해도 법이나 제도 혹은 해당 기업의 상황 등 조건이 여의찮아 돌려보내는 경우가 많다고 해요. 그래서 의지가 있어도 자기 조직화를 하기 어려운 사람들과 같이 변화를 도모하려면 무엇을 해야 하는지 찾으려고 해요. 둘째는 첫째 문제의식을 확산하기 위해서 온 사회의 힘을 모을 수 있는 상징적인 사회적 요구, 시대적인 요구를 찾는 거예요. 예컨대 2000년대 초반부터 지금까지 사용하는 비정규직 철폐와 같은 구호를 찾는 거죠. 셋째는 노동조합 운동과 노동조합 바깥 사회운동의 관계 설정이에요. 예를 들면 '미조직 노동자'라는 용어에서 시작할 수 있겠죠. 노동조합은 아직 조직되지 않은 노동자를 조직하기 위해 책임감을 드러내고자 이 용어를 쓰죠. 그런데 노조 바깥에서 보면 '노조로 조직된 노동자가 아닌 이들을 미조직이라는 용어로 나누는 것이 맞는가?'라는 문제의식이 있다고 해요. 위와 같은 고민을 서로 이해하고 소통하려는 시도가 이루어지고 있어요.

세 번째, 페미니즘 팀도 하반기 포럼을 목표로 세미나를 진행하려고 합니다. 페미니즘에서도 세 가지 문제의식으로 세분화하고 있어요. 첫째는 '사회운동이 어떻게 페미니즘을 만나야 할 것인가?'입니다. 둘째는 페미니즘의 시선에서 오늘날의 자본주의 시장경제와 노동문제를 어떻게 봐야 하는지예요. 그리고 셋째로는 페미니즘의 관점에서 본 기후 정의와 탈성장입니다. 페미니즘 팀은 다른 부문과 서로 만나는 방식으로 포럼을 기획하고 있어요.

지금껏 각자의 위치에서 위의 세 가지 키워드를 중심으로 운동해 온 단체와 활동가가 함께 논의를 시작한 단계예요. 사회운동은 토론과 세미나만으로 만들어 갈 수 있는 것은 아니어서 물리적 실천 활동을 해야죠. 다만 지금은 길내는모임이 출발한 단계이고, 지금껏 따로 떨어져서 운동해 온 시기가 너무 길었기 때문에 이야기 나누고 서로 이해하는 것이 급선무라고 판단했습니다. 2022년 한 해는 먼저 서로를 잘 이해하는 것이 목표예요. 앞으로 공동의 합의 지반 위에서 더 많은 논의를 할 수 있도록요. 실용적으로만 모이지 말고 조금 더디더라도 계속 공동의 전망을 그리려고 합니다.[17]

'플랫폼 노동'은 IT 기술로 구축된 플랫폼을 통해 임금·소득을 얻는 것을 목적으로 하는 노동이다. 플랫폼 노동은 정의상 기존의 사용자-노동자로 대표되는 노동관계와 다른 양상을 보인다. 웹이나 모바일 앱에서 공개된 단기 일자리와 업무 등을 획득하는 한편, 웹 또는 모바일 앱의 소유 회사에 의해 대가를 지불받고 노동 제공자가 일의 수용 여부와 시기를 선택하며, 그 노동을 대인 접촉 방식 또는 온라인으로 수행하는 노동 형태다. 플랫폼 노동자는 전통적인 근로자와 달리 계약체결의 형태가 '근로계약'이 아닌 도급 및 위임의 형태를 취하는 경우가 많다. 하지만 실질적인 취업 관계에서 특정 사업주에게 인적·조직적·경제적 종속성이 있는 통상적인 근로관계와 유사하다. 플랫폼 노동자는 실질적으로는 플랫폼 사업주에게 종속되지만, 형식상 프리랜서 내지 자영업자로 여겨져 노동법의 보호를 받지 못하는 경우가 많다.

플씨 운동단체가 함께 모여서 공동의 활동 방향과 장기적 전망을 모색하는 자리가 이번이 처음은 아닐 것 같아요. 국내에 어떤 사례가 있을까요?

상은 저는 2000년대 초에 학생운동으로 활동을 시작했는데, 당시에 전국민중연대라는 단체가 있었어요. 민주노동당, 민주노총, 전국농민회총연맹, 문화연대 등 37개의 진보적 대중조직과 운동단체가 모여 만든 소위 '상설연대체'였죠. 한국의 거의 모든 사회운동 정파와 단체가 속한 연대체였고, 여기에서 각자의 차이를 인정하면서 공동의 정세 전망을 토론했어요. 전국민중연대는 1999년 시애틀 투쟁 이후 2000년부터 준비위원회를 꾸려 2003년 출범해서 2007년에 분열한 단체예요. 제가 03학번이고 2008년에 졸업했으니 제 학생운동의 시기와 전국민중연대의 존속 시기가 겹치죠. 전국민중연대의 강화는 제가 속한 학생운동 그룹의 중요한 목표였어요. 그래서 제가 특히 사회운동 전체의 연대 논의를 중요시하게 된 것 같아요.

2010년에는 반MB공동투쟁본부를 거쳐 '민중의 힘'이라는 이름으로 전국민중연대의 성과를 복원하려는 시도가 있었어요. 저는 당시 해당 연대체에 파견된 막내 상근자였죠. 민중의 힘에서도 좌파 운동진영과 민족주의 운동진영이 같이 활동하며 차이를 좁히려고 많이 노력했어요. 좌파가 주로 주력하던 유성기업 투쟁이나, 민족주의 운동진영이 주력하던 미군기지 반대 투쟁에 서로 가는 등 1년 남짓 교류를 시도했죠. 하지만 결국 서로 신뢰 관계를 쌓지 못하고 다시 연대체가 유명무실해졌어요. 또 다른 사례로 여러 사회운동 단체가 함께 시도한 2007년 사회운동포럼이라는 행사가 있었어요. 2000년대 초반은 세계사회포럼, 비아캄페시나(국제 농민운동 연대) 등 대안 세계화 운동이 전 세계적으로 호응을 얻던 시기였어요. 하나의 운동과 다른 운동이 서로 가로지르고 만날 수 있다는 점에 매우 희망을 얻고 고무되어 있었죠. 한국도 국제적 상황의 영향을 받아서 공통의 전망과 과제를 논의하려고 시도했던 것 같아요. 그러나 사회운동포럼은 2007년에 한 번 열리고 다시 열리지 못했어요. 차이를 극복할 수 있다는 희망을 품었지만, 정작 또 함께하면서 차이를 확인한 부분도 있었기 때문입니다.

이후 유사한 시도는 이루어지지 못했고 한국 민중운동은 구심이 사라진 채로 각자의 운동을 해왔어요. 그러다 보니 사회운동 단체들 사이에서도 정세 인식의 틈이 커진 것 같아요. 예를 들어 홍콩과 미얀마에서 벌어진 민주화운동을 평가하는 관점이나, 우크라이나 전쟁에 관한 정세 인식도 현재는 단체별로 차이가 상당히 크죠. 앞의 시도가 비록 짧은 실험으로 끝났다고 하더라도, 이를 경험하고 기억하는 사람이 상상하는 운동과 한 번도 유사한 시도를 겪지 않은 사람이 상상하는 운동은 그 방식이 다르다고 생각해요. 그래서 이 문제의식을 되살리고 싶어요. 운동을 횡단하는 연대가 절실합니다.

운동과 운동

플씨 준비한 질문이 거의 끝나가요. 활동가의 체력 관리를 이야기해 보고 싶어요. 최근 필라테스를 하고 계시죠. 본인에게 잘 맞는 운동인지, 또 어떻게 시작했는지 듣고 싶어요.

상은 상근활동가를 시작하고 꾸준히 운동했어요. 처음에는 5년 정도 요가를 했고 특조위 조사관 때 쉬었다가 다음에는 헬스를 했어요. 처음에는 헬스장에 그냥 다녔는데, 병원에서 PT를 한번 받아보라고 추천해서 특조위 조사관 하며 번 돈을 다 PT에 부어가면서 헬스를 배웠어요. 그때 선생님이 기초를 진짜 잘 가르쳐줬어요. 등에도 근육이 있는지 모르는 수준의 건강 지식을 갖고 있었는데 근육 위치부터 그에 맞는 운동까지 정말 잘 배웠죠. 그런데 경추통이 계속 문제가 돼서 재활 운동의 성격을 가진 필라테스가 저의 생존에 필요했어요. 그래서 필라테스를 시작한 거예요. 아무튼 코어 근육은 미리 챙기셔야 합니다! ☺

플씨 건강 조언까지! 오늘 많이 배워가요. 이제 정말 마지막 질문이에요. 상은 님에게 운동이란 무엇인가요?

상은 저에게 운동이란 '연결'이에요. 한국 사회의 사람들이 함께 살아간다고 하지만 자세히 보면 다 갈라져 있어요. 그래서 울산에 사는 현대차 정규직 노동자가 플랫폼 노동하는 젊은이의 삶을 잘 모르고, 화이트칼라 사무직 노동자가 공장에서 일하는 노동자의 삶을 잘 모르며, 한국인 노동자는 이주 노동자의 삶을 잘 몰라요. 조금만 주변을 돌아보면 다 가까이에 있는데, 이렇게 서로 모를 수가 있냐는 질문을 던지게 돼요. 이 틈을 메우고 계속 연결을 만들어야 해요. '서로 다른 삶을 살아도, 그리고 각자의 이해관계가 서로 떨어져 있을지 몰라도 사실 우리는 연결되어 있다.' 이 사실을 계속 함께 확인하는 것이 핵심입니다. 우리는 연결되어 있다고 계속 말하고, 움직이고, 맥락화하고, 개입하는 역할을 활동가와 사회운동이 해야죠.

운동 간 연결과 횡단을 통해 연대를 확장함으로써 전체적 시야를 확보하는 동시에 자신의 위치에서 어떤 방향으로 나아가야 하는지 치열하게 고민하고 실천하는 박상은 활동가. 그는 플랫폼씨와 길내는모임 등 여러 단체에서 사회의 변화를 위한 기반을 만들고 있다. 그의 철학과 가치관에서 많은 점을 배울 수 있었다. 상은이 상상한 운동이 변혁의 불씨를 틔울 날을 기대한다.

딜라이브 지부가 사측으로부터 사회공헌기금에 더해 사회연대 활동을 할 수 있는 노동조합 활동 시간을 500시간 얻었어요. 예를 들어 전체 조합원이 100명이라고 하면 100명의 조합원이 모두 1년에 5시간씩 월급을 받으면서 지역운동을 할 수 있어요. 기금 확충을 넘어 조합원의 사회연대 활동 시간을 얻어내는 투쟁을 전개했으니 정말 잘했다고 평가해야 해요. 또 다른 사례는, 작년에 단체협약하면서 강원도 원주에 있는 성공회 나눔의집을 위해 LG헬로비전 비정규직 지부가 사회공헌기금을 딴 거예요. 공동체 생활하는 탈가정 청소년을 위해 시설과 냉난방비 지원에 기금을 투입하자고 사측을 설득했죠.

매일매일 혁명을

☺ 박장준

〈미디어오늘〉과 〈미디어스〉에서 기자로 일했고, '더불어 사는 희망연대노동조합'에서 2016년부터 2022년까지 정책국장과 조직국장으로 활동했다. 현재는 '공공운수노조 서울지부'에서 활동을 이어가고 있다.

2021년 9월

추억과 기억, 아주 무거운 견인추

플씨 나의 첫 집회 사회, 나의 첫 발언, 나의 첫 성명, 나의 첫 활동비처럼 처음과 관련한 이야기 부탁드립니다.

장준 첫 노동조합인 '전국시설관리노동조합 고려대지부'가 떠올라요. 대학 새내기 시절인 2003년에 실태조사 하면서 동지들을 만났어요. 그 해 가을과 겨울에 노동환경 실태조사를 했는데 관리자를 피해 새벽 4~5시에 캠퍼스를 돌아다녔어요. 2004년 봄에는 인권운동사랑방과 함께 조직화 사업을 했어요. 시설관리노동자 고용 승계, 노동시간 연장 반대 등을 요구하며 본관 점거 농성했고, 여름에 노동조합을 건설했죠. 동지들과 함께 울고 웃었고, 함께 불타올랐고, 당당하게 투쟁했고, 기어코 승리했습니다. 인생 첫 노조를 떠올릴 때마다 행복해요.

플씨 첫 노조 경험이 기자로 일했을 때나 노조 간부로 일할 때 영향을 준 것 같은데, 본인에게 어떤 자산이 되었는지 궁금합니다.

장준 당시의 경험은 저에게 중요한 자산이에요. 지금은 조합원을 조직하는 경로를 알지만, 그때는 아무것도 모르잖아요. 새벽 3시, 4시, 5시에 가서 노동자 실태조사를 했어요. 같은 사람을 세 번, 네 번, 다섯 번씩 만나서 계속 관계를 쌓았죠. 쉼터도 자주 찾아다녔고 신뢰를 얻는 과정이 있었어요. 고려대 지부에서 조합원이 퇴직할 때는 항상 노동조합에 왔어요. 본인이 노동조합 활동하면서 너무 기분 좋았고 엄청 행복했다고 이야기하면서 우는 조합원도 많았어요.

지금은 특정 사업장, 몇십 명 있는 사업장을 맡는 전임 간부가 아니라면 한 조합원을 1년에 한두 번밖에 못 만날 거예요. 노동조합 재정이 안 되니까 간부 한 명이 복수의 사업장을 담당해요. 그렇지만 간부는 기술자가 되지 않으려고 노력해야 해요. 저의 첫 노조 경험은 조합원과 밀착하고 함께 있는 것이었어요. 조직의 환경, 활동의 환경을 그런 쪽으로 더 추구해야 해요. 늘 많은 것을 신경 써야 해서 조직 체계나 조직 문화가 첫 노조 같은 방향이 되기가 쉽지 않지만 '예전에 했던 방향이 더 맞구나', '조합원을 자주 만나야 하는구나' 생각하고 그렇게 하려고 노력해요. '조합원과 관계를 쌓고 서로 신뢰하는 것이 제일 중요하다'라고 계속 곱씹어요. 스무 살 첫 노동조합의 추억이, 그 기억이 아주 무거운 견인추로 제게 남아 있어요.

플씨 기자 생활을 오래 하다가 일터를 '더불어 사는 희망연대노동조합'(이하 희망연대노조)으로 옮기셨죠. 처음에 기자를 하게 된 이유, 노조에서 일하게 된 이유, 또 기자와 노동조합 활동가 간의 차이가 궁금했어요. 전직하셔서 드릴 수 있는 질문인 거 같아요.

장준 언론사에 취직한 이유는 약간 비겁한데, 조금은 양심을 지키면서 살 수 있는 직업이라고 봤으니까요. 언론사에 있는 많은 운동권이 비슷한 마음으로 다니지 않을까요? 처음에는 〈미디어오늘〉에 취직했다가 〈미디어스〉로 옮겼어요. 〈미디어스〉 멤버들과 같이 일해보고 싶어서요. 〈미디어스〉가 규모나 영향력 측면에서 더 작은 언론이고 월급도 더 적었지만, 같이 일하면 더 재미있게 일할 수 있겠다 싶었죠.

플씨 노동조합에서 일하기 시작한 것과 관련해서 "희망연대노조 취재원에게 조직화 되었다" 이렇게 말씀하셨다고 들었어요.

장준 희망연대노조 보면서 '운동과 현장에 엄청나게 개입하면서 세상을 바꾸는 운동이 가능하구나'라는 충격을 받았어요. 예를 들면 '비정규직이 해고됐는데 왜 원청 정규직이 올라가서 점거하고 한 달 동안 파업을 하지?' 싶었죠. 어떻게 그런 운동을 조직해내는지 궁금하고 신기하고 존경했죠. 어려운 사업을 해나가는 모습에 감화됐어요. 그래서 채용할 때 간부로 지원했어요.

플씨 언론사와 노조 두 곳에서 일해본 처지에서 어떤 차이가 두드러지던가요?

장준 가장 큰 차이는 월급이 줄었어요. 〈미디어오늘〉 월급이 가장 많았고 〈미디어스〉와 노조로 오면서 월급이 계속 줄었어요. 노조에서 5년 근속으로 일하면서 월급이 올라 이제 어느 정도 복구된 것 같아요. 생활방식도 많이 바뀌었죠. 생활이 불규칙해져서 스트레스가 크고요. 3시에 조기 퇴근하는 날이 있는가 하면, 어떤 날은 밤새 농성장을 지키고, 어떤 날은 조합원들이랑 늦게까지 뒤풀이를 하죠. 아무리 기자의 패턴이 불규칙하다지만, 레거시 미디어(legacy media)의 기자라면 어쨌든 마감 시간은 정해져 있어요. 9시에 뉴스를 한다면 6시까지 다 마감해요. 그런데 노동조합은 달라요. 조합원이 퇴근하고 만나야 하잖아요. 아니면 출근하기 전에 만나거나. 조합원이 노조 간부한테 전화할 수 있는 시간도 출근 전 아침이나 점심시간, 퇴근하고 나서죠. 그러니까 점심시간에도 전화를 받는 일이 많아요. 그리고 저녁 11시, 12시에 전화해서 평소에 하고 싶었던 이야기, 해결해야 하는 문제를 이야기하는 분도 계세요.

노조에서는 관계를 조정하거나 불만을 받아내는 역할도 해요. 임금인상을 이뤄도 인상 폭에 불만을 가진 조합원이 있죠. 단체협약하면 보통 요구안 5개 중에 많으면 3개, 적으면 1~2개 따요. 절실했던 요구를 얻지 못한 조합원이 갖는 불만을 간부가 받아낼 수밖에 없죠. 감정노동하면서 정책 업무, 교육 선전, 선동, 문서 생산 등을 다 해야 하니까 평소에 일하는 시간이 길고 힘들죠.

사람을 설득해서 거리에 세우고, 조직 투쟁을 책임감 있게 진행하고, 그리고 지지 않아야 하는데 이런 일도 마음의 부담이 크죠. 사람을 조직하지 못하면 일단 진 거잖아요. 투쟁하는데 우리 조합원 100명 중에 50~60명밖에 안 나오면 이미 진 거예요. 투쟁을 조직할 때부터 조합원을 설득해서 80~90명이 나올 수 있게 해야죠. 그래야 나온 사람들이 실망을 안 해요. 그 과정이 너무 힘들어요. 왜냐하면 우리 조합원 평균 임금이 300만 원이 안 돼요. 세후로 따지면 100만 원대도 있어요. 그런데 투쟁하면 임금이 깎이잖아요. 깎이는 임금을 노조에서 못 줘요, 돈이 없으니까. 하루에 10만 원을 포기하면서 투쟁 나오는 것이 솔직히 쉽지 않아요. 조합원이 투쟁하는 명분을 알고 정당성이 있어야 계속 나오는데 설득하는 과정에서 A부터 Z까지, 다 욕먹고 다 책임져야 해요. 물론 그 과정에서도 보람은 있죠. 설득하는 과정에서 '생각을 고치게 됐다', '동료들 조직해오겠다' 하는 반응이 나오면 뿌듯해요. 그런 점 때문에 계속 활동하는 것 같아요.

조합원의 사회연대 활동 시간을 얻어내는 투쟁

플씨 장준 님이 활동하는 더불어사는희망연대노동조합은 2009년 설립된 초기업 단위 지역일반노동조합이죠. 케이블 설치 기사, 콜센터 상담원, 방송 스태프 등으로 구성되어 있고요. 정규직이 비정규직 파업을 지원하고 단체협상으로 사회연대기금을 조성해서 지역사회에 기여하는 등 노동운동에서 새로운 시도를 한다고 알려져 있어요. 딜라이브, 티브로드, 엘지유플러스 비정규직 투쟁이 대표적인데, 희망연대노조 자료를 보면 '우와 노조가 저런 것도 해?' 하는 운동이 많더라고요.

장준 '정규직-비정규직 연대임금'과 '간부 순환제'가 대표적이에요. 먼저 정규직-비정규직 연대임금에 관해 말하면, 임금요구안을 세울 때 희망연대노조의 원칙은 '하후상박'과 *'정액 인상'*이에요. 고임금은 상대적으로 적게, 저임금은 상대적으로 높게 임금을 인상해 조합원 간의 임금 격차를 줄이자는 취지예요. 하후상박은 두 가지 방식으로 이뤄져요. 하나는 상대적으로 임금이 낮은 직군의 기본급을 더 올리는 것이고, 다른 하나는 사업장 최저 통상임금을 정하는 거예요. 하청업체 비정규직으로 외주화되어 있는 기간 동안 벌어진 임금 격차가 있는 경우, 같은 사업장이라고 해도 직군 간 격차가 있는 경우엔 이런 방식으로 임금요구안을 제출해요.

'간부 순환제'는 조직과 운동에 긍정적 효과가 커요. 희망연대노조 임원, 각 지부 임원과 상근집행부는 '2년 임기'를 원칙으로 해요. 새로운 인물로 노동조합 활동을 혁신하기 위해서죠. 다만 지회 수준에서는 간부 순환이 어려워요. 조합원이 10명 안팎인 소수 지회는 특히 그렇죠. 현장 간부 육성과 간부 순환제 정착은 민주적인 노동조합 운영의 중요한 과제 중 하나예요.

정액 인상은 임금 상승률에 구애받지 않고 고정금액을 일괄적으로 인상하는 방식을 말한다(3만 원 인상, 10만 원 인상 등). 이와 다르게 정률 인상은 받는 임금액에 임금인상률(%)을 곱해 지급하는 방식이다(200만 원×임금인상률 2% 등). 정액 인상은 '연대임금'이라고도 부르는데, 임금이 낮은 비정규직과 기능직에 유리하다.

플씨 올해 비정규직은 백신 접종 휴가를 못 받거나 덜 받는 등 차별 관련 뉴스가 많았어요. 희망연대노조에서 여기에 맞선 싸움이 있었죠. 지금 상황은 어떤가요?

장준 백신을 맞은 노동자라면 당연히 백신 휴가를 받아야 하잖아요. 그런데 비정규직이라는 이유로 보장하지 않는 사업장이 있었어요. SK브로드밴드 하청업체 사업장, LG헬로비전 하청업체 사업장, HCN 하청업체 사업장이 그랬어요. 그래서 노동조합이 공격적으로 문제를 제기했죠. 청와대 앞에서 기자회견을 하거나 원청 기업을 상대로 투쟁했어요. 그 결과 부족하지만 일정 수준의 백신 휴가를 쟁취했죠.

플씨 지역사회운동노조의 실제 사례를 만들기 위한 문제의식에서 희망연대노조가 출발한 것으로 알고 있는데요. 실제로 지역사회운동노조의 슬로건을 걸고 여러 시도를 하면서 사회운동 안팎에서 유명해졌잖아요. 가장 소개하고픈 사업이 있을까요?

장준 지역에서 사회운동의 쟁점을 찾고 지역에서 운동하는 주체를 만들어가려고 해요. 예를 들어 우리 조합원들은 가정 방문 설치 수리 기사가 많아요. 이에 착안해서 지역별로 구석구석 연대가 필요한 곳을 포착하고 직접 도와요. 이 사업의 제 개인적 평가는 분명해요. 충분하지 못했다. 문제의식을 던지긴 했지만, 충분히 못 던졌고 활동도 충분하지 않았다는 거죠. 그래서 사회연대사업을 더 적극적으로 주목, 평가하고, 사업을 질적 · 양적으로 확대, 강화해 나가야 한다고 생각합니다. 노동조합이 사업장에 갇히는 순간 그저 그런 노조, 예측

가능한 노조, 관리 가능한 노조, 실리주의 집단이 되기 쉽습니다. 지역사회에서 활동하는 여러 사회운동과 접점을 만들어야만 노조가 지속 가능하다고 생각합니다.

한계가 있었지만, 그래도 모범사례를 말씀드릴게요. 딜라이브 지부가 사측으로부터 사회공헌기금에 더해 사회연대 활동을 할 수 있는 노동조합 활동 시간을 500시간 얻었어요. 예를 들어 전체 조합원이 100명이라고 하면 100명의 조합원이 모두 1년에 5시간씩 월급을 받으면서 지역운동을 할 수 있어요. 기금 확충을 넘어 조합원의 사회연대 활동 시간을 얻어내는 투쟁을 전개했으니 정말 잘했다고 평가해야 해요. 또 다른 사례는, 작년에 단체협약하면서 강원도 원주에 있는 성공회 나눔의집을 위해 LG헬로비전 비정규직 지부가 사회공헌기금을 딴 거예요. 공동체 생활하는 탈가정 청소년을 위해 시설과 냉난방비 지원에 기금을 투입하자고 사측을 설득했죠. 나눔의집을 통해서 지역의 다른 단체들과 관계를 맺고 노조가 할 수 있는 사업을 더 발굴하는 기회가 열렸어요.

이외에도 각 지부가 지역에서 지역아동센터 환경 개선, 장애 가정 집수리 등을 위주로 활동해요. 전국 여러 지역에서 하죠. 빈곤 청소년에게 생리대를 주는 사업도 있고요. 그런 과정에서 지역사회와 노동조합의 관계가 만들어져요. 지역 단체들과 관계를 맺고 앞으로 해나갈 수 있는 사업이 많아요. 예를 들어 노인 공동체에 반찬을 배달하는 사업도 조합원들이 함께할 수 있죠.

플씨 희망연대노조가 하는 사업에 한계가 있다고 하셨는데요. 지금 희망연대노조가 겪는 어려움은 뭔가요?

장준 몇 가지 해결해야 할 과제가 있어요. 먼저 활동가 개인의 관점에서, 우리 노조는 활동가의 에너지가 단기간에 빠르게 소진되는 곳인 것 같아요. 제가 5년을 활동했는데, 여유를 가지고 차분하게 활동을 평가하고 전망을 세울 시간이 없었어요. 거의 쉬지 못했고 휴가도 거의 못 썼어요. 물론 간접고용 비정규직 사업장을 담당하면서 활동가이자 조직담당자로서의 역량은 무지막지하게 자랐어요. 하지만 그만큼 소진됐죠. 저 말고 몇몇 활동가가 번아웃 상태에 있어요. 활동가의 그로기(groggy) 상태를 조직적으로 해결해야 하는 상황이라고 봐요.

조직적 관점에서 이야기하면, 우리 노조 사업장들은 전국 사업장이면서 간접고용 비정규직 사업장이라 현안이 정말 많아요. 사업장별로 상식 이하, 상상 이상의 갑질과 착취가 난무해요. 그래서 본조(노동조합 중앙)에서 지부별로 조직담당자를 배치하죠. 그런데 지부, 지회가 계속 늘면서 조직담당자를 배치하기 어려운 상황입니다. 본조 활동가들은 1인 2역, 3역을 해야 하죠. 저도 본조의 정책담당자이자 LG헬로비전 비정규직 지부 조직담당자를 맡고 있어요. 조직담당자로서 현안 대응, 임금협약 및 단체협약 교섭, 정규직화 교섭, 조합원 교육은 물론이고 정책담당자로서 정책사업을 기획, 집행해요. 체력적으로 정신적으로 힘들 때가 많아요.

또 다른 곤란함은 조직의 규모가 커져 버려서 공동투쟁이 어렵다는 점이에요. 하후상박, 노동안전(위험노동, 감정노동)과 같은 의제는 함께 논의하지만, 교섭과 투쟁은 지부별로 진행하게 되어있어요. 각 지역에서 다른 사업장 조합원과의 관계 형성을 위해 지역 모임을 추진하는데 잘되는 지역은 적어요. 반드시 풀어야 할 숙제죠.

활동가의 일주일

플씨 희망연대노조에서 활동가로 일하는 것은 어떤가요?

장준 일단 겁나게 굴러야 하고, 그러면서 많이 성장해요. 희망연대노조가 담당하는 기업들은 전국에 사업장이 흩어져 있어요. 서울에 집중된 곳도 있지만, 대부분 전국에 퍼져있어서 저희 같은 활동가들이 신경 써야 하는 현장이 200개 정도 돼요. 노조 중앙에서 10명 정도가 나눠서 맡죠. 운 좋게도 제가 맡는 지회는 25개밖에 안 되는데, 다 다른 회사예요. 똑같이 LG헬로비전 케이블방송 설치, 수리를 하지만 A하청, B하청, C하청 이렇게 25개 회사가 있어요. 이 25개 회사의 노무관리 스타일이 다 다르고 임금도 각각 달라요. A하청은 갑자기 연차를 안 주고 B하청은 갑자기 임금을 깎는데, 하나하나 현안 대응을 하니까 일주일에 두세 번 무조건 출장을 가죠. 오늘 저녁은 속초, 내일은 대구 이런 식으로요.

우리 노조의 한계와 연결되는 이야기이기도 한데요. 한 사람이 한

개의 역할만 하는 상황이 아니에요. 저 같은 경우 조합원을 챙기는 한편, 콜센터 정책도 짜고, 방송 제작 현장에서 일하는 방송 비정규직 정책에 관여하며, 방송 · 통신 케이블 정책도 짜요. 또 우리 노조는 사회연대 관점으로 저임금 조합원의 임금을 올리는 투쟁을 많이 하

박장준 활동가의 일주일 스케줄	
월요일	**오전 8시 30분:** 상암동에서 LG헬로비전 비정규직 지부 피케팅 **오전 11시:** 효창공원 LG헬로비전 비정규직 지부 사무실에서 교섭, 교섭 후 전주로 이동 **오후 7시:** 전주지역 조합원 모임 **자정:** 귀가. 서울역에서 버스 타고 집으로
화요일	**오전 8시 30분:** 상암동에서 LG헬로비전 비정규직 지부 피케팅 **오전 10시:** 용산에서 노숙 농성하는 유플러스 비정규직 지부 연대 **오전 11시 30분:** 서울역에서 SK브로드밴드 비정규직 피케팅 지원 **오후 1시:** 사무실 이동 후 문서 작업 **오후 6시:** 부천시비정규직근로자지원센터에서 노조 가입 상담 **오후 11시:** 귀가
수요일	**오전 8시 30분:** 상암동에서 LG헬로비전 비정규직 지부 피케팅 **오전 11시:** 교섭 **오후 3시:** 서울국제도서전 세미나 참관 **오후 7시 30분:** 언론 교육 시민연대 정책위원회 회의 **오후 10시 30분:** 귀가
목요일	**오전 8시 30분:** 상암동에서 HCN 비정규직 지부 노숙농성 피케팅 **오전 11시:** LG헬로비전 정규직 노조 정기 간담회 **오후 내내:** 사무실에서 회의·문서 작업·교섭 준비 **자정:** 귀가
금요일	**오전 10시:** 효창공원 LG헬로비전 비정규직 지부 사무실 회의 **오전 11시:** LG헬로비전 비정규직 교섭 **오후 2시:** LG헬로비전 원청 교섭 **오후 6시:** 플랫폼씨 인터뷰
주말	이틀 중 하루는 주중에 못 한 문서 작업 일요일은 웬만하면 쉬려고 굉장히 노력

는데 요구를 하나로 정리하기가 쉽지 않아요. 복잡해요. 요구사항 정리할 때 여성 조합원 요구를 많이 넣으려고 노력하고 노동안전 이슈도 많이 넣으려고 노력해요. '임금 1만 원 올려라' 요구하는 것보다 훨씬 어렵죠. 그래서 활동력 좋은 사람이 일해야 하고, 일하다 보면 활동력이 좋아질 수 있어요. 다른 데로 가면 '일잘러'가 될 수 있죠.☺

주경야독 냥집사

플씨 고양이를 두 마리 키운다고 알고 있어요. 소개해주세요.

장준 첫째 동생은 박콩이 씨, 둘째 동생은 박샤몽 씨예요. 저희 부부가 둘 다 박 씨라서 성만 붙이고 이름은 구조할 때 구조자가 붙였어요. 둘 다 길 출신인데 박콩이 씨는 5년 전에 노량진 동작구 재개발 지역에서 잼 통에 머리가 낀 채 발견됐어요. 배고팠는지 호기심이 있어서인지 잼 통에 머리를 집어넣은 거예요. 구조될 때 거리를 굴러다니고 있었어요. 입양 공고를 보고 두 번의 면접을 거쳐 입양했죠. 박샤몽 씨는 4년 전에 서대문구 고양이 쉼터에 올라온 입양 공고를 보고 갔다가 만났죠. 거기에 수십 마리의 고양이가 있었어요. 박샤몽 씨는 사고인지 학대인지 모르겠는데 팔 하나가 없고 꼬리가 너덜너덜해진 채로 발견됐어요. 그래서 잘라내는 수술을 받고 쉼터로 옮겨졌어요. 내후년이면 고양이 나이로 저하고 비슷해져요. 지금까지 동생이었는데 그때 되면 친구 먹어야죠.

동생들이 정말 정말 많은 기쁨과 미소를 선사합니다. 그런데 가면 갈수록 느끼지만, 반려동물은 아무나 키우면 안 돼요. 정성을 들이고 책임질 수 있어야 해요. 개인적으로는 강아지도 기르고 싶었는데, 저희는 강아지를 기르면 안 돼요. 맞벌이라서 산책을 챙겨줄 수가 없어요. 집도 작고. 강아지한테 좋은 환경이 아니죠.

플씨 플랫폼씨 텔레그램 방에 거의 매일 기사 스크랩을 공유해 주시는데 매번 신문을 다 읽어보고 선정하시나요?

장준 하루에 30분에서 1시간 정도 신문을 읽어요. 회의 들어가기 전에 30분 보고 회의 중간 쉬는 시간에 잠깐 또 봐요. 신문 보는 시간을 1시간으로 친다면 40~50분 정도는 칼럼이나 기자가 아닌 사람이 쓴 글을 꼼꼼히 읽어요. 기사는 제목이나 부제, 중간에 있는 발문, 그리고 첫 번째 두 번째 문단을 보고 계속 읽을지 말지 정합니다. 조합원들한테도 제목과 부제만 우선 보라고 이야기합니다. 세상이 어떻게 돌아가는지 알아야 하니까요. 사회면에서는 일단 노동이 있으면 읽어보는 편인데 기본적으로 미디어에는 노동 기사가 많지 않아요. 그리고 우리 조합원과 공유해야 하는 최근 이슈인 차별금지법, 미얀마, 아프가니스탄 상황, 공공 의료 이런 주제들을 봅니다.

플씨 이메일이 트랜스인디비주얼(transindividual)이더라고요. 철학자 에티엔 발리바르에 굉장히 관심이 많으신 것 같은데 이 철학자를 애정하는 이유가 무엇인지, 철학을 읽는 것이 활동에 도움이 되는지 궁금합니다.

장준 연구자 백승욱이 "활동가는 정세 분석의 단위"라고 했어요. 우리 운동에 영향을 주는 객관적 조건을 분석할 수 있어야 한다는 이야기겠죠. 그 정세를 분석하려면 관점이 있어야 하는데, 관점은 정치철학에서 나온다고 봐요. 솔직히 자본의 모든 내용을 다 이해해야 정세 분석할 수 있는 것은 아니에요. 그래도 '난민 문제를 어떻게 볼 것인가?', '비정규직 노동시장 2중 3중 4중 구조를 어떻게 볼 것인가?'라는 질문은 정치철학이 있어야만 제기할 수 있거든요. '능력주의를 어떻게 볼 것인가?'라는 질문도 정치철학이 정말 중요해요. 활동가는 반드시 자신의 정치철학을 구축하고 계속 공부해야 합니다.

발리바르[18]는 고민거리를 계속 던져주어서 좋아합니다. 제가 느끼기에 지젝하고 완전 결이 다른 사람이거든요. 지젝[19]은 '이제 우리는 세상을 이렇게 봐야 해'라고 자신의 관점을 적극적으로 제시한다면, 발리바르는 문제를 설정해 주는 것 같아요. 질문을 던지고 여러 철학과 관점에서 아포리아를 제시해주는 사람이라서 좋아합니다.

플씨 바쁜 일정 속에서 책은 어떻게 읽나요?

장준 집에 가서 자기 전에 읽거나 아니면 열차 왔다 갔다 하면서 읽어요. 보통 세 시간 열차를 타면 삼십 분, 한 시간 읽다가 자요. 책 보다 지루하면 유튜브 보다가 또 자고. 그래도 조금이라도 보려고 노력하죠.

매일매일 혁명을

플씨 체력적으로, 정신적으로 힘들 때가 있잖아요. 그래도 활동을 이어가는 이유는 뭔가요?

장준 일단 생각보다 괜찮은 임금과 지속적인 임금인상, 이거 하나 깔아두고요. 계속할 수 있는 근본적인 이유는 조합원 한 명 한 명 설득하는 과정의 보람 때문인 것 같아요. 조직담당자는 노동조합 가입 상담부터 흔들리는 조직을 돌보고 안정화하는 등 조직강화 활동을 해요. 활동가라는 직업에 따르는 책임감이 엄청나죠. 그만큼 조합원이 노조 활동가와 노조 간부를 바라보는 시선은 거의 신뢰도 100%예요. '박장준 국장이 하는 얘기는 대부분 맞을 거야. 이렇게 가는 게 맞아. 지금은 투쟁해야 할 때야'라며 믿어주죠. 이렇게 타인으로부터 신뢰받는 직업이 어딨겠어요. 신뢰를 받는 만큼 설득도 잘할 수 있어요. 자신감이 생기고 조합원이 믿어주니까 지르기도 하고. 결국, 투쟁을 이기면 신뢰가 다시 쌓이고 스스로 자신감이 또 생기죠. 투쟁 이기면 진짜 기분 좋아요. 올해도 투쟁 이기면 마시려고 더덕주를 사무실에 보관해두었어요.

플씨 본인에게 '운동'은 무엇인가요?

장준 저를 포함해서 모든 우리 조합원이 굉장히 평범한 사람들이고, 평범하게 또 쫄보고, 임금 손해가 나면 너무너무 불안한 사람들이고, 사측이 괴롭히면 두려운 사람들이고 그렇거든요. 그런데 이런 사람들이, 이런 비정규직 노동자들이, 이런 쫄보들이 노동조합을 만들고 유지해요. 조직 투쟁을 하고 새로운 권리를 만들어내고 정규직화도 쟁취해요. 그게 이미 혁명이라고 생각해요. 그래서 저는 매일매일 혁명을 경험하고, 그 길이 갈수록 더 넓어지고 강해지는 것 같아요. 이게 제가 생각하는 운동입니다.

플씨 앞으로의 활동 계획은 어떻게 되나요?

장준 희망연대노조에서 내년 초까지 활동할 예정이에요. 노조에서 제가 맡는 일이 항상 정해져 있어요. 조합원 조직하는 사업, 투쟁의 이슈, 정치적 이슈가 말이죠. 간접고용 비정규직 사업장의 특징일 수도 있겠죠. 변명일 수 있지만, 활동가로서 더 성장하지 못하는 느낌이에요.

올해 여름휴가를 지금 3년 만에 갔거든요. 퇴직 생각을 정리하려고 일부러 간 것이기도 해요. 일하는 5년 동안 연차를 1년에 이틀만 쓴 적도 있으니까 연차가 많이 쌓였죠. 우리 노조는 대체휴가를 줘요. 그런데 저는 한 번도 써본 적은 없어요. 올해도 따로 주는 여름휴가 5일 빼고 휴가를 하루도 안 썼어요. 체력적으로 많이 소진됐고, 항상 같은 현안, 같은 성격, 같은 의제의 조직과 투쟁을 하다 보니 상상력이 딱 거기 갇힌다는 고민이 컸고, 고민을 노조에서 같이 이야기했어요.

제가 이 조직을 떠나는 날이 내년 2월이 될지 3월이 될지 모르겠지만, '내가 우리 노조에서 제일 열심히 살다 간다'라는 생각으로 일할 거예요. 그때까지 남아 있는 에너지는 제가 책임지는 조합원들한테 쓰고 싶어요. 다만 마지막 에너지를 조합원들과 다 쓰면 그만큼 주변 활동가를 잘 챙기지 못한다는 것에 아쉬움이 남겠죠.

이후 계획은 처음에 노조를 경험했던 사업장, 그러니까 청소·경비 노동자들께 다시 가서 함께 노동조합 활동을 해보고 싶어요. 물론 상근자로 뽑혀야 가능하지만요.

조합원들과 유대 관계를 쌓으며 서로를 신뢰하고 서로를 맡기는 운동으로 혁명의 초석을 매일매일 다지는 박장준 활동가. 공공운수노조 희망연대본부에서 노동운동과 일상에서 지역운동을 결합해 6년 동안 활동한 뒤, 2023년 현재는 공공운수노조 서울본부에서 덕성여대 청소노동자 조합원들과 함께한다. 장준과 덕성여대 청소노동자들의 '혁명'이 성공하고 다른 이들의 혁명과 맞닿을 수 있길 기원한다.

산업안전보건공단에서 속보를 올렸다가 기업의 압력이 들어와서 글을 지운 일이 있었어요. 김해에 있는 롯데워터파크에서 사고가 났다는 속보가 올라왔다가 지워졌어요. 기업들이 산업재해에 떳떳하지 않다는 이야기죠. 그런데 해당 기업을 이용하거나 그곳에서 일할 수도 있는 시민들이 사고 소식을 알 수 없는 상황은 이상하지 않나요? 어느 사업장에서 어떤 사고가 일어나는지 아는 건 데이터로서 기본이잖아요.

100% 비공개의 원칙은 없다

☺ 김예찬

장래 희망은 탐정. 2018년부터 '투명사회를 위한 정보공개센터'에서 활동하고 있다. 일하다 죽지 않을 직장 찾기, 국회의원 실록 캠페인 등을 함께했다.

2022년 5월

'일하다 죽지 않을 직장 찾기' 프로젝트

플씨 김예찬 활동가 님 안녕하세요! SNS에 탐정 지망생이라고 소개 문구를 적어놓으셨는데요, 탐정 지망생인 정보공개운동 활동가라는 점이 매력적이어서 실제로 뵈러 왔습니다. 정말로 명함에 "장래 희망은 탐정입니다"라고 적혀 있네요?

예찬 우리나라에 아직 탐정법이 없는데, 제정만 되면 자격증 따야 한다고 주변 사람들과 이야기합니다.☺ 저만 탐정 지망하는 것이 아니에요.

플씨 '투명사회를 위한 정보공개센터'(이하 정보공개센터)가 어떤 활동을 하는 단체인지 소개 부탁드립니다.

예찬 헌법 제21조는 표현의 자유인데 표현의 자유는 말할 자유이기도 하죠. 의견을 말하려면 충분한 정보가 바탕이 되어야 하니까 표현의 자유를 가지려면 궁극적으로는 알 권리가 있어야 해요. 따라서 국가가 가진 정보에 충분히 접근하고 정보의 내용을 아는 것은 시민의 권리라고 할 수 있습니다.

제가 지어낸 논리가 아니라 헌법재판소가 1989년과 1991년 두 번의 결정을 통해 확립한 헌법 해석이에요. 헌법재판소 판례가 나온 후 민간에서는 알 권리라는 헌법적 개념을 실질적으로 보장할 제도가 필요하다고 주장했습니다. 1991년 청주시가 '청주시 정보공개에 관한 조례'를 만들었는데, 이 조례에서 정부 문서, 정부 정보에 접근할 수 있는 실질적 권한이 청주 시민에게 처음으로 생겼어요. 이후 국가 차원에서는 김대중 정부 때 정보공개법이 시행됐습니다. 법 시행 이후에도 여전히 많은 정보가 제한된다는 문제의식과 정보공개법의 개선 및 홍보, 나아가 정보공개제도를 활용한 운동을 만들어 가자는 취지로 2008년 10월 9일에 정보공개센터가 출범했어요. 당시 이명박 정부의 FTA 협정 체결 정보 은폐와 비민주적인 정치 · 행정 절차로 인한 불만 속에 정부 기록을 투명하게 공개하라는 사회적 요구로 정보공개센터가 탄생했죠.

플씨 지금 정보공개센터에서 어떤 역할을 주로 맡고 계시는지 궁금해요.

예찬 정보공개센터는 대표, 운영위원, 소장, 사무국장, 활동가가 있는 소규모 시민단체입니다. 업무가 정해져 있다기보단 매년 사업 회의에서 당해 업무를 배분해서 역할을 정해요. 저는 2018년부터 일을 시작했으니 올해로 4년 차 되는 활동가라고 말할 수 있겠네요. 최근 추진하고 있는 사업은 '일하다 죽지 않을 직장 찾기' 프로젝트와 '국회의원 의정활동 기록 공개' 프로젝트 등입니다.

플씨 일하다 죽지 않을 직장 찾기 프로젝트는 어떤 기획인가요?

예찬 *중대재해기업처벌법* 제정 운동 등 산업재해와 노동안전이 큰 이슈잖아요. 중대 재해 관련 정보공개를 확대해야 한다는 문제의식에서 시작했어요. 지금은 중대 재해 기업 명단공개 기간이 1년밖에 안 되고, 사건이 언론에서 사라질 때쯤인 2~3년이 지나서 공개 및 게시를 해도 무방하거든요. 이유는 중대재해처벌법 시행령에 법적으로 범죄의 형이 확정 난 사업장을 대상으로 중대 산업재해 발생 사실을 공표한다고 명시했기 때문이에요. 작은 기업은 법정 싸움할 힘이 없으니까 빨리 공개되겠지만 대기업은 비싼 로펌과 재판을 끝까지 끌고 가겠죠. 기업은 책임을 인정하지 않으려고 무조건 항소할 텐데, 1심과 2심을 거쳐 최종 대법원판결을 얻기까지는 더욱 오랜 시간이 걸리죠.

기존의 산업안전보건법에도 산재 다발 사업장을 공개하는 제도가 있어요. 연간 두 명 이상 산업재해로 죽는다거나, 해당 업종의 다른 사업장보다 사고가 자주 나는 사업장을 공개해요. 이때도 재판 이후에 최대한 늦게 공개하죠. 게다가 고용노동부 홈페이지의 굉장히 구석진 곳에 숨겨 놨어요. 파일 형식도 데이터 파일이 아닌 PDF 첨부파일이고 첨부한 표가 난해해서 직관적으로 이해하기 어렵습니다.

중대재해기업처벌법은 기업의 이윤 추구를 목적으로 사람이 죽을 수 있는 위험한 일터를 계속 유지한다면 그 책임이 경영책임자에게 있고, 이를 제대로 처벌해야 한다는 취지에서 나왔다. 매년 2,400명이 사망하는 반복적인 산업재해와 각종 재난 참사에 대한 근본적 해결 방안으로 기업 처벌강화를 요구하는 노동계와 시민사회의 투쟁이 오랫동안 진행됐다. 노동자, 시민, 유족과 피해자 단위가 함께 산업재해 사망과 재난 안전에 기업과 정부의 책임을 묻는 '중대재해기업처벌법'안을 마련했다. 19대 국회 입법청원 운동에 이어 20대 국회 법안 발의까지 이어졌으나, 법안이 심의되지 않고 계속 계류 상태에 있었다. 이에 2020년 '중대재해기업처벌법 제정연대'를 발족했다. 10만 국민동의 청원과 단식농성 끝에 2021년 1월 8일 '중대재해 처벌 등에 관한 법률'이 제정되었지만, 전체 사업장의 80%를 차지하는 5명 미만 사업장이 법 적용 대상에서 제외되어 실질적인 효력이 없다는 비판을 받았다. 운동본부가 주장했던 법안명 '중대재해기업처벌법'에서 기업이라는 단어가 빠져 기업에 면죄부를 주는 것이나 다름없다는 지적도 나온다.

플씨 산업재해 정보의 실질적인 접근성이 굉장히 떨어진다는 말씀이시군요.

예찬 산업안전보건공단 홈페이지 배너에 '사고사망속보'가 올라와요. '언제 어느 지역에서 사고가 났다'라는 소식을 거의 실시간으로 올려요. 그런데 어느 기업에서 사고가 났는지는 개인 정보를 이유로 공개하지 않아요. '○○ 지역 소재 주택 신축 공사 현장' 이런 식이에요. 사고, 사망을 은폐하는 일도 많아요. 산업안전보건공단에서 속보를 올렸다가 기업의 압력이 들어와서 글을 지운 일이 있었어요. 김해에 있는 롯데워터파크에서 사고가 났다는 속보가 올라왔다가 지워졌어요. 기업들이 산업재해에 떳떳하지 않다는 이야기죠. 그런데 해당 기업을 이용하거나 그곳에서 일할 수도 있는 시민들이 사고 소식을 알 수 없는 상황은 이상하지 않나요? 어느 사업장에서 어떤 사고가 일어나는지 아는 건 데이터로서 기본이잖아요.

일반 시민들은 정보가 공개된 사실 그 자체를 잘 모르고, 공개된 정보도 접근성이 좋지 않아요. '어떻게 해야 활용도 높은 방식으로 정보공개를 할 수 있을까?' 고민하다 구인 · 구직 사이트와 연결해 산재 정보를 알려주는 방식을 떠올렸어요. 예를 들어, 워크넷에 올라오는 구직 광고 API를 활용해 산업재해 사업장 데이터 정보를 붙이는 방식이죠. 그렇게 어떤 사업장에서 새로 구인 공고를 내면 그곳의 산업재해 현황을 같이 알려주는 자동화된 트위터 계정(@nosanjae)을 만들었어요. 지금은 정보공개센터가 직접 하는데, 궁극적으로는 정부가 기업정보를 공개하는 것까지 끌어내고 싶어요.

플씨 기업은 직원을 뽑을 때 모든 항목을 평가하는 반면, 노동자는 일하는 곳이 위험한지 아닌지 모르는 채로 들어가서 일을 시작하는 경우가 태반이죠. 산업재해뿐만 아니라 열악한 노동환경으로 퇴사한 사람의 평가를 반영한다면 구직자가 참고하기 좋을 것 같아요.

예찬 지금 그 역할을 잡플래닛 같은 민간 구직 사이트가 해요. 아직은 주관적인 퇴사자 평가 정도지만 앞으로 산업재해뿐 아니라 직장 내 괴롭힘 신고 건수, 직장 내 성폭력 발생 현황 등의 통계를 함께 공개하면 더욱 좋겠지요. 그러면 기업도 각종 사건, 사고를 실질적으로 예방하기 위한 비용을 들이지 않을까요? 앞서 말한 정보가 시민에게 공개됨으로써 기업이 치러야 하는 비용이 이것들의 예방에 드는 비용보다 크도록 만들어야 해요.

예전에 여수산단의 공장에서 일하다가 돌아가신 분이 있었어요. 사람이 가까이 가면 기계를 멈추게 하는 안전장치가 있는데, 안전장치가 작업 속도를 늦춘다고 안전장치를 꺼놓고 작업하다가 사람이 로봇 팔에 맞아서 죽었어요. 그런데 그 사업장에서 똑같은 작업에 사람을 구하면서 구인 공고에 "쉬운 일"이라고 소개하고 있더라고요. 사람이 죽을 수도 있는 일, 위험할 수 있는 일이라는 걸 노동자가 알고 가야 하는데 모르고 가는 거죠. 그래서 산업재해 관련 정보를 사업장과 연결해서 공개하는 작업이 필요해요. 지금은 직업안정법이 있어서 구인·구직사이트에 최저임금을 위반한 공고는 올릴 수 없고, 근로기준법에 따른 임금체불사업주 명단도 공개해요. 여기에 산업재해 정보를 함께 공개하는 방식으로 제도를 확장할 수 있지 않을까요? 그 사업을 지금 진행하고 있어요.

100% 비공개의 원칙은 없다

플씨 아까 말씀하신 국회 기록 공개하기 프로젝트도 궁금합니다. 전에 어떤 공공기관의 정보를 알아야 할 일이 있어서 '정보공개포털'에 들어갔는데, 중요한 내용은 비공개 별첨 자료로 하고 해당 문서를 공개한다는 공문만 공개로 올려놓았더라고요. 그런 것을 포함해서 정보 공개율이 몇 퍼센트라고 이야기하니까 어이가 없었어요.

예찬 맞아요. 공공기관들이 그렇게 정보공개율 뻥튀기를 시도하죠. 대다수 공공기관의 정보공개율이 표면적으로 90%가 넘지만, 실질적이고 중요한 내용은 공개를 안 하면서 나머지 일부만 공개하는 부분공개 처리가 많아요. 우리가 보는 정보공개율 수치는 부분공개와 공개를 합친 결과예요. 실제 완전공개는 약 70% 정도 되는 것 같아요.

그런데 나라의 대소사를 정하는 중요 기관인 국회에서는 기록물 관리도 제대로 안 해요. 공공기관은 공공기록물 관리법이 있어서 모든 문서의 보관이 기본 행정 시스템으로 자리 잡았는데 국회의원은 그 대상에서 빠졌어요. 공무원인 국회사무처 직원과 국회의원이 소통하는 행정 시스템은 있지만, 정작 보좌관으로 채워진 국회의원실 안에는 행정 시스템이 없어요. 그래서 국회의원실 이메일 주소가 국회 메일이 아닌 개인 메일로 되어있는 경우도 아주 많아요. 의원실 구성원의 공식 메일이 없다는 말은, 이 사람이 일을 그만두면 관련 자료가 없어진다는 뜻이에요. 국가기관이고 헌법기관인 국회에서 일하는 자료를 공식적으로 보관·축적하지 않고, 의원 임기가 끝나면 엄청난 쓰레기가 된 의원실 자료를 다 소각한다는 말이죠. 국회의원은 국가기관에 자료 제출 요구권이 있어서 공공기관으로부터 자료를 받아서 일해요. 그런데 시민은 국회의원이 무슨 일을 하는지 알

수가 없는 거예요. 어떤 곳보다도 투명해야 하는 국회에서 의정활동을 제대로 기록화하지 않는 것은 문제가 있습니다. 정보공개센터에서는 의원의 활동이 끝나면 의정활동 내용을 국회에 남겨 놓도록 법제화해야 한다고 주장합니다. 지금도 국회도서관에서 기증받은 의정활동 기록물은 관리하고 있어요.

플씨 그런데 국회도서관도 어딘가에서 기증받았다는 사실만 공개하죠.

예찬 그렇죠. 그리고 자료를 기증하는 사람이 많지 않아요. 의원 300명 중 10~20명, 약 5% 정도만 기증하고 있어요. 기록 관리를 제도화해야 기증받은 기록물이 제대로 남겠죠. 지금처럼 의정활동 자료가 남아 있지 않으면 초선 의원이나 처음 보좌진으로 일하는 사람이 참고할 자료가 없다는 문제도 발생해요. 전에 있었던 의원과 연속성을 가지고 의정활동을 해야 하는데 이전 활동을 알 방법이 별로 없죠.

플씨 국회의원실 이메일 주소가 국회 메일이 아닌 개인 메일로 되어있는 이유는 업무 특성상 정보에 민감하기 때문 아닐까요? 의원실 내부 확인용 자료 말고 대외로 생산하는 공식 문서도 기록으로 잘 안 남기나요?

예찬 인터뷰할 때 보좌진으로 일한 사람들에게 물어봤는데 국회 메일 시스템이 굉장히 불편하대요. 국회 인트라넷이 인터넷과 연결이 안 되니까 파일 옮길 때마다 USB에 담아서 옮겨야 하거든요. 여러모로 외부 메일이 더 편하죠. 그리고 요새 텔레그램을 많이 쓴대요. 슬랙, 카카오톡을 쓰기도 하고요. 그러다 보니 적어도 의원실에서 생산한 공식자료는 기록물로 결재가 되거나 남아야 하는데 안 남아요. 의정 활동 기록을 편리하게 모을 수 있도록 국회 내부 시스템 정비를 요구해야죠. 그리고 공식 문서 중에, 이를테면 의원실에서 만드는 소규모 정책연구 보고서가 국회도서관으로 납본되지만 공개하지 않는 경우가 있었어요. 그런 자료를 공개해야 한다고 저희가 주장했고, 이제는 온라인상에 전자파일로 공개해요.

플씨 공공기관이 아니어도 공공성 있는 역할을 하고, 공공성을 가진 정보를 취급하는 민간단체나 기업이 많죠. 기업이 대외로 공개해야 하는 정보도 있고, 공공기관이 사기업의 정보를 취급하는 예도 있고요. 공익을 위한 정보공개 기준이 따로 있어야 한다고 생각하시는지, 그렇다면 어떤 기준을 만들어야 한다고 생각하시는지 궁금합니다.

예찬 그래서 정보공개법이 중요한데, 사실 법적으로 모든 정보는 공개가 원칙이에요. 예외적인 조건이 붙어야 비공개할 수 있죠. 공공기관이 가지고 있는 정보는 공공기관이 생산한 정보와 공공기관이 접수한 정보가 있는데, 후자도 정보공개 대상이에요. 법에 따라서 민간기업이 공공에 신고해야 하는 내용이 있어요. 예를 들어 화학물질 사용 사업장의 경우, 화학물질이 노동자의 건강에 영향을 미칠 수 있어서 어떤 화학물질을 어느 정도 사용하는지 보고하게 되어있어요. 이 사업장이 안전한지 아닌지 고용노동부와 정부 기관이 정보를 가지고 있죠. 민간기업의 정보더라도 정부가 가지고 있으면 사람들에게 공개할 수 있는데, 기업이 이 정보를 영업 비밀이라고 주장해서 문제가 생기죠. 정보공개법에 영업 비밀이 공개될 때 기업의 영업과 이익을 침해할 수 있으면 비공개할 수 있다는 조항이 있거든요.

플씨 영업 비밀의 정의가 정확하지 않으니 민간기업이 정의 내리는 대로 영업 비밀이 정해질 수 있는 상황인가요?

예찬 원래 민간기업에 좌우되지 않아야 하지만 최종적으로는 그렇게 되는 측면이 있어요. 정보공개 청구가 들어왔는데 고용노동부가 봤을 때 영업 비밀인 것 같으면 공개할지 안 할지 결정할 수 있어요. 문제는 고용노동부가 기업 말만 듣고 영업 비밀이라면서 비공개하는 경우가 많습니다.

그런데 영업 비밀과 관련한 정보를 비공개할 수 있다는 법령에서도 예외 조건이 있어요. "사업 활동에 의하여 발생하는 위해(危害)로부터 사람의 생명·신체 또는 건강을 보호하기 위하여 공개할 필요가 있는 정보"면 공개해야 한다고 되어있어요. *삼성전자 반도체 직업병 투쟁*의 경우, 산업재해 피해자 측에서 작업 공정이 노동자의 건강과 관련한 문제니까 정보공개법에 따라 공개해야 한다고 했어요. 작업측정보고서를 공개해야 어떤 화학물질을 썼는지, 그 물질이 일하는 사람의 건강에 어떤 영향을 미쳤는지 알 수 있잖아요. 그래야 산업재해를 인정받을 수 있고요. 작업 공정의 내용은 법원이 봤을 때도 너무나 확실하게 생명과 건강에 관한 정보여서 재판부는 공개하라는 판결을 내렸죠.

삼성 반도체, 디스플레이 직업병 피해 노동자와 유족은 백혈병 등의 질병을 산업재해로 인정받기 위한 투쟁을 벌여왔다. 삼성은 개인의 질병이라는 식으로 일관하고 작업 보고서를 공개하지 않는 등 산업재해를 인정하지 않았다. '반도체 노동자의 건강과 인권지킴이 반올림'은 삼성에 맞서 싸웠고 10년 투쟁 끝에 2018년 공식적인 사과, 보상, 재발 방지책을 약속받았다.

플씨 피해자가 모든 것을 증명해내야 하는 시스템도 문제가 많아 보여요.

예찬 문제죠. 예외적인 비공개 조항이 8가지 있는데 기준이 추상적이에요. 각각 세부적인 기준을 두고 판단하기는 어려워서 판례가 구체적인 기준을 형성하죠. 예를 들어 사생활과 개인 정보에 관련한 것은 공개하면 안 되죠. 하지만 해당 정보의 공개가 공공의 이익에 부합한다면 공개해야 한다는 기준을 판례가 제시해요. 정부 기관 위원회에 들어가는 한 위원이 자신은 민간인이니까 본인의 이력이나 위원회 발언 내용은 개인 정보라서 공개하지 않아야 한다고 주장하는 상황을 가정해볼까요? 위원 개인은 민간인 신분이라 해도 공공기관 위원회에서 위원으로 발언하는 내용은 공적 발언이니 공개해야 하죠. 그래서 100% 비공개의 원칙은 없어요. 공공의 이익에 따라 공개해야 한다는 사회적 합의가 있으면 공개해야죠. 그 사회적 합의의 기준은 운동으로 만들어 가는 것이고요. 예전에는 비공개 정보였지만 지금은 공개 정보가 된 것들도 있고 반대의 사례도 있어요. 옛날에 전화번호부가 있던 시절 개인 전화번호는 공개 정보였는데 지금은 아닌 것처럼요.

운동 그 자체이면서 운동의 무기

플씨 노동안전운동에 있어서 정보공개운동의 역할을 들을 수 있었는데요, 다른 사회운동과 어떤 방식으로 협업하나요?

예찬 탈핵운동, 지역운동, 언론과의 협업 등이 기억나요. 탈핵운동이 한창일 때 탈핵 관련 단체들과 연대 사업을 했어요. 녹색당에서 방사능 관련 조례를 만들 때 확인해보니 어린이집으로 들어가는 수산물에 원산지 정보공개를 안 하는 거예요. 공개를 안 할 뿐만 아니라 아예 교육청이나 지자체에서 관리를 안 했어요. 그때 정보공개 청구의 방식으로 녹색당과 조례운동을 했습니다.

지역에 있는 단체들과도 이것저것 협업했어요. 지자체에서 가로수나 공원 관리를 위해서 농약을 뿌려요. 그 농약에 유해물질이 있는지 확인하기 위해 정보공개를 청구했고, 후에 지역 단체들과 같이 기자회견을 했죠. 꿀벌이 사라진다는 얘기가 많이 나오잖아요. 외국에서는 특정 성분이 꿀벌에게 위협적이어서 사용을 금하고 있던 살충제를 한국에서는 그냥 쓴다든지 하면 문제 제기도 했고요.

언론사하고도 작업을 많이 해요. 예를 들어 언론사에서 기획 보도를 같이하고 싶다고 했을 때, 정보공개센터가 정보공개를 청구하고 받은 자료를 같이 분석해서 기획 보도를 냅니다. 특히 〈뉴스타파〉하고 협업을 꽤 했어요. 국회의원 정책연구 용역 보고서를 열람하고 표절이나 뻥튀기로 예산 빼돌린 것을 잡아서 상을 많이 받았죠.

플씨 알 권리는 그 자체로 권력 감시의 기능을 하는 것 같아요. 어떤 이슈가 있을 때마다 정보공개를 요청함으로써 경각심을 불러일으킬 필요가 있겠어요. 하지만 정보가 필요한 사건을 겪지 않는다면 사람들이 관심을 두기 쉽지 않을 텐데, 알 권리를 좀 더 널리 인식할 수 있도록 하는 방법이 있을까요?

예찬 정보공개대장에 다른 사람들이 정보공개 청구한 내역이 있어요. 개인 정보 빼고 청구 제목을 볼 수 있는데 보면 되게 재미있어요. 사회운동처럼 감시의 용도로 하는 청구뿐만 아니라 밥벌이와 관련한 청구도 많아요. 어떤 기업이 어느 지역에 가게를 내고 싶다면 그 동네에 동종 업계 가게가 몇 개인지, 인허가가 나 있는지 정보공개를 청구해요. 개발계획 정보 등 개인 투자를 위해서 청구하기도 하고요. 연구자들이 연구를 위해서도 청구하죠. 일상과 밀접하고 나와 연결된 정보를 정보공개 포털 들어가서 간단히 청구할 수 있다고 널리 알려야 할 것 같아요.

정보공개 청구가 정말 재밌는 점이, 공개한 자료를 봐서 문제가 있으면 내용을 비판하면 되고 제대로 공개를 안 하면 공개를 안 한다고 비판할 수 있어요. 공개는 했는데 어떤 자료가 없다면, 왜 이 중요한 자료가 없냐고 물어볼 수도 있고요. 정보공개 청구는 운동 그 자체이면서 운동의 무기로서도 무척 유용합니다. 운동에서 비판은 근거로 하는 것이니까요. *중앙생활보장위원회*에서 중위소득을 결정하는 과정의 정보공개 소송을 정보공개센터에서 고민하고 있어요. 중위소득을 기준으로 당사자 지원 여부가 갈리는데, 그 중요한 내용을 결정하는 회의를 비공개로 진행해요. 최저임금위원회 회의도 마찬가지예요. *최저임금위원회*가 어떻게 진행되고 있는지 정작 최저임금을 받는 당사자는 알 수가 없잖아요. 회의록 공개와 결정 과정의 자료 요청은 위원회에 중요한 압박 요소가 될 거예요. 제도의 민주성 확보에도 중요하고요.

중앙생활보장위원회는 기준중위소득, 수급 자격과 급여 수준 등 국민의 생활에 지대한 영향을 미치는 정책을 결정한다. 그런데 중앙생활보장위원회 본회의와 소위원회 논의 사항은 안건이나 회의자료, 속기록, 회의록, 최종 의결까지 모두 비공개에 부쳐진다. 속기록은 최종 의결 완료 후에도 공개하지 않는다.[20]

그리고 최저임금위원회는 공익위원, 노동자위원, 사용자위원 각각 9명씩 모두 27명의 위원으로 전원회의를 구성한다. 기본적으로 이 27명의 논의와 의결에 따라 최저임금 액수가 결정된다. 최저임금위원회는 위원장이 허가한 관계자 동반을 제외하고는 방청, 회의 영상 촬영, 기자들의 참관이 불가능한 밀실 합의로 이뤄진다. 노동자위원은 회의를 공개해야 한다고 계속해서 주장하지만, 사용자위원의 반대로 공개되지

못하고 있다.[21]

플씨 정보공개센터가 아닌 다른 곳에서 청구한 정보공개 중 인상적인 사례가 있을까요?

예찬 대학 언론에서 정보공개 청구를 많이 해요. 사립대를 포함한 대학교는 정보공개 대상 기관이어서 학교가 자료를 안 주려고 해도 끝까지 청구하면 안 줄 수 없어요. 과거에 정보공개센터에서 대학 언론 사람들과 정보공개캠프를 진행했어요. 그때 총장 업무 추진비를 청구하기도 했죠. 수도권에 있는 유명한 대학들은 정보공개 청구가 좀 들어오는 편인데 지방 사립대는 청구가 많이 안 들어오더라고요. 지방 사립대도 청구하면 또 무언가 많은 것들이 튀어나오지 않을까요? 학생회에서 등록금 관련 정보는 요청을 많이 하는데, 등록금이 아니어도 예컨대 기숙사비 원가 산정이 어떻게 되는지 등도 정보공개를 청구할 수 있어요.

플씨 정보공개운동이 유용한 도구를 넘어서 그 자체가 급진적인 운동으로 나아갈 가능성도 있을까요? 정보공개운동의 큰 전망이 궁금합니다.

예찬 알 권리는 민주주의와 직결됩니다. 자유로운 의사 형성이 안 되면 민주주의가 불가능하니까요. 특정한 정보가 차단되면 해당 사안의 의사 결정을 형성할 수 없어요. 그러므로 민주주의 확대 차원에서 알 권리는 핵심이라고 생각해요. 한국은 특히 기재부 관료들이 많은 것을 좌지우지한다고 하잖아요. 관료의 힘이 너무 강하고 대중의 요구가 위로 올라가지 않아서 문제죠. 정보공개가 이루어져야 관료가 어떻게 결정하는지 파악할 수 있고, 그들이 지배하지 않도록 만들 수 있어요.

다시 강조하지만 단지 정보를 공개하는 것이 아니라 어떻게 공개하느냐도 중요합니다. 사람들이 알기 쉽게, 이해하기 쉬운 방식으로 공개하도록 만들어야 합니다. 정부 예산이 어떻게 구성되는지 잘 알고 있는 시민이 많지 않잖아요. 그러다 보니 성인지 예산 제도에 오해가 발생하는 거예요. 윤석열 대통령이 후보 시절 '성인지감수성 예산을 30조 쓴다는데, 그 돈 일부만 떼어내도 북한의 위협을 막을 수 있다'라는 억지 논리를 펼쳤는데, 사실 성인지 예산은 전체적인 예산 편성 및 집행 과정에서 성차별이 없도록 조정하려는 제도지, '성인지 예산'이라는 별도 예산 항목이 있지 않아요.[22] 성평등 효과가 있는 사업이면 성인지 예산으로 분류하는 거죠. 이런 정보를 우리가 평소에도 쉽게 알 수 있어야 하는데, 알 수 있는 경로를 찾기 쉽지 않고 정부도 잘 설명하지 못하죠. 국가에서 시행하는 정책이나 예산, 각종 사업의 과정과 결과를 시민들에게 명확하게 보여주는 것은 민주주의의 기본입니다.

플씨 관료와 전문가에게 모든 것을 맡겨놓고 그들이 우리의 삶을 결정하게 놔둔다면 투표로 대표자를 뽑아도 의미가 없죠. 정보공개운동은 모두의 민주주의를 쟁취하기 위한 사회운동과 연결되는군요. 명확한 답변 감사합니다.

생각의 틀을 바꾼 계기들

플씨 나의 첫 발언, 나의 첫 집회 등 운동과 관련된 첫 경험을 얘기해주세요.

예찬 고등학교 때부터 진보 정치에 관심이 있었어요. 책을 읽거나 인터넷 블로그, 게시판을 돌아다니면서 관련 지식을 찾아보곤 했죠. 그리고 서태지 팬이었는데 '문화연대'라는 단체에서 청소년 대상 대중문화 모임을 한다는 공고를 봤어요. 문화연대의 여러 행사에 참여하면서 운동을 처음 접했죠.

2000년대 초반의 문화연대는 대중문화 이슈를 많이 다뤘어요. 진보적인 문화평론가가 문화비평 교육하고, 유명 가수의 팬클럽과 진보적 평론가가 모여 '대중음악 개혁을 위한 연대모임'이라는 단체를 꾸려서 '가요 순위 프로그램 폐지 운동'을 하기도 했죠. 지금 대중음악 방송 프로그램은 1위만 공개하는데, 당시에는 대중음악 방송 프로그램에 1위부터 100위까지 순위를 매겼거든요. 이런 순위 매기기를 폐지해야 한다는 주장이었죠. 2002~2003년에는 안티조선 운동이 활발했어요. 문화연대에서 안티조선운동 팸플릿을 읽으면서 한국의 언론 지형에 문제의식을 느꼈죠. 특히 안티조선 운동하는 사람들이 '우리모두'라는 온라인 커뮤니티를 만들어 활동했는데, 그곳에 올라오는 글을 읽으며 생각이 많이 바뀌었어요. 그때 뮤지컬 〈헤드윅〉을 처음 보고 매우 놀란 기억도 있어요. 하리수 씨를 통해 트랜스젠더라는 개념을 들어봤지만, 구체적으로 삶에서 어떤 문제를 겪는지 문화연대에서 알았어요. 그 밖에 주민등록증 지문날인 거부 운동 등 여러 운동을 접했죠. 저는 학교 잘 다니고 공부만 하는 사람이었는데, 문화연대에서 새로운 경험을 많이 하면서 생각의 틀이 바뀌었어요. 청소년인 제가 사회운동을 접할 수 있었던 원초적 역할을 한 곳이에요.

플씨 청소년 시기의 경험이 귀중한 씨앗이 되었군요. 대학에 가서 본격적으로 사회운동을 시작했나요? 지금까지의 경로가 궁금해요.

예찬 대학에서 학생회 정도는 참여했죠. 그런데 본격적인 학생운동과는 제가 맞지 않는다고 느껴서 다른 방향을 고민했어요. 학교에는 여러 정파가 있었는데, 서로 대자보를 붙이면서 논쟁했어요. 그런데 저는 대자보를 읽으면서 정확하지 않은 비판들도 많다고 생각했어요. 그렇다고 사회에 관심이 없어진 것은 아니어서 학부 전공이던 사학과 대학원으로 진로 방향을 잡았어요.

플씨 그런데 어떻게 다시 활동의 길로 들어서게 됐나요?

예찬 군대에서 국가의 물리적 억압이 굉장하다고 느꼈어요. 좀 맞았거든요. 폭력적이고 폐쇄적인 조직의 존치를 이해할 수 없었어요. 나중에 병장이 됐을 때 일은 편했는데 행정의 꼼수가 자꾸 보였어요. 예를 들면 군대 내 사업비가 남으니까 갑자기 문방구에 가서 사고 싶은 것을 다 사래요. 그리고 법적으로 병사가 하면 안 되는 일을 시키고요. 부조리를 많이 느꼈죠. 부채감도 있었어요. 군 생활을 평택에서 했는데, 하필 미군기지 확장을 한 대추리 근처였어요. 대추리 투쟁을 열심히 하지 못한 마음의 빚이 있었는데, 입대한 직후에 한-미FTA 반대 촛불집회가, 그다음 해에는 쌍용차 파업 투쟁이 있었어요. 바깥 사회에서, 부대 가까운 곳에서 큰 이슈들이 있는데 함께하지 못하니까 부채감이 쌓였어요. 군대에서는 휴가 나가는 병사한테 집회 현장 근처에 가지 말아라, 이런 지시도 있었고요. 그래서 제대하면 활동을 해야겠다고 생각했어요.

그리고 군 인트라넷에서 저와 비슷한 생각을 하는 사람들을 만났는데 그 커뮤니티가 저에게 되게 의미 있었어요. 군 인트라넷 링크를 타고 찾다 보면 게시판 형태의 은밀한 커뮤니티들이 있는데 독서 커뮤니티가 있었거든요. 당시 그곳에서 활동한 사람 중에 여러모로 유명한 분이 많았고 지금까지 열심히 운동하시는 분도 있어요. 그때 만난 사람들과는 여전히 연락하고 지냅니다.

플씨 가장 위계적이고 폐쇄적인 조직에서 활동할 결심을 굳히셨군요. 활동해야겠다는 결심 후엔 어떤 활동을 거쳤는지 궁금합니다.

예찬 조금 늦게 운동에 입문해서 압축적으로 경험했죠. 특히 제대 직후인 2010~2011년에 *홍대 앞 두리반 강제 철거 반대 투쟁*, *홍대 청소 노동자 투쟁*과 결합했어요. 학교에서는 생활도서관 활동과 동아리 연합회를 하면서 총학생회 회칙 만들기 등의 활동을 했습니다. 당시 서울에 농성장이 많았는데, 여성가족부 건물 앞 현대차 성폭력 피해자의 농성과 재능교육 학습지 노동자의 농성 투쟁에도 연대했죠.

군 제대 후 진보신당에 입당하고 청년 당원들과 함께 활동했어요. 2011년 말에 통합진보당으로 다시 통합하며 많은 분이 탈당하고 진보신당의 인력이 부족해져서 중앙당, 시당에서 채용 공고가 나오더라고요. 마침 학생회 선거에 나갔다가 떨어진 상황이어서, '한 번 써볼까?' 하며 지원했는데 채용됐죠. 2012~2013년까지 진보신당 서울시당의 대외협력부장으로 일했어요. 대외협력 일로 노동조합을 많이 만나고, 여러 대책위에 진보신당 서울시당 담당자로 참여했어요. 그때 진보신당 서울시당에서 일한 건 정말 좋은 경험이었어요. 서울시당인 만큼 서울 관련 이슈에 많이 관여했는데, 사회운동에서 서울이라는 공간이 갖는 의미를 생각하게 되었거든요. 한국 사회의 거의 모든 문제가 동시다발적으로 나타나는 공간인 만큼 서울을 바꾸는 것이 중요하다고 생각했어요.

진보신당 서울시당에 취직했을 때가 박원순 서울시장이 막 당선되었을 때였어요. 박원순 시장이 여러 개혁을 이야기했지만, 그것이 과연 노동자, 빈민, 상가 세입자 등 현장에서 고통받는 사람들을 위한 변화일까 싶었어요. 건물주와 기업이 공간을 사유화하고, 행정이 사유화를 보장했죠. 공간을 자본으로 전환하는 과정을 보면서 '시민이 도시의 주인이 아니구나'를 깨달았어요. 예를 들어 농성장은 보통 투쟁하는 건물 앞 인도에 깔리잖아요. 농성장을 차리면 반대 세력은 불법시설이라며 철거하려 하고, 지나가는 시민들의 보행에 방해가 된다고 주장하죠. 그런데 을지로에 가보면 많은 철공소가 도로에 물건을 적재해놓고 길을 자유롭게 쓰거든요. 법적으로는 똑같이 인도 위의 불법 적치물인데, 농성장이나 노점상은 행정대집행의 대상이고 가게에서 인도를 사적으로 점유하면 그러려니 하고 넘어가죠. 누구는 사유화해서 쓰는데 우리는 집회도 못 하면 이상하잖아요. 도시 공간이 건물주나 소유권을 가진 사람, 자동차를 타는 사람 등을 위주로 재편되어 문제라는 생각을 많이 했어요.

예찬 활동가가 언급한 홍대 앞 두리반 강제 철거 반대 투쟁, 홍대 청소노동자 투쟁을 짧게 소개한다. 마포구청은 두리반을 포함해 조그만 상점들이 옹기종기 모여 있던 동교동 167번지를 공항철도 공사에 따른 '지구 단위 계획 지역'으로 지정했다. GS건설은 유령 회사인 남전디앤씨를 내세워 두리반 일대를 매입했고 2009년 12월 강제 철거로 세입자들을 내쫓았다. 이후 531일에 걸친 농성 투쟁 끝에 시행사는 '이주 대책 및 민형사상 분쟁의 처리'와 '합의에 대한 위약벌 조항'에 합의한다.[23]

2010년 12월 홍익대 청소·경비노동자 130여 명은 노조를 만들었다. 월급 75만 원, 하루 식비 300원을 받는 등 최저임금도 받지 못하는 상황을 바꾸기 위해서였다. 그러자 용역업체는 이듬해 1월부로 노동자 전원을 계약 해지했다. 학교는 '책임이 없다'라며 외면했다. 노동자들은 투쟁에 나섰고 학생과 시민이 힘을 보탰다. 투쟁 49일째이던 2011년 2월 20일 노동자 전원 고용 승계를 약속받았다.[24]

플씨 활동을 그만둘까 생각한 순간도 있었나요?

예찬 모든 경험이 재밌어서 그만두고 싶은 순간은 없었어요. 힘들 때는 있었죠. 진보신당에서 일할 때 급하게 대응해야 하는 사건이 많았어요. 그리고 장기 투쟁 농성장은 쉬는 날이 없어서 활동가들은 거의 몇 달을 농성장에서 살다시피 하죠. 활동하다 보면 힘든 상황이나 압박에 처하기도 하고, 긴 시간을 한 싸움에 쏟아붓기도 해요. 하지만 농성장에서 투쟁하는 이들과 동고동락하며 연대의 관계를 맺는 경험을 할 수 있어요. 내가 기댈 수 있으면서 내가 버팀목이 되어줄 수 있는 든든한 동지애를 형성해요.

플씨 그렇다면 활동가에게 어떤 자질이 중요하다고 생각하시나요?

예찬 활동가가 자신의 역할만큼 일을 할 수 있느냐가 중요한 것 같아요. 운동 조직에 자원의 한계가 있으니까 분야마다 필요한 모든 역량을 완전히 갖춘 구성원으로 조직을 꾸리기는 힘들죠. 그런데 활동가가 모든 것을 다 잘할 수는 없지만, 어느 정도 공부하면 기술적으로 해결할 수 있는 부분이 있어요. 만약 재정 결산을 잘 못한다면 엑셀의 도움을 얻을 수 있죠. 공부로 메울 수 있는 부분이에요. 또 지금 일하는 단체 활동과 관련한 모든 뉴스를 다 챙겨볼 수는 없잖아요. 하지만 키워드를 넣어서 '정보공개청구'라는 문구가 있는 뉴스만 따로 볼 수 있죠. 제가 매일같이 꼼꼼하게 챙기지 못해도 누군가 기술적으로 쌓아두면 다 같이 도움받는 부분이 있어요.

그리고 저는 어떤 자질보다는 관계와 조직이 중요하다고 생각해요. 물론 사람을 만나서 직접 관계를 맺는 조직화는 기술만으로 할 수 없는 부분이 있겠지요. 하지만 조직화조차 누구나 배워서 할 수 있는 '어느 정도'가 있어요. 그래서 평등한 관계와 조직적 규율 속에서 각자의 역할을 잘하되, 어떤 부분을 한 사람에게 계속 맡겨서 특정인을 착취하는 방식으로 조직이 운영되지 않도록 해야죠. 혼자서 많은 일을 해내는 사람도 있지만, 못한다고 해서 움츠러들 필요는 없어요. '내가 할 수 있는 만큼 잘하자'가 제 신조예요.

플씨 바쁜 활동 중에도 쉬면서 재충전 시간을 가지는 것이 중요하죠. 자전거가 취미라는 이야기를 들었습니다. 평소 자전거 타고 여행하는 소식을 자주 올리시는 것 같아요. 오늘도 자전거 타고 출근하셨나요?

예찬 생활용이나 여행용으로 타고 자전거로 출근도 자주 해요. 저는 아직 운전면허가 없어요. 제 자전거는 전기 자전거인데, 전기 자전거는 법적으로 시속 25km 속도 제한이 걸려 있으면 자전거로 취급해서 원동기 면허가 필요 없어요. 어쩌다 보니까 면허를 안 땄는데 시간이 지나고 보니 굳이 면허를 따야 하나 싶었어요. 그리고 자동차 위주로 구성된 도시 공간에 저항하는 의미로 면허를 아예 따지 말자는 생각도 있습니다.

플씨 면허를 따지 않는 것에서 운동적 지향을 또 발견할 수 있군요! 따릉이 같은 공공 자전거에도 관심이 많으시죠.

예찬 자전거 정책이 정말 중요해요. 우선 도시에 자전거 도로가 너무 없다 보니까 일상적으로 자전거를 타기 힘들죠. 보행자나 차 없는 사람 대신 자동차가 불편을 감수하는 공간으로 재편되어야 해요. 프랑스 파리는 '15분 도시'를 표방하고 있어요. 보행이나 자전거로 15분 이내에서 일상생활을 해결할 수 있도록 공공시설을 재배치하고, 차도를 자전거 도로로 만들고, 주차장을 휴식 공간으로 바꾸는 등의 움직임이에요. 최근 몇 년간 안 이달고(Anne Hidalgo) 파리시장이 '15분 도시'를 강력하게 밀어붙였어요. 시내에 자동차 출입을 제한하고 자전거 도로를 엄청나게 늘려서 "자동차의 적"이라고 불리기도 했죠.

코로나19 이후 공간을 향한 인식이 바뀐 것도 도시 공간 재편에 영향을 미쳤죠. 대표적인 자동차 중심 국가인 미국에 오픈스트리트 운동이 있어요. 지역 커뮤니티 행사하는데 코로나19 때문에 실내 행사를 못 하니까 동네의 도로를 막고 행사하죠. 그러면서 자동차가 차지하던 도로를 보행자나 자전거 또는 공동체를 위한 공간으로 만들어냈어요. 길가를 막아 놓고 의자랑 테이블 깔아서 레스토랑 야외 영업하고, 그 길로 걸어 다니고 산책하고 자전거를 탄다고 해요.

플씨 한국도 자전거 인구가 많이 늘었죠. 따릉이도 확실히 엄청나게 타고 다니는 것 같아요.

예찬 처음에 따릉이 도입했을 때 5,000대였는데, 지금은 4만5,000대니까 엄청나게 많이 늘었죠. 2020년 서울시 데이터에 따르면, 코로나

19 이후 서울 시민 4명 중 1명이 공공 자전거인 따릉이를 이용한다는 결과가 나왔어요. 최근 기후 위기로 자원과 환경, 공간의 공공성을 강조하는 담론들이 많아졌죠. 저는 평소에도 어디에 자전거 도로를 만들어야 하는지 생각하며 이동해요.☺ 나중에 본격적으로 자전거 교통 정책이나 자전거 이용자를 조직하는 사회운동단체를 만들 수 있다면 좋을 것 같아요.

플씨 멋있는 포부네요. 덕분에 도시 공간에 대해 새로운 시각을 가지게 되었습니다.

결심한 이후 활동에 고민 없이 뛰어들었다는 김예찬 활동가. 민주주의를 실현하려면 알 권리에 기반한 자유로운 의사 형성이 필요하기에 그는 권력이 은폐한 정보를 폭로하고 모두의 '앎'을 위해 싸운다. 일상에서도 운동적 시각을 견지하는 동시에 지속 가능한 활동과 삶을 고민하는 모습이 인상적이다. '사회적 탐정'인 예찬의 길을 응원한다.

〈안녕, 프란체스카〉의 등장인물인 뱀파이어 가족은 서로의 관계조차 연기하며 '보통 인간'의 역할을 수행해요. 일상에서 숨어 사는 퀴어들이 〈안녕, 프란체스카〉에서 인간들 사이에 숨어 사는 뱀파이어와 비슷하게 느껴지는 점에 착안했죠. 〈으랏파파〉의 주인공들도 바깥에서는 자신을 드러내지 않지만, 그들의 집은 퀴어가 기준이 되는 세상이잖아요. 고현미와 혀크와 쌀차비가 사는 집은 갈 곳 없는 퀴어와 사회적 약자가 안전하다고 느낄 수 있는 아늑한 공간이에요. 모두에게 안전한 공간을 현실에서 찾기 힘드니까, 시트콤에서라도 존재하면 좋겠다는 바람인 거죠.

모두가 불편하지 않은 웃음을

☺ 빼갈

'성적소수문화인권연대 연분홍치마'에서 활동하고 있다. 퀴어 댄스팀 '큐캔디'에서 춤추고, 큐캔디 멤버의 고민과 이야기를 담은 다큐멘터리 〈무브@8PM〉를 만들었다.

2022년 6월

연분홍치마와 미디어 액티비즘

플씨 간단하게 자기소개 부탁드릴까요?

빼갈 안녕하세요. 연분홍치마에서 활동하는 빼갈입니다.

플씨 고량주의 빼갈 맞나요?

빼갈 예, 맞습니다.

플씨 좋아하시나 봐요.

빼갈 닮은 술 얘기하는데 친구들이 빼갈 같다고 하더라고요. ☺

플씨 연분홍치마는 어떤 단체인지 설명 부탁드립니다.

빼갈 공식 이름은 '성적소수문화인권연대 연분홍치마'(이하 연분홍치마)예요. 연분홍치마는 '누가 어떤 공간에서 어떤 힘으로 어떻게 배제되는지'에 관한 문제의식을 갖습니다. 미디어가 운동에 도움이 되는 방식이 무엇인지 고민하며 콘텐츠를 제작합니다. 여성주의를 바탕으로 인권의 가치를 지키는 미디어 액티비즘을 실천하죠. 사회운동 현장에서 미디어 기록을 하거나 다큐멘터리를 제작하고, 다양한 연대 운동을 해요. 같이 영화를 공부하던 사람들이 모여서 단체를 만들었고, 트랜스젠더 실태조사 등을 통해 만난 사람들과 함께 작업해요.

'운동의 문제의식을 어떻게 더 확장할 수 있을까?' 고민한 결과가 다큐멘터리와 미디어 콘텐츠로 나왔어요. 지금까지 나온 창작물로는 〈너에게 가는 길〉, 〈마마상〉, 〈3xFTM〉, 〈레즈비언 정치 도전기〉, 〈종로의 기적〉, 〈두 개의 문〉, 〈공동정범〉 등의 다큐멘터리 영화가 있어요. 실태조사에서 목격한 현실을 포착하는 목표가 있다 보니 극영화보다는 다큐멘터리가 됐죠. 또 '연분홍TV'라는 유튜브 채널을 바탕으로 나온 〈퀴서비스〉, 〈퀴어 웹드라마 으랏파파〉 등이 있습니다.

퀴어는 정상성에서 벗어난 비규범적 성적 정체성 및 지향을 가지는 다양한 스펙트럼의 사람을 포괄하는 용어다. 원래 '이상한, 특이한'의 뜻을 가진 단어로 19세기 후반에 동성애자 비하의 의미로 사용했다. 그러나 1980년대 후반부터 퀴어 네이션(Queer Nation) 회원과 같은 퀴어 활동가들이 정치적이고 급진적인 대안으로서 자긍심을 부추기는 의미로 단어를 전유하기 시작했다. 성소수자는 전유의 표현이라기보다는 성적 정체성 및 지향에 있어 사회적 소수자로서의 위치를 의미하며, 주로 성소수자/퀴어를 LGBTQ로 줄여서 부른다. L은 레즈비언(Lesbian), G는 게이(Gay), B는 양성애자(Bisexual), T는 트랜스젠더퀴어(Transgender), Q는 성적 지향 및 정체성을 탐구 중인 퀘스쳐너리(Questionary)를 지칭한다. 성소수자/퀴어의 상징은 무지개로, 무지개처럼 광범위한 스펙트럼과 다양성을 의미한다.

플씨 빼갈 님은 연분홍치마에서 어떤 역할을 하고 계시나요?

빼갈 연분홍TV 조연출로 시작했고 최근에는 다큐멘터리 〈무브@8PM〉의 감독을 맡았습니다. 2022년 8월 말 서울국제여성영화제에서 첫 상영을 했고, 여러 장소에서 GV와 상영회를 하고 있어요. *차별금지법* 관련 다큐멘터리 작업을 하고 있고, 미디어 아카데미인 연분홍 아카데미도 진행했어요.

차별금지법은 모든 차별의 금지가 핵심 내용이다. 정치적 · 경제적 · 사회적 · 문화적 생활의 모든 영역에서 차별을 금지하고, 차별로 인한 피해를 효과적으로 구제하며, 차별을 예방하고 실질적 평등을 구현함으로써 인간의 존엄과 평등을 실현하는 것을 목적으로 한다. 법안은 성별 · 장애 · 인종 · 국적 · 나이 · 학력 · 고용형태 · 성적지향 · 종교 등의 여러 요건에 따른 차별을 금지한다. 차별금지법은 법 하나로 모든 차별을 금지할 수 있다는 기대보다는, 차별이 무엇이고 어떤 것이 금지되어야 하는지, 차별을 없애기 위해 어떤 조치가 필요한지 등의 실질적 논의를 끌어내고 평등한 사회를 만들기 위한 첫걸음으로써의 성격을 띤다. 한국 사회에서는 2006년부터 차별금지법 제정 움직임이 꾸준히 있었지만 2023년 현재까지 법제화하지 못했다. 차별금지법은 2007년 이후 꾸준히 발의됐지만 모두 폐기됐는데, 종교계와 재계의 반발이 극심했기 때문이다. 2007년 시민사회단체들은 차별금지법 제정을 위한 '반차별공동행동'을 결성했으며 이는 2011년 '차별금지법제정연대'의 발족으로 이어졌다. 차별금지법제정연대는 2013년 '평등예감_'을'들의 이어말하기'를 진행했고, 2017년 재출범 이후 '차별금지법 제정 촉구 서명운동 및 평등행진', '전국순회 평등버스', '평등길1110 도보행진', '차별금지법 제정을 위한 국회 앞 농성 및 단식투쟁' 등의 다양한 활동을 전개했다.

플씨 연분홍치마의 최근 작품으로 〈너에게 가는 길〉과 〈무브@8PM〉을 꼽을 수 있을 것 같아요. 각 작품의 소감이 궁금합니다.

빼갈 〈너에게 가는 길〉은 연분홍치마가 성소수자부모모임과 협력해서 만든 다큐멘터리 영화예요. 연분홍치마 활동가인 변규리 감독이 3~4년 동안 고생해서 만들었죠. 〈너에게 가는 길〉에서 부모는 자식의 커밍아웃을 통해 '타자'로서의 성소수자 자식과 관계를 맺어요. 그리고 그 과정에서 서로에게 생긴 변화와 그 변화가 부모의 성소수자 운동으로 연결되는 과정을 잘 보여줍니다. 가장 친밀하면서도 가장 멀어질 수 있는 관계에서 일방적이지 않고 평등한 상호 소통의 관계를 맺으며 서로의 세계를 확장하는 경험을 보여주죠. 〈너에게 가는 길〉이 사람들한테 가닿고 울림을 줄 수 있어서 뿌듯해요. 연분홍치마 활동가로서 제가 이 작품에 참여한 것은 없지만요.☺

〈무브@8PM〉은 제가 속한 퀴어 댄스팀 큐캔디 멤버들이 두 개의 세계를 살아가면서 겪는 고민과 이야기를 담은 다큐멘터리예요. 나를 드러내며 자긍심을 찾는 큐캔디로서의 세계와 나를 숨겨야 하는 일상의 세계가 있어요. 두 세계가 주는 괴리 속에서 멤버들이 서로의 지지대가 되며 '나'와 다른 세계의 거리를 좁혀나가는 이야기죠. 〈너에게 가는 길〉이 이성애 부모의 보편적 시각에서 성소수자 자식이라는 타자와의 만남을 조명한다면, 〈무브@8PM〉은 타자인 퀴어 당사자가 보편의 세상을 어떻게 살아가는지 보여줘요. 등장인물들은 쉽게 자신을 드러낼 수 없고 혐오에 생존이 위협받기도 해요. 하지만 투쟁 현장에서 연대의 춤을 추며 큐캔디 멤버들과 해방감을 주고받고, 용기를 얻어 자신을 긍정하고, 다큐멘터리를 통해 자신을 드러내죠. 커밍아웃이라는 소수자의 자기 가시화가 투쟁으로서 어떤 의미가 있는지 말하는 영화들이에요.

플씨 둘 다 영화도 좋았지만, 서로의 고충과 위로를 나누는 GV 현장이 너무 인상적이었어요. GV가 사람들에게 자기 고백의 시간이자 고민을 나누는 시간이 되어서 영화 그 너머를 볼 수 있었거든요. GV 참석 후에 차별금지법 집회를 자연스럽게 가게 됐어요. GV에서 서로의 경험을 공유함으로써 '우리가 걷는 길'을 확장해준다는 점에서 또 다른 운동적 의미를 지니는 것 같아요. 좋은 영화 만들어주셔서 감사합니다.

모두가 불편하지 않은 웃음을

플씨 연분홍치마에서 활동하면서 아주 많은 콘텐츠를 만드셨더라고요.

유튜브 채널 연분홍TV에 퀴어가족 시트콤 〈으랏파파〉, 〈퀴서비스〉 시리즈가 있는데, 〈퀴서비스〉에서 퀴어들이 자신의 이야기를 하며 웃고 떠드는 '호텔 엘루나' 편을 특히 재밌게 봤어요. 개인적으로 "누구도 배제되지 않는 웃음을 만들기 위해 노력한다"라는 문구가 연분홍TV의 성격을 보여주는 것 같아서 기억에 강하게 남았습니다. 연분홍TV는 어떤 고민에서 나왔나요?

빼갈 다른 콘텐츠도 그렇지만, 연분홍TV는 사회적 소수자의 경험과 고민을 공유할 수 있는 공간을 만들어 연대의 공동체적 감각을 높이자는 취지에서 나왔어요. 주로 페미니즘과 관련한 주제를 다루는데, 유튜브 콘텐츠를 고민하며 정한 모토 두 가지가 있어요.

첫째는 '우리만의 농담을 발명하자'였어요. 정치적으로 올바르게, 'PC'하게 웃길 수 있다. 페미니즘을 하면서 웃길 수 있다. 퀴어만의 농담을 만들자! 만드는 사람과 보는 사람 모두가 불편하지 않은 웃음을 주고 싶었어요. 이 부분을 가장 신경 쓴 영상이 '호텔 엘루나' 편인 것 같아요. 둘째 모토는 '서로의 안부를 묻는 현장을 만들자'예요. 서로가 안녕한지, 괜찮은지를 묻는 것이 중요한 목표예요. 미디어 현장 자체가 운동의 현장이기에 현장 운영 자체가 실천의 하나라고 생각해요. 이 두 가지 원칙 속에서 현장을 만들기 위해 노력하고 있습니다. 〈으랏파파〉는 연분홍치마가 '스탠바이큐' 활동하던 와중에 함께 만들어서 퀴어 친화적인 현장을 위한 내규를 대본 리딩 때 같이 읽는 등의 노력을 했어요. 그리고 실제로 퀴어 당사자가 많다 보니 현장

분위기가 바뀌는 부분도 분명히 있는 것 같아요.

플씨 사전 조사하면서 〈으랏파파〉 관련 인터뷰 글을 봤는데, 쌀차비 배역을 맡은 문혜인 배우가 "촬영 현장이 서로 끊임없이 괜찮냐고 묻고 확인하는 공간이어서 좋았고 '서로가 괜찮은 현장'이 중요함을 깨달았다"라고 말씀하셨더라고요. 연분홍치마의 모토인 '모두에게 안전한 공간'을 다시 확인할 수 있었어요. 한빛미디어노동인권센터와 퀴어 프렌들리한 현장을 만드는 프로젝트를 함께했다고 들었는데요. 구체적으로 어떤 활동을 했는지 궁금합니다.

빼갈 스탠바이큐는 '카메라 뒤에도 퀴어가 있다'라는 모토를 중심으로 했어요. 미디어 현장에서 발생하는 혐오와 차별을 방지하고, 퀴어의 권리를 존중하는 미디어 노동환경을 만들기 위해 시작한 프로젝트입니다. 퀴어 미디어노동자가 고충을 토로하고 차별을 고발할 수 있는 익명 대나무숲, 퀴어 차별 및 혐오를 방지하는 스탠바이큐 가이드라인 제작, 토크쇼 등을 진행했죠. 스탠바이큐 가이드라인에는 "나와 타인이 다름을 인지하고, 성소수자를 동료 시민으로서 배제하거나 타자화하지 않고 대우하며, 성중립적 현장을 만들고 현장의 차별에 맞서자"라는 등의 내용이 담겨 있습니다.[25]

〈으랏파파〉 조명감독님이 다른 독립영화 현장에서 조명감독으로 일하고 있어서 미디어노동자를 위한 커피차를 한빛센터와 같이 보냈어요. 그 영화 시나리오 앞에 스탠바이큐 가이드라인이 있었고요. 현장에 계신 분들이 퀴어 관련 굿즈를 가져가고, 가이드라인을 읽으면서 현장의 분위기가 많이 달라졌죠. 이런 시도를 앞으로 계속하면서 영향력과 인지도를 넓혀 가면 좋을 것 같아요. 다만 당시에 저는 〈무브@8PM〉을 만드는 데 주력하고, 연분홍치마는 차별금지법 투쟁에 합류하면서 진행을 멈췄어요.

플씨 퀴어 노동자는 현장의 위계적 분위기와 더불어 '이성애자 연기'를 해야 하는 이중 억압을 받죠. 스탠바이큐는 미디어 산업의 열악한 노동환경 속에 있는 퀴어에게 지지대를 마련해주는 작업인 것 같습니다. 주류 미디어를 만드는 현장에서는 일반적으로 위계적인 분위기가 많잖아요. 만드는 사람과 보는 사람 모두가 웃을 수 있기를 추구하는 연분홍치마가 퀴어 친화적이고 수평적인 촬영 현장을 만든 구체적인 과정을 들어보고 싶어요.

빼갈 2020년 총선을 앞두고 '성소수자차별반대 무지개행동'과 '정치인이 전부 퀴어라면'이라는 설정으로 기획한 콘텐츠를 제작했어요. 무지개행동의 성소수자 권리보장 요구[26] 활동의 맥락 안에서 웃음 코드를 발견할 수 있었죠. 이렇듯 사회운동과 접목되었을 때 비로소 깊이 있으면서 웃길 수 있는 예능이 나오는 게 아닐까 생각합니다.

더욱 구체적으로는 기획 단계가 중요해요. '호텔 엘루나'는 출연자별로 사전 인터뷰를 3시간 정도씩 하고 그를 바탕으로 기획했거든요. 기획을 보면서 다시 한번 출연자분들과 내용을 확인했고요. 여러 번 확인하는 거죠. 조언할 수 있는 사람을 찾아서 '어떻게 하면 불편하지 않겠냐', '혹시 이런 것들이 불편하지는 않냐' 물으며 논의하는 것도 필요하겠죠.

플씨 유머가 조금만 삐끗해도 약자를 비웃는 방식으로 갈 수 있죠. 모두가 즐길 수 있는 유머가 나오는 비결은 말씀하신 세심한 과정들에 있지 않을까 싶네요. 특히 '호텔 엘루나'에서 익명성을 위해 출연자 개개인에게 표정 인식 이모지를 따로 제작해서 덮어씌운 방식은 배려가 느껴졌어요. 신선하기도 했고요.

빼갈 익명성을 유지하되 출연자의 표정이 드러날 수 있도록 하려고 고민을 많이 했었어요. 그러다가 한 분이 제안을 주셨는데, 영상을 미리 촬영하고 아이폰으로 다시 찍어서 얼굴 부분에만 이모지 영상을 붙이는 거예요. 좋은 사양의 아이폰이 필요하더라고요. 용량도 엄청 많이 차지해요. 이모지를 위해 스태프가 자신의 핸드폰을 바꿨죠.☺ 또 편집하다 보니 출연자 중 한 분은 너무 흥이 많아서 도저히 이모지가 그 흥을 다 표현하지 못하는 거예요. 그래서 어느 정도는 포기했는데도 나름 재밌었어요.

그리고 맥락이 조금 다르긴 한데 *〈두 개의 문〉* 용산역 광장 상영 때 AR을 활용한 것도 새로운 시도죠. 그때 전시해놓은 큰 사진에 핸드폰 카메라를 가져다 대면 그 배경으로 영상이 상영돼요. 이렇게 퀴어나 운동권들이 기존에 활동하는 방식에 신기술을 접목하는 시도를 계속하고 있어요.

〈두 개의 문〉은 김일란 감독과 홍지유 감독이 만든 다큐멘터리 영화로, 철거민 5명과 경찰특공대 1명의 목숨을 앗아가며 사회적 파문을 불러온 2009년 용산참사를 다루고 있다. 생존권을 호소하며 철탑 망루에 올라야 했던 철거민들은 망루를 짓기 시작한 지 불과 25시간 만에 싸늘한 시신으로 땅에 내려왔고, 살아남은 자들은 범법자로 취급됐다. 화염병을 갖고 망루에 오른 철거민들의 불법 폭력시위가 참사의 원인이라는 검찰의 발표, 그리고 공권력의 과잉 진압이 사건을 키웠다는 비판의 목소리가 부딪히는 가운데 국가가 행사하는 폭력의 정당성과 폭력시위 근절이라는 날카로운 대립이 이어졌다. 이후 용산참사의 진실을 둘러싼 긴 싸움은 법정으로 이어진다. 법정에서 녹취한 음성자료와 사고현장을 담은 동영상을 효과적으로 활용해 사건의 실체를 드러내는 영화 〈두 개의 문〉은 우리를 그날의 그 현장으로 데려가 사건의 진실과 마주하게 한다.[27]

플씨 연분홍TV 콘텐츠 중 퀴어 시트콤 〈으랏파파〉가 재밌고 인상 깊었어요. 퀴어의 삶을 시혜의 시선으로 보거나 타자화하지 않더라고요. 퀴어의 삶을 생생하게 보여줘서 훨씬 더 편하게 볼 수 있었고 마음에 와닿았어요. 〈으랏파파〉에 대한 간단한 설명과 퀴어 웹드라마를 시작한 계기를 말해주세요.

빼갈 우선 〈으랏파파〉는 중년 레즈비언 *부치* 체육 선생 고현미, 친화력 좋은 청소년 성소수자 혀크, 이방인 택배 기사 쌀차비가 한집에서 살아가는 이야기예요. 배달노동자로 일하는 쌀차비가 코로나19로 인해 고시텔에서 일방적으로 퇴출당하고, 혀크가 '아빠'인 고현미의 집으로 쌀차비를 무작정 데려오면서 이들의 가족생활이 시작되죠. 말씀대로 〈으랏파파〉는 퀴어의 일상을 직관적으로 보여주자는 목표가 있었어요. 대중들에게 퀴어를 설명하거나 호소하지 않고 처음부터 퀴어를 기준으로 설정하고 퀴어가 살아가는 일상을 보여줌으로써, 당사자가 향유할 수 있고 사람들이 직접 몸으로 느낄 수 있는 작품을 만들고 싶었거든요.

〈으랏파파〉 전에 〈퀴서비스〉 시리즈에서 첫 번째로 웹드라마 '애기레즈의 고백법'을 시도했는데, 한 번 더 만들고 싶어졌어요. 웹드라마나 시트콤만이 이야기할 수 있는 영역이 있다고 생각해서 재도전했죠. 잘 만든, 그리고 예상을 뛰어넘는 퀴어드라마를 만들고 싶었어요. 처음에는 시트콤 〈안녕, 프란체스카〉와 이반지하 님의 노래 〈우리가족 LGBT〉, 두 가지를 모티브로 했어요. 〈안녕, 프란체스카〉의 등장인물인 뱀파이어 가족은 서로의 관계조차 연기하며 '보통 인간'의 역할을 수행해요. 일상에서 숨어 사는 퀴어들이 〈안녕 프란체스카〉에서 인간들 사이에 숨어 사는 뱀파이어와 비슷하게 느껴지는 점에 착안했죠. 〈으랏파파〉의 주인공들도 바깥에서는 자신을 드러내지 않지만, 그들의 집은 퀴어가 기준이 되는 세상이잖아요. 고현미와 혀크와 쌀차비가 사는 집은 갈 곳 없는 퀴어와 사회적 약자가 안전하다고 느낄 수 있는 아늑한 공간이에요. 모두에게 안전한 공간을 현실에서 찾기 힘드니까, 시트콤에서라도 존재하면 좋겠다는 바람인 거죠.

빼갈이 말한 〈으랏파파〉 등장인물 고현미는 중년 레즈비언 부치다. 부치(Butch)와 팸(Femme)은 레즈비언 하위문화에서 남성성 혹은 여성성과 관련한 특성, 행동, 스타일, 자기 인식 등의 정체성을 나타내는 의미로 사용된다. 부치가 전자, 팸이 후자인데, 상황과 맥락에 따라 여러 가지 의미로 사용되며, 유희의 의미로 쓰이기도 한다.

플씨 〈으랏파파〉와 〈스탠바이큐〉 모두 짧게 진행하셨는데, 개인적으로는 오래 했으면 좋겠다는 바람이 있어요. 팬이에요.☺

미디어를 활용한 운동의 큰 전망을 들어보고 싶어요. '퀴어 방송국을 만들고 싶다'는 연분홍치마 활동가 김일란 감독님의 포부를 들었던 것 같은데요. 빼갈 님은 연분홍치마가 어떤 포부를 가지고 있다고 생각하시는지 궁금합니다.

빼갈 현재는 다양한 장르를 계속 시도하고 싶고 좀 더 규모가 큰 활동을 생각하고 있어요. 퀴어 페미니스트 작업자들이 함께 모여서 고민을 나눌 수 있는 공간을 마련하는 것도요. 연분홍아카데미는 같은 고민에서 나온 결과물이었습니다. 그리고 연분홍치마의 커밍아웃 시리즈 중에 최근 작업이 〈너에게 가는 길〉과 〈무브@8PM〉이거든요. 커밍아웃의 운동적 의미들이 있죠. 최근 작업에서는 퀴어를 가시화하면서 이들이 어떤 고민을 하고 있는지 깊이 있게 드러내고 싶었는데, 영화 상영회와 GV가 커밍아웃 티켓으로서 의미가 있던 것 같거든요. 성소수자의 주변인들이 와서 자신의 감상을 얘기하고, 퀴어들은 자신을 솔직하게 드러내면서 모두가 함께하는 길로 운동을 확장한다고 생각해요. 이런 것들이 일상 속의 운동이 될 수 있겠다고 생각합니다. 일상에서 운동을 확장하고 싶어요.

멀어진 때도, 가까워진 때도

플씨 활동가이자 생활인으로서 빼갈님의 삶을 들어보고 싶어요. 첫 집회 사회나 첫 발언 등 운동 관련한 첫 경험을 키워드로 뽑아서 이야기 부탁드립니다.

빼갈 첫 발언은 새내기 때의 정리 발언이었어요. 고등학생 때부터 열심히 활동하던 친구가 '집회가 있으니 네 선배에게 전해달라'라고 부탁했어요. 그리고 원래 저희 반 과장이 그 집회에 가기로 했는데, 못 간다고 해서 제가 대신 갔어요. 과장이 다짜고짜 집회에 가서 특정인을 찾으라고 알려줬죠. 가서 깃발 들고 있는 사람에게 그분이냐고 물었더니 본인은 아니고 저쪽에 계신다고 알려줘서 결국 찾았어요. 그날 정리 집회 때 동그랗게 모여 앉았는데 저에게도 발언을 시키는 거예요. 덜덜덜 떨면서 사회대 대표로 했던 발언이 가장 기억에 남네요. 그때가 *장애인 차별 철폐 문화제*였던 것 같아요.

4월 20일은 '장애인차별철폐의 날'이다. 원래는 1972년 한국장애인재활협회가 '재활의 날'로 정하고 기념하던 것을 전두환 정권이 1981년부터 '심신장애자의 날'로 지정했다. 장애를 재활이나 극복의 대상으로 바라보는 온정주의적 시선이 내포되어 있다는 문제의식이 있어 장애인들은 국가가 지정한 4월 20일의 명칭을 거부했다. 1987년 6월 항쟁과 7, 8, 9월 노동자 대투쟁을 거치며 장애인의 문제를 개인이 극복해야 하는 비극이 아닌 사회구조적인 관점으로 바라보고 해결하려는 장애인 운동이 태동했다. 장애인이동권연대에 참여한 단체들이 '장애인의 날'을 '장애인차별철폐의 날'로 명명하고 장애 대중과 함께하는 420투쟁을 주도했다. 전국장애인차별철폐연대는 매년 노동·인권·사회·학생단체 등 진보 운동 단체와 개인이 광범위하게 참여하는 420장애인차별철폐공동투쟁단(420공투단)을 꾸린다. 420공투단은 장애해방열사 최옥란의 기일인 3월 26일을 기점으로 전국장애인대회를 열고 5월 1일 노동절까지 한 달여에 걸친 집중 투쟁을 벌인다. 420투쟁은 2023년에 21주년을 맞이했다.

플씨 저도 첫 발언했을 때 굉장히 떨렸는데, 사실 아직도 익숙하진 않아요.☺ 서울대 학생회 간부로 법인화 반대 운동에 참여하는 등 학생운동을 했던 것으로 알고 있어요. 학생운동 경험이 지금 연분홍치마 활동과 어떤 연관성이 있나요?

빼갈 학생 때 매년 반빈곤 연대 활동을 가서 반빈곤 의제에 관심을 가지게 되었고, 졸업 이후 빈곤사회연대에서 활동했죠. 연분홍치마에서 용산참사를 다룬 〈두 개의 문〉이라는 다큐를 만들면서 빈곤사회연대와 연분홍치마 사이에 용산참사 진상규명이라는 접점이 생겼어요. 그래서 셋이 연결되는 것 같긴 하지만 어떤 뜻을 두고 연속적으로 한 건 아니에요.

플씨 학생운동과 반빈곤 활동, 드라마 PD 등 여러 분야를 거쳐오셨네요. 중간에 활동과 멀어진 때도, 가까워진 때도 있는 것 같은데 그래도 활동을 계속하는 이유가 있을까요?

빼갈 사실 *서울대 법인화 반대 투쟁*이 정신적으로 힘들었어요. 당시에 저를 둘러싸고 여러 공격이 있었고, 그래서 제 이름을 걸고 활동을 한다는 것 자체가 굉장히 스트레스였어요. 그래서 일단은 활동과 거리두기가 필요하겠다 싶어서 드라마 기획 PD를 했죠.

PD를 하다가 다시 활동해야겠다는 생각이 들었어요. 그래서 빈곤사회연대에서 상근자로 일했죠. 그사이에 대학생 시절부터 알던 이한빛 PD가 〈혼술남녀〉 조연출을 맡던 중 과로와 직장 내 괴롭힘, 각종 부당한 대우를 겪다가 사망한 사건[28]이 일어났어요. 제가 일했던 드라마 현장을 바꾸는 활동을 하고 싶은데, 2년의 경험만으로 드라마의 생리나 환경 등을 알기가 어려워서 다시 현장으로 갔어요. 다시 드라마 PD를 하다가 다큐멘터리에 관심이 생기면서 회사를 그만뒀어요. 그리고 프리랜서를 하다가 연분홍치마와 만났죠.

빼갈이 말한 서울대 법인화 투쟁의 경과는 이렇다. 2010년 12월 8일 '국립대학법인 서울대학교 설립 · 운영에 관한 법률'(이하 서울대법인화

법)이 당시 여당이던 한나라당의 주도로 예산안과 함께 날치기 통과되었다. 충분한 논의 과정 없이 순식간에 법인화가 결정되고 말았다. 2010년 1월경부터 학생과 교수, 직원은 '서울대법인화반대공동대책위원회'를 결성해 투쟁을 지속하고 있었는데, 법인화 법안이 날치기 통과된 것이다. 서울대 총학생회는 법인화설립준비위원회에 들어갈 수 없다는 문제의식 아래 몇 주간 준비를 거쳐 2011년 5월 30일 비상총회를 소집했고 2,400여 명의 학생이 모였다. 5시간이 넘는 토론과 민주적 의사 절차를 통해 법인화설립준비위원회의 즉시 해체를 요구하는 안이 95%의 압도적 지지로 통과되었다. 또한 학생 총의를 실천하는 방법으로 총장실을 포함한 본부 건물 점거 농성이 84%의 찬성으로 통과되어 학생들은 대학본부 점거 농성에 들어갔다. 6월 3일 총장이 본부에 찾아왔고 이후 대토론회를 진행했지만, 학교는 '법인화설립준비위원회 설립은 국회에서 결정한 것이고, 본부는 이를 집행할 뿐 해체할 권한은 없다'라는 입장만 반복했다. 학생들은 농성 기간 '본부 스탁', '총장실 프리덤' 등의 문화적 시위 방식을 도입했다. 6월 26일 점거 농성이 해제되고, 총장은 법인화 추진 과정에서 의견 수렴이 부족했음을 인정하는 내용의 담화문을 발표했다.[29]

무지갯빛 물결로 하나가 되는 순간

플씨 활동은 누구나 할 수 있나요? 활동가에게 필요한 자질이 있는지,

또 서로 다른 자질을 어떻게 서로 조화시킬 수 있는지 궁금합니다.

빼갈 직장 생활과 똑같습니다. 특별히 필요한 것이 있지는 않아요. 다만 활동가로서의 훈련은 조금 필요하고, 활동가의 자질은 누구나 훈련할 수 있어요.

플씨 부담감을 덜어주는 대답이네요. 미디어 콘텐츠 생산자이자 활동가로 살면서 쉬는 시간을 어떻게 보내는지가 중요할 것 같은데요. 취미 생활이 어떻게 되나요?

빼갈 아까 말했다시피 퀴어 댄스팀 큐캔디에서 춤을 추고 랩 파트를 담당합니다. 사실 원래 몸치였는데,☺ 2014년에 큐캔디 몸치 탈출 클래스에 들어가서 2017년에 몸치에서 탈출했어요. 친구가 저를 조직했죠. 큐캔디 댄스팀은 2013년부터 큐캔디라는 이름으로 무대에 서기 시작했어요. 첫 무대는 2014년 박원순 서울시장의 발언(2014년 박원순 전 서울시장이 한국장로교총연합회 임원들을 만난 자리에서 "동성애를 지지하지 않는다"라고 발언)을 규탄하며 열린 서울시청 점거농성장이었죠. 무대는 큐캔디 멤버들이 연대하는 곳을 중심으로 가요. 발달장애인 시설을 만드는 피플퍼스트라든가, 이주여성 센터라든가, 연대 활동하고 있는 차별금지법 무대 등이요. 낙태죄 폐지 집회에서도 춤을 췄는데, 거기서는 정말로 연대의 느낌을 생생하게 느꼈어요. 어떻게 보면 퀴어 페미니즘이 지향하는 가치가 무대 선정 기준이네요.

플씨 연분홍치마에서 제작한 〈두 개의 문〉 용산역 상영회를 갔었어요. 큐캔디가 무대를 시작하니까 사람들이 다 몰려와서 보고 있는 거예요. 그때 무대를 정말 인상 깊게 봤습니다. 〈무브@8PM〉 영화 내에서도 춤을 봤지만, 춤과 노래가 특정 젠더에 한정되지 않고 다채로웠던 기억이 나요. 노래와 춤을 선정할 때 어떤 의미를 담나요? 빼갈 님이 가장 좋아하는 춤이나 무대는 무엇일까요?

빼갈 말씀하신 대로 *성별 이분법을 횡단*하는 의미의 무대를 많이 기획하죠. 투쟁 현장에 어울리는 가사를 가진 노래나 연대의 의미로 쓰일 수 있는 노래를 많이 선곡해요. 큐캔디는 아이돌 NCT의 체리밤으로 유명합니다. 큐리밤이라고 불리기도 해요. 제가 좋아하는 노래나 춤은 자주 바뀌긴 하는데, 눈이 오는 날에 차별금지법 댄스파티에서 〈거침없이〉라는 노래에 맞춰 셔츠를 벗어서 돌리는 안무를 했던 기억이 나네요. 파워풀해서 좋아하는 안무입니다.

성별 이분법이란 성이 남성과 여성 두 가지로만 구성되어 있다는 신념 혹은 분류 체계를 말한다. 근대 과학은 성기와 염색체에 기반해 여성과 남성을 구분하면서 생물학적 성차의 담론을 형성했다. 남성의 특징(남성성)과 여성의 특징(여성성)을 선천적인 것으로 간주함으로써 차이가 위계로 변모했다. 성별 이분법은 성차별주의를 재생산하는 문화적 토대이자 남성-여성 간 위계를 형성할 뿐만 아니라, 간성을 포함한 다른 성적 다양성(퀴어)을 배제하는 기제로써 작동한다는 점에서 문제가 있다. 성별 이분법은 가부장제와 함께 다른 사회적·정치적·문화적 체제와 맞물려 차별과 배제를 재생산한다. 많은 페미니스트와 퀴어 이론가가 이를 비판해왔다. 퀴어는 성별 이분법을 뛰어넘고 횡단하는 존재로서 그 자체로 성별 이분법의 허구성을 드러내며 균열을 만든다.

플씨 혹한을 연대의 열기로 다 녹이셨군요. 큐캔디의 멤버는 어떻게 구성하나요?

빼갈 처음에는 언니네트워크 활동가를 주축으로 모였고, 그 사람들 주변의 춤추는 사람을 모아서 큐캔디를 만들었어요. 멤버가 바뀌기도 하는데, 지금은 퀴어 페미니스트 댄스 공간 '루땐'의 수강생분들이 중심이에요. 최근에 큐캔디 오디션을 했는데, 5명이 지원했고 전원 합격했습니다.☺

플씨 빼갈 님의 취미는 자신의 탈출구이면서 혐오와 배제에 대한 저항이고 사람들에게 연대의 힘으로도 작용하는 것 같아요. 큐캔디 이야기가 영화로 나온 〈무브@8PM〉을 만든 계기가 궁금합니다.

빼갈 2017년에 게이 합창단 지보이스 다큐를 봤는데 그때 결심했어요. '우리 그래도 잘 살아가고 있어. 힘든 사람들끼리 같이 연대하며 잘 살아 보자'라는 생각을 한 것 같습니다.☺ 큐캔디는 퀴어들의 쉼터이자 삶의 용기를 주는 존재죠. 저희는 큐캔디에서 용기를 얻고, 커밍아웃으로 성별 이분법과 이성애라는 보편에 균열을 냅니다. 투쟁 현장에서 연대하는 사람들과 함께할 때 그 순간만큼은 두렵지 않아요. 혼자가 아니니까요. 무지갯빛 물결로 하나가 되는 순간은 정말 소중한 경험입니다. 코로나라는 위기가 와도 무너지지 않았으니 앞으로도 계속되고 확장될 거라 믿어요.

플씨 매번의 무대가 기대됩니다. 퀴어퍼레이드나 투쟁 현장에서 뵐 수 있길 기대할게요.

운동의 발상과 방식의 '경계를 변형시키며' 새로운 길을 만들어 나가는 연분홍치마와 빼갈 활동가. 좁은 범주의 보통 사람만 누릴 수 있는 웃음뿐인 세상에서 연분홍TV는 소중한 미디어 생산자다. 페미니즘과 퀴어운동은 일상 속의 권력관계에 끊임없이 문제를 제기해온 역사다. "일상 속의 운동을 확장하고 싶다"라는 빼갈 활동가의 말이 깊은 인상을 남긴다. 빼갈의 카메라에 담긴 무지개가 세상에 넓게 펼쳐지길 희망한다.

운동이 안 된다고, 잘된다고 일희일비할 필요는 없지만, 운동이 즐거운지는 중요해요. 학생운동을 한창 열심히 할 때는 개인의 행복이나 즐거움보다 대의가 더 중요하다고 생각했고 대의에 먹혔던 것 같아요. 후에 '반'에서 활동하면서 많이 회복했고요. 대의와 나의 즐거움이 같이 갈 수 있다는 것을 느꼈고, 단위를 유지하려고 내 생명력을 갈아 넣는 짓은 이제 하지 않겠다고 결심했죠.

내가 나를 활동가로 호명하는 것

☺ **신지영**

사회과학 학회 '포헤', 페미니즘 학회, 헬로조선프로젝트, 민중총궐기네트워크, 이내창기념사업회, 백남기 농민 추모 재학생 모임, 반성폭력반성매매모임 '반' 등 다양한 활동을 거쳐왔다. 현재는 비영리단체 '직장갑질 119'의 상근자로 일하고 있다.

2021년 10월

불편함을 말하는 힘

플씨 나의 첫 집회 사회, 나의 첫 발언, 나의 첫 성명, 나의 첫 활동비, 이 중에서 키워드를 뽑아 에피소드 하나만 이야기해주세요.

지영 처음으로 사회를 본 집회는 직접 기획한 '중앙대 페미니스트 총궐기'였어요. 반성폭력반성매매모임 '반'에서 한 마지막 사업이에요. 졸업 전 마지막으로 '집회를 하자, 집회를 한 번 해야 할 것 같다'라고 생각하고 있었죠. 그리고 당시에 FOC(Feminism Organization in Chung-Ang University)라고 페미니즘 관련 성평등위원회 사업이 있었어요. 그때 FOC에 반대하는 학내 청원이 들어오자 총학생회가 사업을 폐기하려고 하더라고요.[30] 그래서 '중앙대에 페미니스트가 이렇게 많다!'라는 것을 보여주고, 또한 우리가 서로의 존재를 확인할 수 있는 집회를 기획했죠.

집회를 처음 기획하다 보니 장비 구하는 것부터 힘들었는데 한 교수님이 많이 도와주셨어요. 수요집회 무대 설치하는 분들께 도움받아서 무대 설치도 무사히 했고요. 긴장해서 기억은 잘 안 나지만 그

날 사회를 봤고요. 나중에 친구가 네이버 블로그 후기를 보여줬는데 사회자가 완전 유쾌하고 구호도 재미있었다고 쓰여 있더라고요. 기분이 너무 좋아서 캡처해놨어요. 그때 사람들이 많이 와서 마지막에는 집회 장소가 꽉 찼어요. 졸업하기 전에 페미니즘 의제로 학내 집회를 할 수 있어서 재밌고 뿌듯했어요.

플씨 학생운동 때부터 지금까지 페미니즘이라는 문제의식이 지영 님 활동의 중심에 있는 것 같아요. 활동에서 페미니즘을 어떠한 형태로 구체화하나요?

지영 페미니스트로서 세상을 인식하면서 문제라고 느끼는 것에 문제를 제기할 힘이 생겼어요. '불편함을 말하는 힘'이라고 할 수 있겠네요. 누군가의 부적절한 언행에 불편함을 느꼈을 때 참지 않고 말하면 또 다른 불편한 상황이 와요. 그래서 말하기가 망설여지죠. 하지만 그 자리가 불편해지는 상황보다 참고 넘기는 일이 더 불편하기에 이제는 그 '불편함'을 말합니다. 전에는 문제를 제기할 때 살짝 자기 확신이 없는 상태에서 말했다면 이제는 조금 더 확신하고 말해요. 우리의 발전을 위해서 필요한 것은 '좋은 게 좋은 거다'가 아님을 알았어요. '좋지 않은 걸 좋다고 말하면 더 문제다'라고 생각할 수 있게 됐죠. '불편하면 말할 수 있는 용기'가 페미니즘에서 중요한 태도라고 생각해요.

지금은 누가 부적절한 말을 하면 어떤 때는 농담의 방식으로, 공식적인 자리에서는 정식으로 문제를 제기하면서 상황에 맞는 형식으로 뜻을 전달하죠. 직장에서나 상담에서도 마찬가지예요. 세대나 성별의 차이가 있잖아요. 누군가에게는 당연한 지점에서 다른 사람은 고민이 생길 수 있어요.

플씨 직장갑질119 활동과는 별개로 성매매 집결지 아웃리치 활동에 자주 참여하고 후기도 공유하시는 것을 봤어요. 어떤 활동인지 소개해 주세요.

지영 성매매는 저한테 여러 의미가 있는 키워드예요. '여성인권센터 보다'에서 '반성매매 액션 크랙'이라는 모임의 소속원으로 아웃리치에 참여해요. 아웃리치는 현장에 가서 상담하는 개념이에요. 크랙이 처음 생길 때 참여했는데, 당시 활동하던 학생운동 조직에서는 성매매에 대한 관점이 달라서 계속 참여하기가 힘들었죠.

조직 활동을 그만둘 즈음에 그동안 제대로 공부하지 못한 핵심적인 영역이 성매매라고 생각했어요. 제대로 공부하고 싶었고, 싸울 수 있는 언어를 얻고 싶었죠. 그래서 학교에서 반성폭력반성매매모임 '반'을 만들어서 활동하고 공부했고요. 이후 '반' 활동을 정리하면서 성매매를 공부할 기회가 잠시 없다가, 2020년 말부터 '성매매 문제해결을 위한 전국연대'에서 활동하는 분이 크랙을 알려주셔서 다시 활동했어요. 미아리 성매매 집결지가 재개발로 곧 철거돼요. 그 전에 성매매 현장을 기록해야 한다는 목표로 올해 아웃리치를 하고 있어요.[31] 언니들은 아웃리치 하는 사람들을 궁금해해요. 그런데 나까이 이모들(성매매업소 입구에서 호객 일하는 여성)이 대화를 못 하게 막죠. 그래서 단체 안내자료를 선물에 넣어서 업소마다 돌리는 활동을 해요. 필요한 상담이 있으면 현장에서 바로 진행하기도 하고요.

여성문제에서 성매매 문제가 가장 핵심적인 문제라고 생각해요. 집결지로 들어가면 성 구매 남성들이 저를 보는 시선에 움츠러들어요. 사실 여기서 가장 부끄러워해야 할 사람은 성을 구매하는 남성이잖아요. 그런데 제가 괜히 소극적으로 되고, 그 공간에서 절대적 약자인 것이 느껴지죠. 성매매 집결지 밖에서는 다르냐면 그렇지 않아요. 제가 사는 신림역 바로 앞에도 도우미 상시 대기 노래방이 엄청 많아요. 리얼돌을 판다고 홍보하는 성인용품점도 있고요. 대한민국에서 여성이 어떻게 대상화되는지의 문제가 가장 응축된 곳이 성매매 집결지예요. 그래서 성매매는 몇몇 여성만의 문제가 아니죠. 한국 사회에서 여성은 '팔리는 존재'라는 것을 항상 인식할 수밖에 없어요. 성매매 문제는 결국 권력의 문제라고 생각할 수 있죠. 지금은 직장갑질119에서 엄청나게 만족하고 계속 일하고 싶지만, 언젠가 성매매 관련해서 활동하고 싶어요.

활동가의 노동 상담

플씨 직장갑질119가 어떤 단체인지, 지영 님은 어떤 역할을 맡고 있는지 간략하게 소개해주세요.

지영 직장갑질119는 2017년에 출범한 사회운동단체입니다. 이름에서 드러나듯 직장 갑질, 그중에서도 직장 내 괴롭힘 문제에 활동의 무게 중심을 두고 있어요. 노조 밖 노동자를 카카오톡 오픈 채팅, 네이버 밴드, 이메일 등으로 만나며 노동문제에 관한 상담과 문제해결, 이슈파이팅에 주력하죠. 노무사, 변호사, 활동가 등 180여 명이 스태프로 참여해요. 각종 노동문제를 공론화했고, 직장 내 괴롭힘 금지법 시행 등의 성과를 냈죠.

저는 직장갑질119의 상근활동가예요. 뚜렷하게 역할이 정해져 있다기보다는 이것저것 다 해요. 이메일 통계 분류도 하고, 보고서를 쓰기도 하고, 디자인도 하고, 요즘은 상담도 해요.

직장갑질119에는 카톡과 이메일 두 가지 상담 창구가 있어요. 저는 활동한 지 1년 정도 됐을 때부터 상담에 투입됐어요. 상담 한 타임이 한 시간 반인데, 그 한 시간 반 동안 100건 정도의 상담이 들어올 때도 있을 만큼 상담이 많아요. 통계는 이메일만 내는데, 꾸준히 상담 유형 통계를 만들고 다양하게 활용해요. 상담이 많이 들어오니까 통계가 굉장히 유의미해요. 노동시간, 임금, 근로계약, 징계해고, 괴롭힘과 같은 노동문제로 유형을 구분하고 그중에서 직장 내 괴롭힘은 유형을 더 세분화하죠. 왜냐하면 직장 내 괴롭힘 상담 비중이 항상 제일 높기 때문이에요. 직장 내 괴롭힘 유형은 노동부보다 직장갑질119가 먼저 만들었어요.

직장 내 괴롭힘을 비롯한 노동문제가 발생했을 때 사람들이 상담할 수 있는 시민사회단체나 노동조합 등의 창구가 많아요. 그런데 상담 창구가 있어도 접근성이 상대적으로 떨어져서 많이 안 찾죠. 직장갑질119의 오픈채팅방 상담은 자신을 드러내지 않아도 되고, 상담 시간에 바로바로 답변받을 수 있으니까 사람들이 더 쉽게 찾아오는 것 같아요. 오픈채팅방에 입장해서 "이런 경우는 어떻게 하나요?", "이런 것도 직장 내 괴롭힘인가요?" 이런 식으로 질문하죠.

플씨 얼마 전에 근무한 지 만 1년이 넘으셨던데요. 어떻게 직장갑질119에서 활동하게 됐나요?

지영 대학 졸업을 앞두고 앞으로 뭘 할지 생각하던 차에 지인이 시민사회단체 일자리 지원사업을 알려줬어요. 노동단체 두 곳에 지원했는데, 그중 직장갑질119에서 일하게 됐죠. 목표는 활동가의 삶을 한 번 경험해 보는 것이었어요. 처음에는 직장갑질119에 오래 있을 거라고 생각 못 했어요. 일단은 6개월간 활동하고, 활동가의 삶이 괜찮으면 그때 다시 생각해보자 정도였어요. 그때가 대학에서 여성운동을 막 하던 때여서 노동단체보다 여성단체에 관심이 많기도 했고요.

플씨 그런데 1년 넘게 일하고 계시네요.

지영 네.☺ 맘에 안 드는 곳에 억지로 있는 성격이 아니에요. 여기가 생각보다 너무 좋더라고요. 일단 같이하는 사람들이 좋아요. 개인적으로 어떤 조직에 속하는 것에 두려움이 많았는데, 직장갑질119에 들어와서 소속감을 통한 안정감을 느꼈어요. 건강하고 좋은 조직이에요.

학생운동 때 활동하던 조직을 탈퇴한 후 몇 년 동안은 노동문제에 별로 관심을 안 뒀어요. 그러면서 '내가 노동문제에 진짜 관심이 있었을까?' 하는 고민이 생겼죠. 그런데 직장갑질119에서 활동한 지 6개월 됐을 때 '괜찮다', '재밌다', '노동문제가 이래서 중요하구나'라고 생각했어요. 직장갑질119 일을 하면서 제가 노동운동에 관심이 많은 사람이었다는 사실을 깨달았죠. 요즘은 노동 상담하면서 자아 성취감 MAX를 찍었고요. 물론 집을 구하기 위한 중소기업 청년대출을 받을 수 있는 안정적인 직장이기도 해요.

플씨 직장 갑질 상담할 때 가장 어려운 점이 뭐예요? 내담자를 대할 때 특별히 유의하는 사항이 있나요?

지영 직장갑질119가 노동문제 전반을 상담해요. 직장 내 괴롭힘 외에도 노동문제 전반을 알아야 하니 계속 공부해야 합니다. 노동 상담에서는 '몇 명이 일하는 사업장인지', '어떤 고용 형태인지' 등이 가장 중요한데, 보통은 본인의 느낌과 감상, 고통을 위주로 얘기하시죠. 그럴 때 아직 초짜인 저는 이 사람한테 어떤 질문을 먼저 해야 할지 파악하기가 어려워요. 도움이 되려면 피해자가 어떤 상황인지 알아야 하는데 많은 분이 본인의 상황을 정확하게 인식하지 못한 채 질문하세요. 채팅 상담이다 보니 얼굴 보고 하는 상담만큼 많은 사정을 파악하기 어려운 점도 있고요.

이를테면 상담받는 분이 생각하는 문제는 직장 내 괴롭힘인데, 상담하다 보면 근로계약서 미작성, 노동시간 위반, 임금체불까지 다 있죠. 5명 미만 사업장 노동자면 직장 내 괴롭힘, 부당해고 구제신청, 주52시간 상한제, 연차, 휴업수당, 연장·야간·휴일근무수당 등의 법 조항이 적용 안 돼요.[32] 직장 내 괴롭힘으로 상담을 시작했는데 근로기준법 위반 사항이 많은 5명 미만 사업장이면 이제 '직장 내 괴롭힘이냐, 아니냐'보다 '이 상황을 어떻게 해결할 것인가'가 더 큰 문제가 되죠. 심각성, 언론 공론화 가능성 등을 판단하면서 접근해야 해요.

그리고 사람들이 상처받지 않게 조심해서 말을 잘 고르려 해요. 다들 이미 피해자고 예민한 상태잖아요. 심지어 상담 채팅방 안에서 사람들끼리 서로 싸울 때가 있어요. 상담을 해도 5명 미만 사업장이나 특수고용직 문제처럼 법의 사각지대에 있어서 뚜렷한 해결책이 없는 경우도 많고요. 그렇더라도 '일단 증거를 모아보자', '상황이 어렵긴 하지만 힘내시라' 같은 식으로 조언하려고 노력해요.

플씨 활동가로서 직장 갑질 문제를 상담하는 것은 변호사, 노무사와 무엇이 다른가요?

지영 처음 답변할 때는 노무사, 변호사의 답변을 보고 많이 공부했어요. 그런데 저희 집행위원장님이 "왜 자꾸 법적인 조언을 하려고 하냐, 그건 활동가의 답이 아니다"라고 했어요. '법적으로 되냐, 안 되냐'를 판단하는 것은 법률가의 영역이고, 활동가는 '어떻게 이 문제를 돌파할 것인가?', '이 사람에게 가장 힘든 부분이 무엇인가?' 같은 문제를 파악해서 도와야 한다고 하셨어요. 한 대 얻어맞은 느낌이었죠. 지금은 상담이 들어오면 우선 내담자에게 최대한 공감하고, 어떤 상황인지 파악한 후에 답변을 드리려고 합니다. 예를 들어 직장에서 성차별 문제를 겪는 내담자가 있을 때 직장 내 성희롱이나 형사법상 성폭력으로 다투기 어려운 경우가 많아요. 하지만 법에 해당하지 않는다고 그분이 겪는 불편함이 문제가 아닌 것은 아니죠. 회사에 고충 처리 방식으로 건의해 볼 수 있고, 같은 사례가 많아서 공론화해야 할 사안이라고 생각한다면 의제화를 고민해볼 수도 있죠.

플씨 학생운동 때 학내 성폭력 문제 관련 활동을 한 적이 있죠? 그 경험이 지금의 상담 활동에도 도움이 되나요?

지영 직장 내 괴롭힘 사건 조사가 성희롱 조사와 비슷한 점이 엄청 많아요. 직장 내 괴롭힘법(근로기준법 제76조의3)이 직장 내 성희롱법의 직장 내 성희롱 발생 시 조치(남녀고용평등과 일·가정 양립 지원에 관한 법률 제14조)에 기대는 부분이 많거든요. 법이 생긴 지 별로 안 됐기 때문에, 이를테면 '직장 내 괴롭힘이 발생했을 때 신고한 사람에게 불이익을 주면 안 된다'라고 했을 때 구체적으로 어디까지가 불이익이고, 어떻게 처벌해야 하는지 등의 내용이 아직 많이 없어요. 그래서 불이익 조항이 있고, 어떤 것이 불이익이고, 왜 문제인가에 대해 많은 토론과 사례가 있는 직장 내 성희롱법을 자주 참조합니다.

학생운동 할 때 실제로 피해자와 상담하고, 가해자와 이야기하고, 사건을 조정하는 역할을 했던 경험은 중요합니다. 적어도 피해자가 어떤 상태인지 안다는 거니까요. 그리고 무엇보다 법으로 제재할 수 있는 문제와 제재할 수 없는 문제가 있다고 할 때, 후자도 공동체의 문제로 받아들이고 해결하려고 노력했던 경험이 지금 내담자를 대할 때 중요하게 작용해요. 우리 사회를 하나의 공동체라고 본다면,

당장 법으로 규율하지 않은 영역도 문제로 인식하고 내담자의 고민을 듣게 됩니다.

노동운동의 새로운 시도들

플씨 직장 갑질 신고가 개인의 문제해결을 넘어 노동조합 가입이나 노동조합 설립으로 이어지는 사례가 있나요?

지영 정말 많습니다. 대표적으로 보건의료노조 한림대의료원지부 설립 사례가 있어요. 한림대 성심병원 장기자랑 갑질이 문제가 됐었죠. 간호사들이 채팅방에 들어와서 상담받고, 밴드 만들어서 사람을 모으고, 문제를 공론화하면서 노조가 생겼어요. 상담할 때 "노조 만들고 싶은데 어떻게 만들 수 있냐?"는 질문도 종종 들어와요. 그럼 저희가 어떤 사업장인지 알아보고, 관련 노동조합과 연결해 드리기도 해요.

플씨 직장갑질119는 온라인노조 조직 시도 등 노동운동에서 새로운 시도를 한다고 알고 있어요. 관련해서 단체 내부에 어떤 고민이 있을까요?

지영 직장갑질119가 오픈 채팅방을 만들어서 익명의 사람들과 상담하고 그걸 기반으로 활동하죠. 상담하면서 노조 밖에 있는 노동자가 훨씬 많고 현장에 노동조합이 얼마나 필요한지를 알았어요. 동시에 기존 노동조합에 사람들이 접근하기가 얼마나 어려운지도 알게 됐고요. 결국 '이 사람들이 어떻게 무기를 쥘 수 있을까?', '어떻게 이 상황을 타파할 수 있을까?'라는 질문이 생기죠. 그래서 온라인노조라는 대안적 형태를 고민했어요. 온라인노조는 실명을 드러내지 않고 온라인으로 가입해서 활동할 수 있는 노조예요. 기존의 노동조합에 들어가기 어렵거나 두려운 마음이 있다면 그 점을 해결할 수 있지 않을까 해요.

기존 노조는 한 명이 시작하면 같은 직장 동료가 따라 들어오면서 노조의 조직력으로 이어지는 모델이죠. 어느 정도 규모가 있는 직장 기반의 모델 같아요. 그런데 어린이집 교사나 사회복지사, 콜센터 상담사, 미용사 같은 업종은 보통 작은 사업장에서 일하는 데다, 같은 업종 내에서 이직을 많이 해요. 업종마다 공통의 노동문제가 있는데, 노동조합을 5명 미만의 작은 사업장에 하나하나 만들기 너무 어렵죠. 그때 업종별 온라인노조가 새로운 울타리가 될 수 있지 않을까요? 금방 만들 수는 없을 거예요. 그동안 없었던 노동조합을 새로 만드는 일이니까 시간이 걸리더라도 잘해보고 싶어요. 활동가들끼리 '어떻게 해야 잘 만들 수 있을까?', '어떻게 조직할 수 있을까?' 같은 문제로 시작해서 '가입비는 얼마'처럼 가장 기본적인 것까지 고민을 나누고 있어요.

플씨 최근 스타벅스 노동자의 트럭 시위 등 요즘 직장인의 집단행동은 '블라인드'(직장인 대나무숲 형태의 모바일앱)를 통해서도 이뤄지는 것 같아요. 이런 움직임에 관심을 두는 거죠?

지영 그렇죠. 저는 온라인노조를 고민할 때 블라인드에서 어떻게 업종 분류하는지 참고했어요. 사람들이 흔히 생각하는 업종 분류 방식을 알 수 있으니까요. 또 블라인드가 어떻게 성공할 수 있었는지 궁금했어요. 익명이라는 이유만으로 성공하지는 않았다고 생각해요. 그래서 블라인드 안에서 어떤 게시판이 제일 핫한지, 어떤 글들이 올라오는지 확인해 보기도 했죠.

플씨 직장갑질119 뉴스레터를 담당하시는데, 어떤 걸 중시해서 만드나요? 독자에게 무엇을 가장 전달하고 싶은가요?

지영 직장갑질119는 후원회원 대상 사업이 별로 없어요. 후원은 후원으로 받고 사업은 노동 상담을 중심으로 하므로 회원 중심으로 활동을 꾸리는 단체와는 다르죠. 후원회원한테 최소한 우리가 어떤 사업을 하고 있는지 주기적으로 알릴 필요가 있다는 생각에서 제가 제안하고 처음 기획안을 써서 시작했죠. 분기마다 뉴스레터가 나가요. 한 분기 동안 펼친 사업을 최대한 많이 알리려고 합니다. 후원회원이 후원의 효용성을 느낄 수 있게 '여러분의 후원으로 직장갑질119가 이렇게 활동을 잘하고 있습니다' 하는 내용을 잘 전달하고 싶어요. 저희 언론 담당 스태프가 대한민국에서 제일 보도자료를 잘 쓰는 사람 중 한 명이에요. 보도자료 원형을 불특정 다수인 회원에게까지 다 공개할 수 없어서 사업을 다룬 기사들만 첨부하거든요. 그 점이 아쉬워요.

플씨 인스타그램과 트위터에서 콜센터노동자들이 겪는 직장 갑질에 관한 웹툰(인스타그램 @today_call, 트위터 @callToon)이 올라온 걸 봤습니다. 신선한 시도 같던데, 어떻게 평가하세요?

지영 콜센터노동자에게 우리 사업을 어떻게 알릴 수 있을지 고민하다가 시작했어요. 요즘 인스타툰이 유행이니 우리도 해보자고 제안했죠. 그림은 작가인 제 친구가 그려줬고요. 노동운동에서는 인스타툰 사업을 신선하고 새로운 시도로 받아들이더라고요. 트위터에서 1,000개 넘게 리트윗될 정도로 흥행했어요. 특히 복장 단속 관련 사례는 노출 수가 12만을 찍었고요. 트위터에 콜센터노동자가 많으니까 잘 되겠다고 생각한 점도 있어요. 트위터는 본인의 직업 정체성을 가진 계정이 많고, 내가 어떤 사람인지가 되게 중요한 매체예요. 그래서 트위터에서 잘 알려질 것으로 생각했고, 실제로 잘 됐어요.

최근에는 인스타그램(@gabjil119)에서 직장 갑질 뿌'수기' 공모전이 진행 중입니다. 본인의 직장 내 괴롭힘 경험을 모아서 시상하고 문집을 내는 사업이죠. 각 SNS의 특성에 맞는 사업을 하려고 노력해요.

내가 나를 활동가로 호명하는 것

플씨 직장갑질119에 오기 전까지 활동해 온 경험이 업무 능력이나 자기 보살핌의 측면에서 자산이 되나요? 학생운동과 지금 활동의 비슷한 점과 다른 점은 무엇인가요?

지영 학생운동에서 학생회를 뺀 모든 형태를 다 해 본 것 같아요. 보도자료, 발언문, 성명서 같은 문서작업, 현수막, 포스터, 카드뉴스 같은 선전 작업, 그 밖에 광장사업이나 집회 등 다양한 일을 해봤죠. 그런 것들을 이미 알고 있다는 것이 좋은 자산입니다. 그런데 학교에서의 활동과 직업 활동가로서의 일은 정말 달라요. 학생과 직장인의 차이랄까요.

일단 보도자료를 예로 들면, 학생운동 할 때는 선배한테 받은 메일링리스트가 있어도 기본적으로 엄청 양이 적고 보도자료 내용도 '와주세요'라는 요청이 대부분이죠. 그런데 직장갑질119는 일단 메일링리스트가 따로 있고 자체 자료로 발표하는 보고서나 토론회 내용을 담아서 보도자료를 보내요. 기자들이 이것만 보고 기사를 쓸 수 있도록 하죠.

활동하며 마주하는 사람을 대하는 심리와 태도 측면에서는 연습과 본선의 차이 같아요. 학교에서 활동할 때는 노동 현장이 현장인 지금과 달리 학교가 현장이죠. 물론 학생 때도 광장사업이나 거리 선전을 했지만, 기본적으로 같은 학교 학생을 대상으로 하는 사업이 많아요. 사람들한테 어떤 이야기가 잘 통하는지 고민하는 것은 학생 때나 지금이나 비슷해요. 직장갑질119의 주요 활동은 상담이지만, 상담을 기반으로 보도자료를 내고 설득이 필요한 다른 사업도 하니까요. 학생 때부터 했던 고민, '어떻게 해야 사회가 바뀔까, 어떻게 하면 사람들이 우리의 말을 잘 들어줄까?'의 연장선에 있어요.

또 현장을 아느냐 모르냐의 차이도 분명해요. 학교에서 활동할 때는 노동자, 노동조합을 추상적인 개념으로만 알았어요. '참 내가 현실을 알지 못하면서 남에게 현실을 알라는 얘기를 했구나' 싶어서 웃기기도 한데, 일하면서 노동 현실을 조금 더 알았죠. 5명 미만 사업장은 정말 법이 보호하지 않아요. 이런 식으로 법이 보호하지 않는 영역이 있는가 하면, 징계 및 해고에 관해서는 법이 잘 되어 있는 편이고 상담할 때 제가 해 줄 수 있는 이야기가 많아요. 일하면서 현실을 알고, 그럴수록 노동법을 알아야겠다는 생각을 더 많이 해요.

가장 큰 차이는 대학생 때는 일하는 시간이 정해져 있지 않고 활동가의 개인 시간이 보호되지 못했죠. 돈도 못 받았고…. 지금은 노동시간이 정해져 있고 개인의 일상이 있죠. 옳다고 생각하는 일을 활동비 받으며 할 수 있어요.

플씨 사회과학 학회부터, 페미니즘 학회, 헬로조선프로젝트, 민중총궐기 네트워크, 이내창기념사업회, 백남기 농민 추모 재학생 모임, 반성폭력반성매매모임 '반' 등 다양한 모임에 참여하거나 직접 조직해서 활동했죠? 6년 동안 활동하셨는데, 처음 학생운동을 시작한 계기는 무엇인지 궁금합니다.

지영 6년! 말도 안 돼요! 그렇게 말하니 정말 학생운동을 열심히 한 것 같네요.☺ 일단 모든 사람이 그렇듯 선배가 꼬셔서 했죠. 대학교에 들어오기 전까지 그렇게 유명하다는 〈나는 꼼수다〉도 모를 정도로 정치에 관심이 없었어요. 대학 입시에만 관심이 있어서 입시를 위해 〈중앙일보〉 사설을 읽었어요. 그런데 그때 논술 선생님이 조금 '빨간 분'이었어요. 그 선생님이 '대학생의 본분', '지식인의 역할' 같은 것을 은근히 이야기해주셨죠. 그래서 저도 대학생이 되면 무언가 해야 하지 않을까 하는 생각을 했어요.

대학을 간 뒤에는 연애도 하고 술도 마시고 열심히 놀았어요. 그러다가 2학기 때 '포헤'라는 사회과학 학회에 들어갔는데 제가 활동을 열심히 하는 것처럼 보였나 봐요. 이쪽저쪽에서 선배들이 절 데려가려고 하다가 갑자기 한 조직에서 활동을 같이하면 좋겠다고 제안했어요. '오! 운동하자는 제안을 해주다니 신기하다!'라는 생각에 선뜻 같이하기로 했죠.

플씨 많은 활동을 경험했는데 학생운동을 하면서 가장 기억에 남는 시기는 언제인가요?

지영 정말 어려운 질문이네요. 다 너무 소중한 단위이고 다 다른 이유로 소중해요. 포헤는 저한테 고향 같은 곳이에요. 그곳에서 성장할 수 있었고 활동에 애정을 가질 수 있었죠. '헬로조선프로젝트'는 사실 진짜 힘들었어요. 원래 제가 담당하는 단위가 아니었는데 선배들이 갑자기 모두 활동을 그만두면서 떠맡았거든요. 갑자기 맡은 만큼 많은 공력을 투여했고 마지막에 프로젝트를 정리할 때는 아주 슬펐어요. 포헤는 엄마 아빠가 사는 고향 같은 곳이고 헬로조선프로젝트는 자취하며 맞이한 첫 집 같은 곳이죠. '반'은 활동하던 조직에서 나온 후에 만든 단체예요. 하고 싶은 걸 다 할 수 있었던, 두 번째 자취 집 같은 곳이죠. 두 번째니까 조금 더 잘했고 안정적이었어요. 그래서 원하는 사업을 더 해볼 수 있었어요. 운영에 있어서 헬로조선프로젝트는 전세고 '반'은 자가였달까요?☺

플씨 이내창기념사업회 활동도 열심히 하시는 것 같던데 소개해주세요.

지영 학생운동 하다가 의문사한 선배님을 추모하고 기억하는 활동입니다. 지금은 운영위원이에요. 사업회 선배들은 제가 태어날 때쯤, 학생운동의 전성기에 활동했던 분들이죠. 저하고 세대 차이가 크게 나요. 거리감이 생길 수밖에 없잖아요. 특히 페미니즘에 대해서라던가 말이에요. 그런데 대개 선배한테 후배가 배운다고 얘기하지만, 이분들은 달라요. 후배한테 선배가 배운다는 마음을 갖고 계셔요. '이런 선배들도 있을 수 있구나'를 알게 됐어요. 졸업하고 상근 시작하면서 바쁘니까 참여를 많이 못했어요. 죄송하죠.

플씨 학생운동조직에서 4년 활동하고 탈퇴했다고 하셨는데, 그 후 본인의 운동에 어떤 변화가 있었는지 궁금해요.

지영 탈퇴지만, 사실상 갈등 끝에 나온 것이라고도 할 수 있어요. 그런데 그 덕분에 정신을 차렸어요. 학교 안에, 조직 안에만 갇혀 있다 보면 시야가 아주 좁아지죠. 또 조직에서 제시하는 활동만 하니까 내가 하고 싶은 활동이 무엇인지 고민하기 어려워지고요. 조직에서 나가면 활동을 다시 못할 줄 알았고 활동을 계속하고 싶다는 생각도 거의 없었어요. 조직을 나올 즈음에는 정말 활동이 너무 힘들었어요. 활동에 대한 공포, 두려움, 거부감 같은 것들이 있었는데, 오히려 활동하고 싶은 의제로 직접 '반'이라는 모임을 만들고, 페미니즘 의제로 토론회나 집회 등 제가 하고 싶은 활동을 학내에서 이어가면서 깨달았어요. '활동에는 정말 다양한 방식과 개입이 있구나', '내가 원하는 방식으로, 어떤 방식으로든 활동할 수 있구나'라고 생각했죠.

학생운동 할 때 같이하던 많은 사람이 중간에 운동을 그만뒀어요. 그 당시엔 원망하거나 서운한 마음이 컸는데 시간이 지나면서 '활동을 잘한다는 것'은 '건강하게 오래 하는 것'임을 알았어요. 아무 재미나 의미를 찾지 못하는 활동을 굳이 할 필요는 없어요. 그래서 이제는 후배가 운동 힘들다고 하면 그냥 관두라고 해요.☺ "힘들어? 그럼 관둬. 네가 그만둔다고 망하면 원래 망했어야 해. 네가 행복해야 운동도 오래 해" 이렇게 말해요.

플씨 이후에는 학내 미투운동 연대부터 시작해서 반성폭력, 반성매매 등의 페미니즘 문제의식을 중심으로 활동한 것으로 알고 있어요. 기존 조직에서의 학생운동과는 어떤 점에서 달랐나요?

지영 제가 여전히 활동가라는 믿음이 필요한 시기였어요. 전에는 '조직'이 제가 활동가임을 인식시켜주고 목적의식을 갖게 했거든요. 조직이 정세를 판단하고 판단한 정세에 따라서 활동의 방향을 정하고 지침을 내리면 따르는 것이 제가 활동가로 사는 방식이었죠. 그런데 그것들이 사라지고 나니 '나는 무엇으로 활동가일 수 있는가?'라는 질문이 남았어요. 스스로 목표를 정하고, 세상을 인식하고, 활동 내용을 정하고, 사람들을 설득하기 위해서는 먼저 해야 할 일이 있었어요. 내가 무엇으로 활동을 지속할 수 있는지, 그리고 어떤 활동가인지 자신을 파악하고 설득해야 했죠. 그 시기를 지나면서, 저는 제가 원하는 대로 활동할 수 있는 활동가라는 것을 알았어요. 조직이 나를 활동가로 호명하는 것과 내가 나를 활동가로 호명하는 것의 차이를 알게 됐죠.

에너지는 탈곡기가 아니라 즐거움에서 나오니까

1990년대 들어와 사회주의권이 몰락하고 사회 민주화가 진척하면서 학생운동의 대중성은 점차 약해졌다. 1996년 연세대 한총련 사태를 계기로 정치 중심의 대중적 학생운동은 붕괴하고, 여성·교육·환경·인권 등 다양한 영역에서 문제를 제기하는 소규모 운동이 성장했다. 1990년대 중후반 이후 학생운동의 꾸준한 과제는 학생운동과 노동운동, 각종 사회운동과의 관계 정립 문제였다. 연대 사태 이후 학생회의 대표성과 조직적 구심력이 약화하기 시작했고, 1990년대 후반부터 비운동권 학생회가 본격적으로 출현했다. 이는 곧 운동의 약화를 의미했다.[33] 학생운동이 약화한 시기에도 6년 동안 운동을 놓지 않은 신지영 활동가. 그때 어떤 마음으로 운동을 이어갔고 무엇을 느꼈을까?

플씨 '학생운동의 퇴조기'라 불리는 시기에 대학에서 운동했으니 활동하면서 오는 어려움과 좌절의 순간들이 더 많았을 것 같아요. 이런 시간을 운동의 에너지로 어떻게 바꿀 수 있었는지가 궁금해요.

지영 강조해서 말하고 싶은데, 일단 어려움과 좌절의 순간은 운동의 에너지로 바뀌지 않습니다. 힘든 일은 그냥 힘든 일이에요. 좌절을 에너지로 바꾸는 순간을 통하지 않아도 충분히 배울 수 있고 충분히 운동의 에너지가 생길 수 있어요. 운동의 에너지는 즐거워야 생기고, 좌절의 순간은 탈탈 터는 탈곡기 같은 거죠. 다 털린 순간은 아무 의미가 없어서 그 순간들이 운동의 에너지로 바뀌지 않았어요. 오히려 운동하기 힘들다고 생각했고 그만두고 싶었죠.

힘든 시기는 후배들이 있어서 극복했어요. 남은 사람들을 보고 버텼던 것 같아요. 저는 운동을 내가 던진 돌 같은 것으로 생각합니다. 내가 던지는 돌에 누군가가 맞아서 그 사람이 같이 돌을 던지는…. 그러니 그 사람에 대한 책임이 생기죠. 2016년도에 선배들이 한 번에 다 운동을 그만두면서 캠퍼스에서 제일 높은 선배가 됐을 때 제일 힘들었어요. 그런데 후배들이 많이 생기고 다시 주변에 사람이 모이면서 극복했어요. '역시 운동은 사람이다'라는 교훈이 남은 시기였죠.

힘든 순간이 운동의 에너지가 되지 않고, 반대로 운동이 잘 돼야지만 에너지가 생기는 것도 아니에요. 같은 목표를 가진 사람들이 모여서 즐겁게 무언가를 하면 그 순간이 에너지가 되죠. 학생운동 조직을 나온 후에도 사람들이랑 "해볼까?" "해보자!" 하면서 뚝딱뚝딱 토론회든 집회든 할 수 있어서 에너지가 생기고 재밌었어요.

플씨 사람들이 그냥 모이지 않잖아요?

지영 제가 열심히 했으니까 모였죠! ☺ 어떻게 사람들이 모이겠어요. 학생운동에서 매 순간이 사람을 설득하고 모으는 일이에요. 사람이 잘 안 모이면 스트레스받는데 연차 쌓인 제가 우울해하면 안 되잖아요. 후배들의 긍정 회로를 돌려줘야죠. 그래서 나중에는 이 사업에 투여한 노력이나 우리가 논의했던 과정이 유의미한 것이지, 수량적으로 결과가 어떻고 말고가 사업의 성패를 결정하는 것은 아니라고 생각할 수 있었어요. 운동의 무거움을 놓을 수 있게 되었죠. 무거움을 놓고 나니 잘될 땐 잘돼서, 잘 안 될 때는 그냥 그 과정이 의미가 있어서 즐거웠어요. 운동이 무거울 땐 이 즐거움을 몰랐고 즐겁지 않아도 그만두지를 못했어요.

플씨 이 시기를 거치고 나서 '그만둬야 할 때를 알아야 한다' 이 문장이 본인에게 남았다고 정리할 수 있을까요?

지영 운동이 즐겁지 않다면 그만두어야 한다는 것을 배웠어요. 운동이 안 된다고, 잘된다고 일희일비할 필요는 없지만, 운동이 즐거운지는 중요해요. 학생운동을 한창 열심히 할 때는 개인의 행복이나 즐거움보다 대의가 더 중요하다고 생각했고 대의에 먹혔던 것 같아요. 후에 '반'에서 활동하면서 많이 회복했고요. 대의와 나의 즐거움이 같이 갈 수 있다는 것을 느꼈고, 단위를 유지하려고 내 생명력을 갈아 넣는 짓은 이제 하지 않겠다고 결심했죠.

플씨 계속 운동해도 되겠다고 확신한 시점이 언젠가요?

지영 딱 어떤 사건으로 확신이 생겼다기보다는 어느 순간 정말 활동이 즐거워졌어요. 활동할지 말지 언제든 선택할 수 있다는 믿음이 생겼고요. 지금의 제 일상이 좋아요. 옳다고 생각하는 일을 임금도 받으면서 재미있게 할 수 있으니까요. 행복하고 만족해요. 저 자신이 운동에 마이너스인 사람은 아니라고, 플러스가 된다고 생각해요. 그러면 계속 활동해도 되지 않을까 싶어요. 이제 건강만 조금 챙기면 될 것 같아요.

플씨 활동가에게 필요한 자질이 있을까요?

지영 후배들에게 활동가의 기본은 '조직'이라고 항상 말합니다. 활동가한테 가장 필요한 자질은 '매력'이라고 생각하고요. 매력 없는 사람이 좋은 활동가가 되기는 어렵다고 보는데 어느 지점에서는 제 편견일 수 있죠. 그런데 활동이 자기가 옳다고 생각하는 어떤 세계관을 혼자 구축하는 것은 아니잖아요. 다른 사람을 설득하지 못하면서 상상하는 무언가를 향해 독단적으로 가면 독재자죠. 옳다고 생각하는 방향으로 주변의 사람과 같이 나아가야 해요. 설득과 조직을 해내는 그 자질이 매력이라고 생각합니다.

학생운동의 퇴조기라고 불렸던 때에 6년이라는 긴 시간 동안의 학생운동을 통해 자신을 활동가로 정체화한 신지영 활동가. 현재 직장갑질119에서 직장을 바꾸는 운동을 고민하는 동시에 페미니즘적 가치를 실현하기 위해 여러 활동을 활발히 하고 있다. 활동가로서 그의 '매력'에 홀리는 사람들이 많을 것이라 확신한다.

우리는 누구나 활동가가 될 수 있고, 누구나 타인과의 관계 속에서 자신을 진전시킬 수 있다고 생각해요. 그게 안 된다면 세상은 영원히 나아지지 않죠. 죽창 들고 진격해서 사령부를 점령하는 것이 현대사회의 혁명이 아니잖아요. 종종 괴물처럼 느껴지는 나 자신이, 좀비 같은 우리가 '변화할 수 있는지'가 중요해요. 앞서서 길을 만든 수많은 이름 없는 사람들이 우리 뒤에서 변화를 북돋아 주어요. 그렇다면 외로울 것도 없죠.

뜻이 있는 활동가는 마침내

☺ 홍명교

대학 학생회와 동아리를 통해 사회운동을 접했다. 두 번의 대학 생활 이후 사회운동단체와 노동조합 등에서 전업 활동가로 살았다. 2018년 1년간 베이징에서 중국의 사회운동가들과 교류했다. '플랫폼씨' 설립 이후 동아시아 사회운동과의 국제연대, 동아시아 뉴스레터 편집위원회 등의 활동을 이어가고 있다.

2023년 3월

연대의 방법론으로서 동아시아

플씨 명교 님은 플랫폼씨에서 동아시아 사회운동 뉴스레터를 편집하고 동아시아 공부 모임 등 동아시아 관련 사업을 많이 진행하시죠. 동아시아는 어떤 의미이고, 왜 동아시아라는 범주를 사용하는지 궁금합니다.

명교 동아시아의 범주는 사람마다 다르게 생각하고, 역사에서도 다양하게 규정해서 정답이 있지는 않아요. 저에게 있어 동아시아는 국제주의를 말하는 하나의 방법이에요. 보통 국제주의라고 하면 세계기구인 유엔이나 세계시민주의(cosmopolitanism, 근대 이래 개인이 개별 국가 경계 내의 시민이기도 하지만, 세계적 차원에서의 시민이기도 하다는 입장)를 떠올리기 쉬운데, 저는 사회운동의 국제주의(internationalism, 개별 국가의 이해관계를 초월한 국가 간 협력과 연대를 지향하는 사상과 운동이되 민중이 주체인 운동. 국제주의를 국가 간 협력과 연대라는 차원으로 단순화하면, 식자들이 참여하는 국제기구 회의쯤으로 국한하여 국제주의가 지닌 역사적 힘이나 함의를 놓칠 수 있음. 국제주의는 착취와 억압의 최전선에 있는 대중의 실천이어야 함)가 억압받는 사람들의 연대라고 생각해요. 국제주의라고 했을 때 구체적 이념과 실천이 잘 보이지 않는다는 문제가 있죠. 하지만 동아시아라는 범주를 환기하면, 동아시아 인근 국가의 정치적 상황과 평범한 사람들의 문제는 한국의 평범한 사람들이 겪는 모순과 크게 다르지 않다는 사실을 확인할 수 있어요. 그럼 국제주의 실천을 시작할 수 있어요.

옛날에는 주로 동북아시아(한 · 중 · 일)를 동아시아라고 불렀지만, 플랫폼씨는 동남아시아를 포괄해 동아시아로 지칭합니다. 동남아시아를 포괄하는 이유는 신자유주의 세계화 이후 활발해진 자본과 노동자의 이동이 동아시아에 집중된 모습을 관찰할 수 있다는 점과 지금 한국 사회운동 입장에서의 필요성을 강조하기 위해서인데요. 주로 동북아 자본이 저임금 노동력을 얻고 규제를 회피하기 위해 동남아로 많이 가고, 이주노동자가 생계를 위해 남반구 국가에서 북반구 국가로 많이 와요. 또한 동아시아는 몽골이나 북한 등 우리에게 생소한 국가를 포괄하는 의미이기도 해요. 보통 동아시아라고 하면 북한은 항상 빠지는 면이 있어요.

100년 전에 일본이 *대동아공영권*이라는 개념을 주도해 아시아가 세계의 주역이 되어야 한다고 주창했는데, 이처럼 억압받는 사람들의 관점에서 보지 않고 또 다른 억압을 가져오는 동아시아 개념은 비판적으로 평가해야 합니다. 그런 의미에서 *동아시아 발전주의*, *유교 자본주의* 등은 사회운동의 길은 전혀 아니기 때문에 비판적으로 평가합니다. 운동하던 분 중에도 유교나 동아시아 고유의 전통에 천착하는 사람들이 있는데, 자신의 이념적 공허함을 엉뚱한 곳에서 찾는 것이에요.

국제연대 사업을 노동조합에서는 다른 현안 다 하고 여력이 될 때 한다고 생각하는데, 현재 직면한 사회운동의 위기를 극복하기 위해 서로 연결하는 국제주의 실천이 중요해요. 국제주의는 한국 사회운동에 중요한 혁신의 계기를 제공합니다.

일본이 근대 국가로 변모하면서, 서구 열강과 대등한 지위가 되려면 아시아인을 서구의 지배로부터 해방하고 아시아를 이끄는 국가가 되어 함께 번영과 평화를 달성하는 의무를 수행해야 한다는 대아시아주의가 내부에서 대두됐다. 대동아공영권은 대아시아주의의 방법론으로, 일본 제국주의의 빌미였다.

동아시아 발전주의는 1960~1970년대 일부 동아시아 국가의 국가 주도 개발 및 근대화 정책을 동아시아 국가의 특수한 사회체제로 재평가하려는 시도다. 유교 자본주의는 동아시아의 문화인 유교가 인적 자본 형성에 기여해 정부 주도 경제정책이 가능한 환경을 조성했고 이는 경제성장으로 이어져 경쟁력 있는 국가가 될 수 있었다는 주장이다. 이런 논의는 아시아로 설정된 지역의 역사적 유산과 지식을 재평가하고 서구 중심적 지식체계를 비판하며 문화적 위계론에 대항 담론으로 일정한 역할을 했다는 점에서 의의가 있다. 그러나 아시아적 유산과 현대자본주의 간 관계 설명에 실패했고, 긍정적 유산과 부정적인 유산에 대한 분류와 평가가 엄밀하지 못했다. 또한 아시아 국가의 특수성에 천착해 단절해야 할 과거의 부정적 유산을 복고할 가능성도 있다는 점에서 비판받는다.

플씨 그렇군요. 동아시아 사회운동 뉴스레터 〈동동〉은 어떤 취지에서 시작했나요?

명교 국제주의 실현을 위한 동아시아 연대가 필요하다는 문제의식을 더 많은 사람에게 알려야 하는데 막막했어요. 그래서 주기적으로 동아시아 정세나 운동 소식을 알리는 월간 뉴스레터를 만들기로 했죠. 2021년 1월부터 시작했고 가장 최근에 25호를 보냈어요. 처음에는 중국 얘기가 많았는데, 혼자 뉴스레터를 작성한 한계였죠. 제가 중국어와 중국 사회운동에 관심이 많고 교류를 하니까요. 하지만 참여하는 사람들이 많아지면서 조금씩 동남아 등 다른 아시아 국가도 비중을 넓히고 있어요. 〈동동〉이 만들어진 지 1년 후에 편집위원회를 모집해서 현재는 8명이 같이 꾸려나가고 있습니다.

플씨 초반에 혼자 다 하셨다니 힘드셨겠어요. 편집위원회는 어떻게 구성하나요? 내용 선정 기준이 따로 있나요?

명교 편집위원회는 플랫폼씨 회원으로서 지향과 뜻을 같이한다면 누구나 참여할 수 있습니다. 참여하는 분들이 흥미와 동기부여를 가지고 힘들지 않게, 즐겁게 참여했으면 좋겠어요. 서로 관심 있는 영역과

나라를 존중하면서 만들어요. 〈동동〉은 구성원들이 자기 분야를 만들어가는 과정이라는 의미도 중요한 것 같아요. 주로 억압받고 착취당하는 사람들의 저항을 씁니다. 내용 선정에 엄밀한 기준이 있는 것은 아니고, 다만 큰 규모의 투쟁이나 대중적 투쟁은 꼭 포함하려고 노력합니다. 현 사회체제의 모순을 들여다볼 수 있고 모순 속의 투쟁들이 어떻게 연결되는지 확인할 수 있어서 뉴스레터 내용으로 의미 있다고 생각하고요.

플씨 〈동동〉 편집위가 작년에 오키나와 활동가들과의 간담회를 여러 차례 진행했고 지난 2월에는 〈초토화작전〉[34]이라는 영화의 상영회 및 시네토크를 열었더라고요. 어떻게 기획했는지 궁금해요. 차후에도 비슷한 기획을 할 의향이 있나요?

명교 운동은 사람을 만나고 조직하는 과정이니까 뉴스레터가 있어도 대면으로 마주하고 직접 교류하는 기획이 필요해요. 동아시아 현대사나 사회운동 관련한 다큐멘터리가 있으면 상영회나 여러 방식의 활동을 시도해볼 수 있을 것 같아요. 동아시아 공부 모임에서 영화 〈흉년지반〉,[35] 〈싼허에는 사람이 있다〉[36] 자막을 만들었어요. 〈초토화대작전〉 이후에도 다시 상영회를 하고 싶고 기회가 될 때마다 하려고 해요.

플씨 다음으로는 동아시아 공부 모임도 궁금해요. 동아시아 공부 모임은 어떻게 시작했고 어떤 목적으로 운영해왔나요? 6년이라는 시간이 지났는데 공부를 꽤 하셨을 것 같아요.

명교 전에 다른 단체에서 상근활동할 때 지역 모임 회원들과 2017년 2월부터 중국 현대사 공부 모임을 하면서 시작했어요. 저는 2018년에 중국에 갔었고, 돌아와서는 플랫폼씨 회원들과 함께 공부해요. 공부 모임 구성원이 늘었고 범위를 동아시아로 넓혔죠. 사회를 바꾸려면 공부를 계속해야 하니까 공부 모임도 계속할 거예요. 앞으로의 공부 분야로는 북한 현대사 공부를 생각하고 있죠. 북한 문제는 해리포터의 볼드모트처럼 언급을 금기시하는 면이 있는데, 지배 엘리트층의 이야기 대신 북한 민중들의 이야기가 필요한 것 같아요. 있는 그대로 정확히 이야기하면서 동아시아 동료 시민으로 함께 살아갈 방법을 고민해야죠.

플씨 공부를 통해 무엇을 하고 싶은가요?

명교 저는 학교라는 제도랑 안 맞는 사람이에요. 처음 다닌 대학은 졸업하지 못했고, 두 번째는 힘들게 겨우 졸업했어요. 하지만 제가 학교와 안 맞는 것과 무관하게 사람은 평생 공부해야 하더라고요. 동아시아 국제연대 사업을 잘 모르는 상태에서 하면 사업이 제대로 안 되거든요. 대안적이고 비판적인 전망을 세우려면 계속 공부해야 합니다. 그리고 혼자가 아니라 같이 공부하면서 사고를 확장해야 해요. 공부한 내용을 산출해서 지금의 상황에서 국제주의라는 의제를 던지고 환기하고 싶어요. 동아시아 공부 모임과 〈동동〉 둘 다 공부를 뉴스레터와 책으로 산출하는 작업이죠.

이번 3월에 그간 공부한 결과물을 책으로 냈어요. 여러 사람이 모여서 공동 작업으로 진행했어요. 국제주의의 의미를 동아시아라는 범주 안에서 역사적·이론적·실천적 층위에서 설명하는 책입니다. 이 책이 동아시아 국제연대의 입론서이자 실천의 기반이 되길 바라요. 동아시아 국제연대의 담론을 사회운동 진영에서 제시하고 학계에 비판적으로 개입하고 싶다는 목적도 갖고 있습니다. 책 제목은《작은 불씨가 들판을 태운다》인데, 중국 혁명 과정에서 마오쩌둥의 말을 따왔어요. 그의 과오는 비판적으로 바라봐야 하지만, 저 말이 지금 비관주의에 빠진 사회운동에 주는 묘한 힘이 있더라고요.

스무 살, 첫 집회

플씨 운동을 국경에 국한하지 않고 국제연대로 나아가야 한다는 철학과 활동의 이야기 잘 들었습니다. 명교 님이 처음부터 이렇게 생각하시진 않았을 텐데, 언제부터 운동을 시작하게 되셨는지 궁금하네요. 운동과 관련한 나의 첫 경험을 들려주세요.

명교 처음 참가한 집회는 생생하게 기억나는데, 2002년 2월 조계사 앞에서 있었던 발전노조 파업 집회(2002년 김대중 정부의 공공부문 민영화 방침에 맞서 철도·발전·가스 부문 노동조합이 전개한 공동 파업)였어요. 재수학원 들어가기 직전이었는데, 그땐 사회운동이 뭔지 몰랐죠.

수능 보는 대신 유학 하려고 19살 때 플로리다에 있는 미국인 집에서 살았어요. 집주인이 해군 출신인데, 군 생활 트라우마가 있어서 가끔 물건을 집어 던지고 소리를 지르는 등 폭력적인 편이었어요. 바닷가 마을에 아시아인이라곤 중국집 왕서방밖에 없어서 말도 안 통하고 외로웠죠. 밤마다 바닷가에 가서 파도를 구경했어요. 하루는 파도를 보다가 한국에 돌아가 해야 할 일이 있다는 생각이 들더라고요.

귀국하고 집에 굴러다니던 사회과학책을 봤어요. 홍세화 선생님이 어떤 책에 쓰신 민주노동당 가입 호소 글을 읽고 당에 가입했어요. 민주노동당 활동가분이 전화해서 집회 참여를 호소했고, 그래서 간 첫 집회가 발전노조 파업 집회였어요. 집회를 경험한 상태에서 재수학원에 다녔는데, 그해 미군 장갑차에 의한 여중생 압사 사고(2002년 경기도 양주 조양중학교 2학년이던 신효순, 심미선이 갓길을 걷다 주한 미군 전투력 훈련을 위해 이동 중이던 부교 운반용 장갑차에 깔려 현장에서 숨진 사건)가 터지면서 집회를 더 다녔죠. 대학 가면 학생운동을 해야겠다고 생각했어요. 대학에 운동권 선배가 많아서 어렵지 않게 학생운동에 진입할 수 있었죠.

전공은 별생각 없이 경영학과에 입학했어요. 입시 교육의 폐해에 찌들어서 '좋은 학교 가면 된다'라는 생각밖에 없었죠. 그런데 첫 수업 날, 교수의 졸부스러운 발언에 너무 학교에 다니기 싫었어요. 수업은 안 듣고 학생운동만 열심히 했어요. 학사 경고도 받았죠. 집회 참여, 조직, 세미나, 대자보나 유인물 제작 등 학생운동과 관련되면 다 열심히 했어요. 단과대 학생회장 할 때 삼성 이건희 회장이 노동절 바로 다음 날 명예 철학박사 학위 받으러 학교에 온다는 거예요.[37]

"명예 철학박사 학위수여 저지하자!", "노조 파괴자에게 명예 철학박사를 주는 건 잘못됐다", "노조 파괴자는 감옥에 가야 한다!"라고 외치면서 재단 건물 앞에 진 치고 300명이 모여서 농성했어요. 이건희 회장 경호원들이 무력으로 진입하고 학생들은 몸으로 막고 아수라장이 됐어요. 9시 뉴스에도 나왔죠. 그 사건 이후 '삼성이 고려대는 취직 안 시켜줄 것이다, 너 때문에 삼성에 취직 못 한다' 등을 비롯해 온갖 욕설 문자를 받고 위축되기도 했어요.

플씨 혹시 부모님은 활동을 어떻게 생각하셨나요? 집에 들어가면 혼내셨을 것 같은데….

명교 집에 거의 안 가고 학생회관이나 자취방에서 살았어요. 부모님이랑 연락도 끊겼죠. 남자들은 늦게 철이 든다고들 하죠. 20대 남성 특유의 외로움과 자기애를 제어하지 못해서 힘들었어요. 열심히 운동하다가 임기 말인 9월 말쯤 너무 괴롭고 스트레스가 심해 잠적했어요. 학생회관에서 뛰어내릴까 싶어서 새벽 1시부터 내내 고민했는데 5시쯤에 집에 가야겠다는 생각이 들더라고요. 결국 학교를 떠났고 떠난 후엔 많이 방황했어요. 여러 아르바이트를 전전하다가 다시 공부하면서 한국예술종합학교 입학시험에 합격하며 1학년 때는 영화에 집중했죠. 그러다가 군대에 갔는데, 군대에서 스○○처럼 살았죠.

플씨 (잘못 듣고) 군대에서 쓰레기처럼 살았다고요?

명교 아뇨☺ 수도승처럼요. 책 읽고, 동생들과 이야기 나누었죠. 당시 군대 인트라넷에 '책마을'이라는 비공개 커뮤니티가 있었는데, 사회

비판적 글이 올라오는 비밀스러운 서버였어요. 운동 좀 했던 사람들이 거기 다 있더라고요. 독후감과 일기가 올라왔는데, 거기서 사람을 많이 만났죠.

전역 후 학교로 돌아오니 *한예종 사태* 이후 활동하는 사람들이 생겼더라고요. 그들과 친해져서 '돌곶이포럼'이라는 예술운동 동아리를 만들었어요. 예술로 사회운동에 어떻게 개입할 것인지를 고민하는 동아리였죠. 예술 전공하는 친구들 만나 학교생활을 재밌게 하면서 운동할 마음이 다시 생겼어요. 영화를 향한 아쉬움이 남아있었는데, 문제는 영화시장이 투기자본에 좌지우지되고, 그 때문에 좋은 영화가 만들어지기 어렵다는 점이었어요. 그래서 영화를 잠시 보류하고 못다 한 활동을 노동운동에서 하기로 했죠.

한예종 사태는 2009년 문화체육관광부가 한국예술종합학교에 대해 부당한 중징계 명령을 내린 사건이다. 한예종은 고등교육법상 '각종학교'로 분류되는 이유로 대학과 대학원이라는 명칭을 쓰지 못했고 교육과정도 예술실기 전공과목 위주로 편성됐다. 그러나 실질적으로 실기 교육과 더불어 이론 교육을 병행하고 황지우 총장 체제에서 인접 분야 학문을 묶는 '통섭 교육'을 추진해 대학과 대학원으로써의 역할을 했다. 하지만 2009년 이명박 정권 아래 문광부가 한예종의 통섭 교육 방향이 '실기 중심 교육기관'이라는 설립 취지에 맞지 않는다고 지적하면서 이론학과 축소, 통섭 사업 중단 등을 지시했다. 학생들은 비상대책위원회를 구성하고 문광부의 학제 개편안을 막아낼 것이라 천명했다.

플씨 졸업 후 본격적으로 사회운동을 시작했는데, 바로 노동조합에 들어갔나요?

명교 처음에는 사회진보연대라는 단체에 들어갔어요. 조직실 금속 담당자 중 한 명이었고요. 2013년 여름에 막 생긴 *금속노조 삼성전자서비스지회*에 연대했는데, 열심히 연대하다 보니 지회 상근을 제안받았죠. 상근을 시작하고 2년 동안 꽤 힘들었어요. 삼성의 무노조 방침으로 노조탄압이 극심해서 최종범 열사와 염호석 열사 두 조합원이 자결했어요. 내부적인 갈등도 많았죠. 2014년에 맺었던 단체협약 체결 과정도 순탄치 않았어요. 교섭 브로커와 서울시경 정보계장 등이 껴있었고, 경총(한국경영자총협회)의 교섭 방해가 극심했어요. 그런데 검찰이 이명박 전 대통령의 다스 소송비 대납 혐의로 압수수색에 들어갔다가 삼성전자 직원이 갖고 있던 외장 하드를 압수했어요. 그 외장 하드를 조사해보니 이른바 '삼성전자서비스노조 탄압 문건' 6,000여 장이 발견됐죠. 노조탄압이 드러나서 이재용이 감옥에 가고 정규직화가 진행됐죠.

제가 삼성전자서비스지회에 있을 때 삼성이 서비스센터 세 군데를 위장 폐업했는데, 해고 노동자 100명이 노조를 만들자고 삼성전자 사업장을 돌아다녔어요. 그런데 삼성전자 구미공장, 광주공장 등에 가니까 그 사업장의 인원이 죄다 감축된 거예요. 노조가 없어 여론화가 안 됐고, 그래서 우리가 몰랐던 거죠. 알고 보니 당시 이재용 부회장이 베트남으로 생산 라인을 다 옮겼고, 부품 만들던 1차, 2차 하청 노동자는 일자리를 하루아침에 다 잃었어요. 당시 미국에서는 도널드 트럼프가 대통령이 될 즈음이었어요. 트럼프는 중국 자본이 미국인의 일자리를 뺏어간다는 담론으로 당선됐죠. 같은 분위기가 한국에서도 퍼지고 있었어요. 인종주의와 결합할 분위기가 느껴졌고, 자본과 노동의 이동이라는 정세 변화도 중요할 것 같더라고요. 그래서 한국 문제만 생각할 게 아니라, 동아시아 차원의 연대를 사회운동이 조직해야 한다고 생각했어요.

삼성전자는 제품 수리 업무에 노동자를 직접 고용하지 않고 삼성전자서비스라는 자회사를 만들어 위탁했다. 자회사는 원래 회사(모회사)에 종속되어 부분적으로 제어받는 법인을 말한다. 일반적으로 모회사가 자회사 지분의 50% 이상을 보유하지만, 자회사는 별개의 회사로 취급된다. 주로 '진짜 고용주'로서의 책임을 회피하기 위한 간접 고용의 수단으로 자회사가 만들어진다. 자회사인 삼성전자서비스는 협력업체에서 제품을 수리하는 노동자를 공급받았다. 삼성전자의 이름으로 노동하고 삼성전자서비스의 감독을 받지만, 법적으로는 어디에도 속하지 않은 노동자는 법적 보호를 받지 못했다. 2013년 삼성전자서비스 노동자들은 노조를 결성한다. 그러나 삼성의 무노조 정책으로 협박과 생계의 위협 등 극심한 탄압이 이뤄지고 교섭이 전혀 성사되지 않자 삼성전자서비스지회 소속의 최종범 열사와 염호석 열사는 스스로 목숨을 끊었다. 2013년 금속노조 삼성서비스지회와 시민사회단체는 삼성의 노조파괴 전략을 담은 'S그룹 노사 전략' 문건으로 삼성의 조직적 노조탄압을 폭로했으나, 2015년 검찰은 문건의 출처가 불분명하다며 무혐의 처리로 수사를 종결했다. 하지만 2018년 검찰이 삼성의 노조와해 전략이 담긴 6,000건의 문건을 발견하면서 재수사를 시작했고, 결국 2019년 12월에 삼성의 조직적 노조파괴가 유죄로 인정되었다.[38]

허허벌판에서 다시

플씨 노조에서 활동한 다음 사회진보연대로 돌아와서 《오늘보다》라는 월간지를 편집하다가 탈퇴하셨죠. 오랫동안 활동하고 깊은 소속감이 있던 조직에서 탈퇴한다는 건 정신적인 상처가 생기는 일 아닌가요? 쉽지 않은 결정이었을 것 같은데요.

명교 맞아요. 평생 함께하리라 생각했던 사람들과 결별하는 과정이잖아요. 쉽지 않죠. 몇 년이 지났지만, 말로 설명하기 어려운 감정이 남아있죠. 아마 남아있는 사람들도 그럴 거예요. 상근자로 일할 때 이 조직과 내가 사회운동이 마주하고 있는 위기에 능동적으로 대면하고 있지 못하다는 생각을 많이 했어요. 그런 문제는 아마 대부분 느꼈을 텐데 위기를 대면하는 방식이 달랐죠. 어떤 사람은 정박한 '이론'에서 해결책을 찾으려 했고, 또 누군가는 '사람'에게서 찾으려 했고, 혹은 '감정'이나 '조직구조'에서 찾으려 했을 수도 있어요. 그때 저는 잘은 모르겠지만, 우리의 '이론'에 결함이 있다고 생각했고 '사람' 문제에 관심을 가졌던 것 같습니다. 제가 타인에게 그리 관심을 두지 않지만, 그래도 운동을 지속할 수 있고 운동의 위기를 극복할 수 있는 주체는 사람이라고 생각하거든요. 이념 문제는 기준을 분명히 지키면서도 조직과 활동가 개개인이 유연성을 가져야 한다고 생각하고요.

정당이나 공공기관이 아니더라도 모든 조직은 어느 정도 규모를 갖추고 나면 '관료화'의 위험을 마주할 수밖에 없어요. 사회진보연대도 여기에 나름의 대안을 갖고 있었지만, 그 대안이 제대로 실행되지 않았죠. 현실과 이상의 간극이 커질 때 구체적인 실천을 기획해내지 못하면 점점 더 미궁에 빠집니다. 그러면서 단체가 정신적으로 흑화되고 있었던 한 이론가에게 의존성이 높아졌어요. 모든 회원은 아니지만, 몇몇 활동가는 그렇게 됐죠.

사회운동을 하는 사람들이 위기 국면에서 "왜 이 세상은 내 얘기를 안 알아주지?"라는 불만이 생기기 시작하면 더 위험해져요. 실천에서 목표에 자꾸 미달하고 실패하면 다른 원인을 찾죠. 하지만 저는 사회운동이 무기력한 이유가 실천의 과소와 조직화의 미진함이라고 생각해요. 이번 시도가 또 실패했다면, 기획 과정과 주체의 역량에서 모자란 것이 없을까 돌아봐야죠. 자꾸 원인을 외부화해선 안 된다고 생각합니다.

플씨 그 후에 바로 플랫폼씨를 만들었나요?

명교 단체를 만들 수 있으리라고 전혀 생각하지 않았어요. 탈퇴한 사람들 20~30명이 모여서 매달 세미나를 했어요. 그땐 계속 모이는 것이 중요하다고 생각했을 뿐이죠. 처음에는 허허벌판에 선 기분이더라고요. 학생운동을 시작했을 때부터 '내 조직'이 있다고 여기며 살았는데, 이젠 아니니까요.

그러다가 진보네트워크센터(이하 '진보넷') 상근활동 제안을 받아 1년 정도 기술팀에서 일했어요. 진보넷에서 새로 개시하는 유튜브 채널 '따져보는 오늘의 기술 이야기'의 콘텐츠 기획과 제작 등을 맡았죠. 기술 문제를 사회운동적으로 인식하고 비판할 수 있는 소중한 시간이었죠. 당시에 스타트업 열풍이 불면서 기술발전 맹신론이나 '4차 산업혁명' 같은 이야기들이 여기저기서 횡행했는데, 이를 비판적으로 응시하고 분석할 수 있는 기준점을 배웠어요. 그리고 진보넷에서 20년 넘게 헌신적으로 활동하면서 자신의 자리를 지키는 선배 활동가들을 보고 많이 배웠어요. 제가 참을성이 부족하고 항상 이리저리 나도는데, 선배들의 항상심을 배우고 싶다는 생각을 자주 했습니다. 그렇게 상근활동하고 모임을 이어가던 중 모임에서 본격적으로 단체를 만들어보자는 이야기가 나왔고, 2020년 5월에 '플랫폼C'를 띄웠어요.

플씨 플랫폼씨가 어떤 단체인지는 이전 인터뷰에서 상은 님이 설명을 해주셨어요. 명교 님은 플랫폼씨에서 상근활동가이자 기획팀원으로 하는 일을 들려주시면 좋겠어요.

명교 기획팀원은 격주나 매주 사업을 기획하고 회의에서는 사업 추진을 위한 기획 및 운영을 주로 논의합니다. 중요한 판단은 토론해서 결정합니다. 상근활동가로서는 기획한 내용의 구체적인 집행을 고민하고 여러 실무를 맡습니다. 사회운동 뉴스레터나 동아시아 사회운동 뉴스레터를 편집하고, 동아시아 공부 모임, SNS 계정 관리, 전반적인 교류 및 국제연대 사업 등 다양한 활동에 관여해요. 플랫폼씨 웹사이트에 올라오는 글을 작성·편집·교열하고 회원 조직도 합니다. 연대체 참여도 해서 '미얀마 민주주의를 지지하는 한국 시민사회단체 모임' 집행위원으로 활동하고, 작년에 '우크라이나 평화 행동'에 함께했어요. 그전에는 홍콩이나 베이징의 노동운동가 및 학생운동가들과 교류했습니다.

플씨 국제연대 사업과 교류 및 조직, 비평을 주로 하신다는 말씀이네요. 플랫폼씨가 만들어진 지 3년이 됐는데, 회원 증가율이 높고 활동이 왕성해요. 현시점에서 조직 운영 고민은 무엇인가요?

명교 사회운동에서 부족하다고 생각했던 것에 집중해서 그런지 몰라도 지금까지는 기대보다 많은 주목을 받았어요. 하지만 모든 사회운동 단체는 만들고 충분한 시간이 지나기 전까지는 '개업빨'이 있죠. 초반 스퍼트가 끝났을 때의 매너리즘에 빠지지 않기 위해 내적 발전과 외적 새로움을 도모해야 합니다. 지금은 '어떻게 하면 대중들에게 사회운동의 문턱이 낮아 보이게 할 수 있을지'를 많이 고민해요. 또 다른 과제는 중견 활동가를 위한 활동을 만드는 것이에요. 운동에 참여하는 사람 중에는 첫발을 내딛는 사람뿐만 아니라 기존에 참여해왔던 분도 있어요. 경험이 누적되면 고민도 깊어지는데 그 깊이에 맞는 조치가 필요해요.

교류에서는 궁극적으로 동아시아 국제연대를 구체적으로, 실질적으로 실현하고 싶어요. 더 많이 직접 만나서 인터뷰하고 싶고요, 소식을 전하기를 넘어 공동행동을 기획하고 싶어요.

활동가란 무엇인가

플씨 지금까지 이야기를 들어보니 운동에 많은 기복을 겪으신 것 같아요. 활동을 중단할까 고민했지만 다시 활동에 뛰어들게 된 계기가 있을 것 같습니다. 어떤 계기가 있었는지요?

명교 활동가 개인의 위기는 돈과 생계에서 기인하기도 하고, 연애 문제도 있을 테고, 전망의 부재에서 오기도 해요. 저의 경우에는 보통 전망이 문제였고, 때로는 사람에게 실망하고 상처받았죠. 연애 문제도 있었습니다. 저는, 제가 활동가를 하기에 품성과 역량이 부족하다고 느낄 때가 많았어요. 선배들한테 싸가지 없고, 타인에게는 보통 무관심하고, 제 얘긴 잘 안 했으니까요. 그런데 운 좋게도 자신을 잘 돌아보고 성장할 수 있을 때까지 기다려준 사람들이 있어서, 그리고 오가며 저에게 많은 영향을 준 수많은 사람이 있어서 아슬아슬하게 그 위기들을 넘어왔던 것 같아요. 마음 깊이 고마움을 느껴요.

SNS를 보면 자신의 운동 경험을 이야기하면서 자신의 과거와 관계에 저주를 퍼붓는 사람들이 적지 않아요. 이해합니다. 사회운동도 인생의 일부일 뿐이고, 한국 사회운동도 한국 사회의 일부이기 때문에 사회운동 바깥에서 받을 수 있는 상처는 언제든 운동 내부에서 겪을 수 있어요. 다만 반걸음이나 한걸음 정도 나을 뿐이죠. 상처를 입고 떠나는 사람들에게 여전한 애정과 인내심을 갖고 기다리는 마음이 필요해요. 하지만 운동을 '알리바이'로 삼지는 않아야 할 것 같아요. 활동가들끼리 흔히 '나를 구렁텅이로 이끈 나쁜 선배' 같은 이야기를 하면서 운동을 수렁에 비유하잖아요. 그런데 10년 혹은 20년이라는 긴 시간을 놓고 보면, 사회운동은 수렁이 아니라 천재일우의 기회입니다. 저는 분명 기질이 부족하고 품성도 모자란 한심한 한국남자예요. 20대 땐 그게 훨씬 심했지만, 사회운동 경험 덕분에 저 스스로 '사람 되기'의 수업을 들을 수 있었던 것 같아요. 그 점이 아주 고마워요. 사회운동이 제 인생의 구세주라고 생각합니다.

플씨 활동은 세상뿐만 아니라 자신이 변화하는 과정임을 잘 말해주신 것 같아요. 그렇다면 어떤 사람이 활동가가 될 수 있나요? 활동가에게 필요한 자질은 무엇이고, 서로 다른 자질을 어떻게 조화시킬 수 있을까요?

명교 활동가에게도 다양한 성향이 있습니다. 누군가는 사람 만나기를 아주 좋아해서 여러 사람을 만나며 에너지를 느끼고, 다른 사람은 집요하게 문제를 파헤치는 과정에서 에너지를 느껴요. 당위만으로 개인의 차이를 없는 것처럼 취급해선 안 된다고 생각해요. 대신 각자의 장점을 잘 발휘할 수 있도록 서로 동등한 위치에서 조직적으로 논의해야죠. 과거에 어떤 조직은 특정 이론을 잘 이해하고 경전처럼 설명할 줄 아는 사람이 훌륭한 활동가라고 여겼습니다. 하지만 전혀 그렇지 않죠. 그런 활동가는 융통성과 개방성이 부족하고 조직화 능력도 부족할 거예요. 완전히 '대중 간부' 스타일의, MBTI로 하면 ENFP 같은 사람이 이론에 무관심해도 다양한 사람을 만나 운동을 더 풍부하게 만들 수 있거든요. 어떤 조직에서 특정 스타일의 사람이 자꾸 나가떨어지는 상황은 엄청난 위기의 징후입니다. 성장하는 조직이라면, 차이를 존중하고 서로의 빈틈을 메워줄 수 있어야 해요. 활동가는 자신의 부족함을 영원한 부족함으로 여기거나 당연시하지 않고 계속 배우고 채우려 노력해야겠죠.

플씨 이번 질문은 활동의 지속성과 연관되는 얘기인데요. 명교 님이 무슨 일을 도모하자고 제안할 때나 어떤 활동을 기획하는 데에 있어 누군가 조언을 구할 때 항상 하는 말이 있다고 들었어요. 그 일이 본인에게 맞아야 하고 재미가 있어야 한다는 것이죠. 사회의 근본적 변화를 목표로 할 때 재미가 가장 먼저 떠오르지는 않아요. 끈질기게 버티는 것과 재미있는 것을 어떻게 조화시킬 수 있나요?

명교 물론 사람이 재밌는 것만 할 수 없죠. 저도 재미없는 일 엄청 많이 하고 일상도 아주 수공업적인 잡일로 가득해요. '재미'를 이야기한 이유는 책임감 때문에 너무 억지로 버티기보다는 자기 자신을 잘 이해하고, 자신의 기질과 활동을 조화시키면 더 좋은 시너지를 만들 수 있다고 생각했기 때문입니다. 우린 저마다 다르잖아요. 각자의 역할이 있고, 조직은 그 차이를 조화시켜서 시너지를 만들어야 하죠. 사회운동은 돈이나 대단한 명예가 뒤따르는 일이 아니고, 이른바 '관종의 시대'에 관심경제의 생리와 거리가 먼 영역이죠. 활동가들이 자신을 어떻게 성장시키고 더 나은 사람으로 만드는지, 개인의 발전이 공동의 발전으로 이어지는지, 공동의 발전이 다시 개개인의 성장이 될 수 있는지가 활동의 지속성에서 중요한 것 같아요.

뜻이 있는 활동가는 마침내

플씨 자신의 성향을 잘 파악하고 어떤 활동을 만들어 나갈지 고민해야 한다는 이야기를 다른 분들 인터뷰에서도 들었어요. 공감이 갑니다. 그렇다면 국제연대 사업은 명교 님의 성향과 맞나요? 중국에서 많은 활동가를 만나고 그 경험을 바탕으로 《사라진 나의 중국 친구에게》라는 책을 쓰기도 했다고 들었어요. 중국행 결심과 중국에서의 경험은 현재의 활동에 어떤 영향을 주었는지 궁금합니다.

명교 심리적인 경로를 돌이켜볼 때 제가 중국에 가고 싶다고 아주 강력하게 생각했던 건 2016년 봄이었어요. 광둥성총공회[39] 부주석을 했던 한 인사가 한국을 방문했죠. 어떤 중국 연구자의 주선으로 사회진보연대 활동가들 몇몇이 그 인사와 비공개 간담회를 가질 수 있었는데요. 정동 프란치스코회관에서 3시간 정도 만났어요. 중국어를 전혀 알아들을 수 없을 때였는데도 그 인사의 엄청난 카리스마에 매혹됐어요. 그가 하는 모든 말에 동의했던 것은 아니지만, 사실은 판단할 역량조차 없었지만, 그의 눈빛과 표정만으로 중국에 가고 싶었어요.

중국에서 정말 다양한 사람을 만났어요. 이른바 '지하'(비공개 · 미등록 영역에서 사회변혁을 위해 활동하는 사람들)에서 지치지 않고 활동하는 사람들, 특히 청년 활동가들을 만났죠. 그때 느낀 감정이 제게 큰 힘이 됐어요. 무수히 많은 이야기를 나누었고 이야기 일부를 《사라진 나의 중국 친구에게》에 옮겼습니다. 중국에 대한 좋은 감정, 나쁜 감정 다 떠나서 중국 내의 활동가나 시민은 아주 험난하고 고단한 시간을 보내리라고 우리가 생각하잖아요. 그건 사실이지만, 비관에 빠지지 않고 견고한 의지로 희망의 근거를 만들어가는 사람들에게 너무 많이 배웠어요. 중국의 어떤 활동가들은 오히려 한국 사회운동 활동가보다 훨씬 깨어있고 진취적인 데다 운동 내의 다른 입장에 개방적이었죠. 사실 완전히 지친 상태에서 베이징에 갔는데, 정말 많은 힘을 받았고 오히려 새로운 결의를 하고 돌아왔어요. 중국의 통치 엘리트들은 통치전략을 설파할 때 10년과 20년, 50년, 100년을 이야기해요. 시야가 넓고요. 지하의 활동가들도 비슷하다고 느꼈어요. 넓은 시야와 진취적 태도가 아주 큰 에너지라고 느꼈는데, 제가 여전히 그때 느낀 에너지 속에서 사는 것 같아요.

플씨 추상적이고 어려운 질문일 수 있는데, 본인이 생각하는 사회운동의 전망이 궁금합니다.

명교 24살부터 27살까지 4년 정도 운동을 떠나있었는데요. 군대에서 도스토옙스키 소설을 많이 봤는데, 그때 저를 사로잡은 질문이 바로 '인간은 변할 수 있는가'였어요. 아마 '인간은 잘 변하지 않는다'고 보는 사람이 많을 것 같아요. 저도 그렇고 많은 사람이 그렇죠. 하지만 인간은 어떤 관계 속에서는 변하기도 하더라고요. 변화는 아주 더디고 보잘것없어 보일 때도 있지만, 사실은 하늘과 땅의 차이죠. 그런 점에서 우리는 누구나 활동가가 될 수 있고 누구나 타인과의 관계 속에서 자신을 진전시킬 수 있다고 생각해요. 그게 안 된다면, 세상은 영원히 나아지지 않죠. 죽창 들고 진격해서 사령부를 점령하는 것이 현대사회의 혁명이 아니잖아요. 종종 괴물처럼 느껴지는 나 자신이, 좀비 같은 우리가 '변화할 수 있는지'가 중요해요. 앞서서 길을 만든 수많은 이름 없는 사람들이 우리 뒤에서 변화를 북돋아 주어요. 그렇다면 외로울 것도 없죠.

사회운동이 어렵다는 점은 모두 알고 있습니다. 변곡점을 만들고 싶어요. 플랫폼씨가 주인공이라고 생각하지 않고, 자만하고 싶지 않고, 비관에 빠질 생각 없습니다. 사회운동 혁신은 결코 플랫폼씨 혼자 할 수도 없고요. 사회운동의 정치적 · 이념적 구심을 다시 구축해야 합니다. '다른 세계로 길을 내는 활동가모임'이라는 네트워크를 통해 구축해보고 싶고, 때로는 '기후정의동맹'이라는 틀을 통해 시도

하고 싶어요. 그리고 무엇보다 10년의 테제, 20년의 비전이 필요하다고 생각해요. 사회운동의 여러 역량이 집결해서 테제와 비전을 함께 만들고 제시해야 합니다. 잘 제시했는지에 따라 사회운동이 새로운 계기를 만들 수 있는지 확인할 수 있을 것 같아요.

플씨 사회운동 전반의 전망을 봤을 때 사회운동 활동가의 재생산을 언급하지 않을 수 없는데요. 최근 학생운동의 침체기 등 활동가와 활동의 재생산이 쉽지 않은 상황인 것 같습니다. 이 상황을 어떻게 타파할 수 있을지 의견이 궁금합니다.

명교 2010년대 초중반 이후 학생운동이 총체적인 침체 국면에 접어들고 활동가 재생산도 어려워졌습니다. 여러 그룹이 어려움을 극복하기 위한 나름의 시도를 제각각하고 있어요. 모두 존중할만한 시도라고 생각합니다.

기성 보수정당도 나름의 청년 정치인 재생산 프로그램을 만들어서 운영해요. 전에는 사회운동 좌파와 비공식 영역의 사회주의자들이 재생산을 가장 잘했습니다. 지금은 그렇지 않죠. 우리가 학교를 만들고 스스로 학교가 되어야 할 것 같습니다. 사회운동에서 가장 중요한 건 '옛날에 뭘 했다'가 아니라 '조직화'예요. 요즘은 사회운동단체나 사회운동을 경험했던 사람들, 자신을 진보·좌파라고 여기는 사람들 스스로 그 사실을 많이 잊는 것 같아요. 사람 만나는 일이 피곤하죠. 하지만 희망은 사람에게 있다고 생각합니다. 첫째도 둘째도 셋째도 조직화라고, 자꾸 또 강조해도 모자랄 정도로 생각하고 또 말하려고 합니다. 무엇보다 좋은 조직을 만들어야 할 것 같고, 물질성 있는 진짜 '활동가 학교'를 만들고 싶습니다. 얼마 전에 어떤 보수리버럴 정치인들이 뜻을 모아서 5층짜리 정치인 학교를 만들었더라고요. 우리에게 그런 돈은 없죠. 하지만 뜻이 있는 곳에 길이 있잖아요. 제 페이스북과 텔레그램 멘트도 '뜻이 있는 사람은 일이 마침내 이루어진다(有志者事竟成也)'에요. 우리에겐 이 사회를 더욱 평등하고 민주적인 곳으로 만들고자 하는 '뜻'이 있으니까 이를 위한 구체적 실천을 하나하나 내딛다 보면 그 뜻을 이룰 수 있지 않을까요?

다양한 운동의 경험 끝에 '운동은 연결되어야 한다'라는 깨달음을 얻고 자본의 억압에 저항하는 아래로부터의 동아시아 국제연대를 꿈꾸는 홍명교 활동가. 활동의 맥을 어떻게 이어갈 수 있을지 고민하고 활동가 재생산을 위해 여러 구상을 시도한다. 홍명교 활동가의 '뜻'이 이뤄지는 날이 오길 소망한다.

주

1 노도현, 〈[주목! 이 사람] 김윤영 빈곤사회연대 사무국장 "재난지원 빈곤층에게 더 충분히"〉, 《주간경향》 1382호, 2020. 6. 22.

2 자세한 내용은 이영희, 《전문가주의를 넘어: 과학기술, 환경, 민주주의》, 한울아카데미, 2021, 327쪽; 강주성, "이 망할 놈의 전문가주의! [기고] 총선, 다시 전문가가 대안인가?", 〈프레시안〉, 2016. 4. 4. 참고.

3 자세한 내용은 박상은, "노동자의 절박한 외침이 차곡차곡 쌓여있는 노조법 2·3조 개정 목소리", 플랫폼씨 홈페이지 참고.

4 김영선, 〈페미니즘 리부트 이후, 한국 여성학의 도전과 새로운 실천〉, 《현상과 인식》 제46권 1호, 2022, 77쪽.

5 김덕호, 《세탁기의 배신》, 뿌리와이파리, 2020.

6 이후 2022 춘천퀴어문화축제에서도 장퀴자랑을 진행했다.

7 투쟁 경과에 대한 자세한 내용은 허영구·김태현, 〈96-97 노동법개정 총파업투쟁! 현재적 의미와 과제〉, 전국민주노동조합총연맹 정책연구원, 2012 참고.

8 자세한 내용은 박상은, 〈어떻게 해야 능력주의를 넘어설 수 있을 것인가〉, 플랫폼씨 홈페이지 참고.

9 자세한 내용은 조재화, "원종종합사회복지관 사태에 부쳐①", 〈개미뉴스〉, 2016. 5. 31; 조재화, "원종종합사회복지관 사태에 부쳐②", 〈개미뉴스〉, 2016. 5. 31. 참고.

10 항소심에서도 이들은 노동자성을 인정받았다. 자세한 내용은 김예리, "YTN 그래픽 디자이너 12명에 항소심도 '근로기준법상 노동자'", 〈미디어오늘〉, 2023. 1. 23. 참고.

11 최훈진·김주연·민나리, "OTT도 과도한 노동·불공정 계약…제작비 표준 만들어 구조

바꿔야", 〈서울신문〉, 2022. 3. 2.

12 자세한 내용은 편집국, 〈바로 지금, 평택투쟁을 광범위한 반전평화투쟁으로!〉, 한국노동사회연구소, 2013. 5. 24. 참고.

13 2022 Russian invasion of Ukraine, 위키피디아 참고.

14 박상은 활동가와 동료 활동가들은 사회진보연대에서 2017년에 탈퇴했다. 자세한 내용은 "활동가가 가꾸어야 할 자질이 뭐라고 생각하세요? 박상은 활동가 인터뷰①", 플랫폼씨 홈페이지 참고.

15 박상은, 《세월호, 우리가 묻지 못한 것: 재난 조사 실패의 기록》, 진실의힘, 2022 참고.

16 기후정의동맹의 공식 이름은 '체제전환을 위한 기후정의동맹'으로 2022년 4월 29일에 출범했다. 기후정의동맹은 기후 위기와 기후 부정의의 근본적인 원인이 더욱 심화되는 국제적 · 사회적 불평등과 이를 체계적으로 만들어내는 자본주의 성장체제에 있다고 분석한다. 기후 위기 해결과 기후 정의 실현을 위해 기후 위기 당사자, 공동체가 아래로부터의 사회적 권력을 형성한 체제전환을 목표로 한다.

17 길내는모임은 '윤석열 정부 노동정책 비판과 사회운동의 과제', '한국사회가 직면한 불평등을 계급 갈등으로 구성하기', '법치 · 공정 · 정의의 문제를 다시 사고하기'로 2023년에 세 번의 쟁점토론회를 준비하고 있다.

18 프랑스 출신의 정치철학자이자 사상가. 마르크스주의 철학자인 루이 알튀세르로부터 영향을 받았고 이후 독자적인 행보를 걸었다. 대표 저서로는 《폭력과 시민다움》, 《마르크스의 철학》, 《역사유물론 연구》, 《인종, 국민, 계급》, 《우리, 유럽의 시민들?》 등이 있다.

19 슬로베니아 출신의 정치철학자이자 사상가. 레닌과 라캉의 접목을 시도해 새로운 관점에

서 마르크스주의를 조명했다. 대표 저서로는《이데올로기의 숭고한 대상》,《공산주의라는 이념》,《새로운 계급투쟁》,《신을 불쾌하게 만드는 생각들》등이 있다.

20 박영아, 〈[동향1] 2022년 중앙생활보장위원회 평가와 과제〉, 참여연대, 2022. 9. 1.

21 김예찬, "355만 명의 삶을 결정하는 '밀실 회의' 이제 그만!", 〈은평시민신문〉, 2022. 3. 31.

22 이유진, "성인지감수성 예산이 30조? 윤석열표 '가짜뉴스'", 〈경향신문〉, 2022. 2. 28.

23 김준호, "두리반의 기적…'뭉치면 살고, 흩어지면 죽는다!'", 〈프레시안〉, 2011. 7. 1.

24 강재구, "'10년이면 강산도 변한다는데…' 홍대 청소노동자들의 한탄", 〈한겨레〉, 2021. 2. 22.

25 스탠바이큐, 〈성소수자 친화적인 미디어 제작 환경을 위한 가이드라인 Ver. 1.0〉, 한빛미디어노동인권센터 및 연분홍치마, 2020. 7. 28.

26 선거마다 거대 양당인 국민의힘, 더불어민주당 후보들은 소수자 인권 공약이 부재했다. 혐오 발언이 난무하는 현실에 대항해 '성소수자차별반대 무지개행동'을 포함한 성소수자 인권단체들은 꾸준히 소수자 인권 보장 공약에 목소리를 내왔다.

27 서울국제환경영화제 그린아카이브, 〈두 개의 문〉.

28 이한빛 PD는 열악한 방송노동 환경을 고발하는 유서를 남기고 2016년 10월 26일 세상을 떴다. 그는 그해 CJENM에 입사해 드라마 〈혼술남녀〉 조연출로 일하며 비정규직·프리랜서 방송노동자 해고 등 부당한 업무를 떠안고 직장 내 괴롭힘을 겪었다. 그의 사망 이후 대책위원회가 꾸려져 노동 현장 부당행위를 밝힌 뒤 사측은 사과와 재발 방지를 약속했다. 이한빛 PD의 가족은 2018년 한빛미디어노동인권센터를 설립해 이한빛 PD의 뜻을 실현하기 위한 활동을 이어오고 있다. 김예리, "이한빛 PD 5주기 '남은 이의 책무, 혼자

고통받지 않도록'", 〈미디어오늘〉, 2021. 10. 27.

29 자세한 내용은 안미혜, "본부점거, 뜨거웠던 그 오월을 기억하시나요: 2011 법인화 반대 본부점거 4주년을 맞이하며", 〈서울대저널〉, 2015. 6. 1. 참고.

30 신혜리, "서울캠 총학, 결국 FOC 중단 성평위 '총학 규탄'", 〈중대신문〉, 2019. 5. 20.

31 자세한 내용은 〈성매매문제해결을위한전국연대 2021년 연간 활동보고서〉, 성매매문제해결을위한전국연대, 2022. 참고.

32 2023년 1월 9일 고용노동부는 주요 업무 추진 계획에 5명 미만 사업장에 대한 근로기준법의 단계적 적용을 예고했으나, 구체적인 실천안이 없는 상황이다.

33 자세한 내용은 노동자계급정당추진위 학생위원회(준), "학생운동의 현재와 쟁점", 〈참세상〉, 2015. 3. 20; 손호철, "'연세대 사태'가 부른 학생운동의 추락", 〈프레시안〉, 2021. 8. 13. 참고.

34 기밀 해제된 미군의 문서 및 시청각 자료와 관련자들의 증언에 기반해 한국전쟁 시기 한반도에서 무차별적으로 이루어진 대량 폭격, 민간인 폭격 사건들의 실체를 조명하는 아카이브 에세이 다큐멘터리.

35 중국 광둥성 노동자 운동과 활동가들의 일상에 밀착 접근해 이들의 애환을 다루는 2017년 작 독립 다큐멘터리.

36 중국 선전에는 두 곳의 대형 인력 시장이 있다. 이 인력 시장 주변 골목에는 작은 여관, 슈퍼마켓, 싸구려 PC방들이 있으며, 많은 수의 청년이 오랫동안 이곳에서 살아가고 있다. 그들은 거액의 빚을 지고 가족과 왕래를 끊은 채 온종일 PC방을 전전하며 살아간다. 중국 인터넷 세계에서는 이들을 '싼허다션(三和大神)'이라 부른다.

37 자세한 내용은 박종찬, "우리는 왜 이건희회장 학위수여에 반대했나?", 〈한겨레〉, 2005. 5. 4. 참고.

38 자세한 내용은 이완배, "삼성과 이재용은 염호석, 최종범 두 열사 앞에 사죄부터 하라!", 〈공무원신문〉, 2018. 4. 26; 참여연대, 〈[토론회] 삼성 노조파괴 판결의 의미와 향후 과제〉, 2020. 1. 9. 참고.

39 중국대륙과 대만, 홍콩 등 중화권에서는 노동조합을 '공회'라고 부른다. 중국은 중화전국총공회라는 군중조직 하나만을 유일 노총으로 인정하는데, 지역별·산업별 조직 체계를 갖추고 있다. 광둥성총공회란 33개 행정 지역 중 하나인 광둥성의 '총공회'를 가리킨다. 조합원(회원) 수만 2,700만 명에 이른다.